〈翻訳〉の
さなかにある
社会正義

齋藤直子/ポール・スタンディッシュ/今井康雄——［編］

東京大学出版会

Social Justice in Translation
Naoko Saito, Paul Standish, and Yasuo Imai, Editors
University of Tokyo Press, 2018
ISBN 978-4-13-051329-6

はじめに

　読者は，「翻訳」と「社会正義」という意表をつくことばの組み合わせに戸惑われるかもしれない。しかしながら，本書の主眼はまさにこの「翻訳」という語で人びとが通常想起する言語観，文化との関わり，ひいては人間主体の前提そのものを覆すことにあり，同時に，「社会正義」の言説を生み出す政治性や政治教育の既定路線を「翻訳」という枠組みを通じて揺さぶることにある。

　それがどういう試みであるのか，本書のもととなった対話を振り返るところから始めてみたい。

　本書は，2011年12月17日，京都大学において開催された，京都大学—ロンドン大学教育研究所（現・ユニバーシティ・カレッジ・ロンドン［UCL］教育研究所）第五回国際会議「翻訳における文化と主観／主体性」（Culture and Subjectivity in Translation）（京都大学グローバル COE「心が活きる教育のための国際的拠点」（平成19–23年度）主催）が原点となっている。同会議の基調講演は，ポール・スタンディッシュ（UCL 教育研究所）による「社会正義とオクシデント」（"Social Justice and the Occident"），応答基調講演は酒井直樹（コーネル大学）によるものであり，両者の議論を中心とする形で，同教育研究所と京都大学の教員，研究者，大学院生が，教育哲学，教育認知心理学，文化人類学，日本思想研究などの多角的視点から研究発表やパネルディスカッションを行った。

　端緒となった会議から数年を経た今日，世界の政治と教育をめぐる状況は，大きく様変わりした。一方において，世界で勃発する宗教・民族紛争が生み出すテロの悲劇や，イギリスの EU 離脱やアメリカのトランプ現象のもとで，「生き方としての民主主義」（Dewey, 1988）は危機に晒されている。他方，「役立つ知識」重視の教育政策（教育再生実行会議2015年3月）の中で，「役に立たない」人文社会科学は存立の危機に立つことになる（吉見2016; デルヴィッツ2016）。

これらの切迫した社会と教育の問題は，哲学が現実生活から乖離した知的学問から，「生き方としての民主主義」のための実践的英知となることを求める。問題解決のハウツー的思考とイデオロギー論争を超え，人の生き方に関わる次元で，周縁の声，移民性の感情に応答し，理解を超える他者と共存するための，人間の生き方を根本から問う政治教育の再考は焦眉の課題である。そのために，人文社会科学は，学問の境界を超えて，今一度，哲学のつとめを問い直す時にある。本書『〈翻訳〉のさなかにある社会正義』は，単一言語主義の代替的思考様式としての「翻訳」を軸に，もうひとつの政治教育，哲学の思考様式の転換を促す対話の著として，今日ここに出版される。

　本書で論じられる「翻訳」とは，一つの言語体系と別の言語体系の間の言語の置き換えを超える，人間変容（*trans*-formation）と不可分な広義の翻訳（*translation*）を意味する。このことは，一つの言語体系といわれるもののうちですでに翻訳は始まっていること，「翻訳」とは言語に内在的な性質であり，「翻訳」とは言語存在としての人間生活の「換喩」（metonym）として，人間生活そのものを象徴することを含意する（Standish and Saito, 2017）。そして，本書に収録された諸論考が描き出すように，非対称性と底なしの「深淵」の経験をその根本的特徴とする翻訳は，人間主体およびその前提とされる「自律性」概念），人間と文化のアイデンティティといわれるものの〈幻想を砕き，たえず過渡的で動き続ける思考様式としての「哲学のサブジェクト転換」を促すものである。この思考の経路は，スタンディッシュ著『自己を超えて──ウィトゲンシュタイン，ハイデガー，レヴィナスと言語の限界』（2012）から発展し，本書に続いて近刊予定の『哲学のサブジェクト転換』への筋を貫くものである。同時に拙編著 *Stanley Cavell and Philosophy as Translation: "The Truth is Translated"*（Standish and Saito［eds.］, 2017）の主題である「翻訳としての哲学」（Philosophy as translation）という思想にもつながっている。この「翻訳としての哲学」という視座を通すとき，本書で論じられる「社会正義」，そしてより広義に政治的であることとは，人間変容と不可分であり，ゆえに，政治的であること，政治的存在に・な・り・ゆ・くことが教育と不可分であることが明るみに出される。その意味で，本書に収められた論考はどれもが，言語－政治性－教育

の不可分な関係をもとに，人間変容の政治教育の代替的道筋を志向し提起する
ものといっても過言ではない。

　冒頭に記したように，本書の出発点は，哲学と教育を基軸にする学際的で国
際的な対話であった。いま，その成長の果てにここに新たに出版される本書も
また，政治思想，日本思想，教育哲学，哲学，文学など多彩な学問分野の最先
端で活躍する，そして多様な世代の研究者が生み出す対話の産物である。本書
の一つの特徴は，東洋−西洋という対置構造や異文化間の対照的な関係性を崩
す〈他〉文化との対話であり，「比較」から「翻訳」への思考様式の転換であ
る。それを体現すべく本書は，日本，中国，イギリス，アメリカなど，アジア
と欧米の多様な思考様式が互いにずれを背多いながら交差し不協和音を奏でて
いる。この視座は，本書が創作される過程で立ち上げられた国際研究プロジェ
クト「「翻訳としての哲学」と〈他〉文化理解：双方向的国際化に向けた哲学
と教育の学際研究」（京都大学融合プロジェクト SPIRITS ［2013-17; 研究代表者：
齋藤直子]）にも受け継がれ，発展してきた。その中で，境界を崩し超える翻訳
的思考に従事する「正義の会話」（本書第12章）こそが，今日の世界情勢の中で
切に求められる「内側からの民主主義批判」（Cavell 1990, p. 3）の鍵であり，生
き方としての民主主義を問う代替的政治教育の課題であることもまた明らかに
なった。
　本書が，少しでもこの広義の翻訳と政治性の不可分性，政治性と教育の不可
分性に気づくきっかけを読者に差し出すことができれば幸甚である。

2018年5月　編者を代表して

齋　藤　直　子

参考文献

Cavell, S.（1990）. *Conditions Handsome and Unhandsome: The Constitution of
　Emersonian Perfectionism*, Chicago: The University of Chicago Press.

Dewey, J.（1988）. "Creative Democracy: The Task Before Us"（1938）. In *The Later
　Works of John Dewey*, Vol. 14, Jo Ann Boydston（ed.）, Carbondale: Southern

Illinois University Press.

デレズウィッツ，W.（2016）.『優秀なる羊たち――米国エリート教育の失敗に学ぶ』三省堂.

教育再生実行会議「『学び続ける』社会，全員参加型社会，地方創生を実現する教育の在り方について」（第六次提言）（2015年3月4日）.

スタンディッシュ，P.（齋藤直子訳）（2012）.『自己を超えて――ウィトゲンシュタイン，ハイデガー，レヴィナスと言語の限界』法政大学出版局.

Standish, P. and Saito, N. (2017). *Stanley Cavell and Philosophy as Translation: "The Truth is Translated,"* London: Rowman & Littlefield.

吉見俊哉（2016）.『「文系学部廃止」の衝撃』集英社.

目　次

はじめに（齋藤直子）　i

序　章　承認の政治学を超えて

ポール・スタンディッシュ,齋藤直子,今井康雄————————————1

1. 社会正義をめぐる代替的な思考様式に向けて　1
2. 英米圏の教育哲学とリベラル・エデュケーション　4
3. 翻訳のさなかにある社会正義——ロールズ的視点を超えて　8

第1部　社会正義と主体

第1章　社会正義とオクシデント

ポール・スタンディッシュ（齋藤直子　訳）————————————23

1. 概念，イデオロギー，物語　23
2. 政策の借り入れと英語の支配権　27
3. 翻訳のさなかにある社会正義　28
4. サブジェクトの転換　30
5. 新たな会話に向けて　35

第2章　社会正義と國體——ポール・スタンディッシュに応える

酒井直樹————————————————————————41

1. 「ここで，ある特定の国民社会の文脈に議論を……　42
2. 「明治維新に遅れること14年，台湾割譲に……　45
3. 「明治時代になり近代的な学問が制度化され……　49
4. 「福沢諭吉が明治初期にみた社会は，……　52
5. 「Nationality と「國體」をここで併記してみたのは，……　56
6. 「このような日本における社会正義の展開と……　59
7. 「ここで，私がこの報告の冒頭でポールの言葉を……　64

第3章 社会正義とその否定の諸形態

ルネ・V・アルシラ（高柳充利・齋藤直子 訳) ―――――――――71
「社会正義と西洋とはどういった関係にあるのか……　71
「まさに東洋の「主体的」なるものそれ自体に……　75
「要するに「社会正義」の英語から別の言語への翻訳において……　76
「この否定を否定すること――それは……　80

第4章 「正義」の限界

デリダの「暴力論批判」読解とベンヤミンの教育構想
今井康雄 ―――――――――――――――――――――――83
1.「暴力批判論」――「正義」を求める批判のエスカレーション　84
2. デリダの「暴力批判論」批判　87
3.「暴力批判論」における教育の位置――法措定の迂回とその帰結　91
4. 教育という領域の肌理　93
5. 教育における「正義」の限界　97

第5章 社会正義を求めて――単一言語主義と批評の封じ込め

ナオミ・ホジソン（三澤紘一郎 訳) ――――――――――――101
序　101
1. ヨーロッパの市民性――合意と共通性　102
2. 批評，声，社会正義　107
3. 結 論　113

第6章 人間存在の社会性と教育哲学の可能性

「社会正義とオクシデント」再考
三澤紘一郎 ―――――――――――――――――――――117
序　117
1.「リベラル-コミュニタリアン論争」　119
2. 人間存在の社会性　122
3. 教育哲学の射程　126

目　次　　　　vii

第2部　〈翻訳〉のさなかにある社会正義

第7章　ひとつの言語, ひとつの世界

教育を測る共通尺度, 教育が測る共通性

ポール・スタンディッシュ（齋藤直子 訳）————————————137

1. 伝達手段としての言語, 名としての言語　139
2. 二つの場所の狭間で　141
3. 翻訳の経験　146
4. 単一言語主義と教育を測る尺度／教育が施す尺度　147

第8章　「教育という尺度」をもとめて——迂回的接近の試み

今井康雄————————————————————————153

1. 「深淵」はどこにあるか——スタンディッシュ論文回顧　153
2. ライプニッツという逸話的な事例　155
3. 翻訳をめぐるショーレム, デリダ, ローゼンツヴァイク,
   そしてベンヤミン　157
4. 言語をめぐるベンヤミンの議論　161
5. 翻訳の使命　163
6. 教育という尺度　164

第9章　超越性としての正義

朱　燁————————————————————————————169

1. 計算可能なものとしての法／権利と計算不可能なものとしての正義　171
2. 決断の場としての沈黙　174
3. 他者の言語と翻訳としての正義　178

第10章　グローバル・リスク社会における正義

戦争と放射線被曝をめぐる生-政治

嘉指信雄————————————————————————————183

1. 共同体主義と討議民主主義——サンデルにおける「共同体」
   の両義性　183

viii 目 次

  2. サンデルに見る「壁の影」——戦争と道徳的ジレンマ　184
  3. 行為と受苦の断絶　186
  4. グローバル・リスク社会の到来——「富の追求」から
  「安全の確保」へ　187
  5. 放射線リスクをめぐる生-政治　189
  6. 「ポスト・ヒロシマ時代」という制度　191
  7. 国際的な原子力ムラ　193
  8. 放射性廃棄物の軍事利用——劣化ウラン兵器と「出生」
  への脅威　194
  9. 「不必要な放射線被曝なしに生きる権利」　195

第11章　翻訳学と脱構築のはざまで考える「社会正義」

　ギブソン松井佳子————————————————————201
  1. はじめに——問題の所在　201
  2. 翻訳学の鉱脈——通底音としての「等価概念」　203
  3. 「ポスト等価理論」の翻訳学　206
  4. 翻訳のアポリア　208
  5. 「異化翻訳」の主張　209
  6. 脱構築的「社会正義」　214
  7. 翻訳と脱構築の〈はざま〉　215
  8. むすびにかえて　216

第12章　正義の会話——アンコモンスクールの政治教育

　齋藤直子————————————————————————219
  1. 「生き方としての民主主義」再考　219
  2. 正義の会話　223
  3. アンコモンスクールの政治教育　231

　執筆者紹介　241
　索　引　243

序章

承認の政治学を超えて

ポール・スタンディッシュ，齋藤直子，今井康雄

1. 社会正義をめぐる代替的な思考様式に向けて

『〈翻訳〉のさなかにある社会正義』と題される本書の主たる課題は，リベラルな自律性概念を軸に賛否両論の論議が交わされる政治哲学と教育哲学の言説そのものを，「人間主体・文化的アイデンティティ・翻訳」という代替的な視点を通じて再考し，再構築することである。ここで重要な哲学的視点は，心身の二元論および自己充足的な自己を中立的で外的な観察対象から分離することに関わる，デカルトに端を発する形而上学的な視座である。それは，思考の仕方，生活の仕方全般を条件づけ，その過程において，人間の生と思考がもつある可能性を覆い隠してゆくようなものの見方である。

より具体的には，本書の議論が背景として念頭に置いているものは，ロールズ論者と，サンデルらコミュニタリアン的観点からロールズを批判する論者の語りに乗って流通する学術研究の言説である。本書では，ロールズ的（リベラリズムの）政治哲学の言説と，サンデル的な（コミュニタリアニズムの）政治哲学の言説は共に，上述のデカルト的な人間についての形而上学的見解を引き継ぐものであるという立場から論を展開する。ロールズとサンデルは共に，人間のアイデンティティについてきわめて明示的な見解を提示している。ロールズの場合それは自律的で独立した自己という思想であり，サンデルの場合は人間のアイデンティティの源としての愛着という概念である。サンデルは，人間が本来共同体に関わるものであるという点を指摘するという意味では上出来であり，まっとうなことをなしているように思われる。彼は，究極的にはあらゆる信頼の絆が重要であり正当なものであるということ，そして，日本人は西洋の個人主義にただ従い続ける必要はないのだということを述べている。ロールズとサンデルの議論は，重要な問いがいっそう政治的なことがらしく聞こえるよう

に問いの転換を図るが，そこ止まりである。彼らの西洋的な思考形式は人間経験のある側面を背後に追いやり，その言説はわれわれ人間にとって何が重要なのかということを曖昧にしてゆく。ゆえに本書は，リベラリズムとコミュニタリアニズムの論争は満足のゆくものではないという立場に立って，支配的な政治哲学と教育哲学，ひいては学術研究全般の言説から覆い隠されてゆく，代替的な人間の次元を復権させようと試みる。このことは，正義をめぐるあらゆる問いを，こうした代替的観点から論じるべきだということを意味するものではない。むしろ議論の焦点は，社会正義についての多くの理論付けの中には，人間とはどのようなものであり，そしてありうるのか，ということに対する盲目性が埋め込まれている，ということにある。そこで，まず最初に提起される問いは以下のようになる。「社会正義」という概念は，それを支える主体性概念なくして果たして成立するのであろうか。

　本書の主たる目的は，いっそう豊かで精妙な主体性概念の視座に立ち，われわれの視界からかき消されてゆくものを明るみに出すことである。より広くは，翻訳と不可分な言語の性質という観点から人間の条件を再構想し，それを「翻訳のさなかにある社会正義」という考えを軸に展開することである。社会正義は主体（性）という概念と同様に，完全にそのアイデンティティを特定したり，明瞭化することができないものであり，絶えず変遷し途上にあるものである。さらに，ここでいう翻訳には，異文化間の文脈で「社会正義」という概念を置き換えることにつきまとう困難さが含意されている。社会正義と人間の条件についてのもうひとつの意味は，それらがダイナミズムと肯定的な不安定さを組み込むことができるような類の言語を必要とすることである。そうした言語は，アイデンティティ・ポリティックス，あるいは酒井直樹が「主観的テクノロジー」と呼ぶところの抑圧的な思考様式（酒井, 2007）の制覇によって社会正義，社会科学，人文科学がゆがめられてゆく状況のもとで，その威力を弱めることを志向する。

　本書で提示される代替的な思考の道筋は，デリダのポスト構造主義の思想，エマソン，ソロー，カベルのアメリカ哲学，および酒井の日本思想史研究の知見を軸にし，それにベンヤミンの言語思想・法思想，フランスの社会学者ブルーノ・ラトゥールの思想，メルロ=ポンティの現象学的視座などが相互に絡み

合う対話的なしかたで展開される。これらの多声を通じて，主体−客体関係の性質は，リベラリズムとコミュニタリアニズムのアイデンティティ・ポリティックスの枠組みの中で定義されるものより，いっそう複雑で，より幅広い意義をもつものであるあることが明らかにされてゆく。人間の条件についてのこの代替的思考様式の間の交差を通じて，本書は，翻訳のさなかにあるものとしての (1) 言語（そして文化的アイデンティティ），(2) 人間主体，(3) 社会正義の間の三者関係に焦点を当てる。そこでは，主体と客体の双方に対するこれまでとは異なる見方が要求される。これに加えて，言語は，単なるコミュニケーション以上のものを巻き込む何ものかとして，われわれの存在の源泉にいっそう近いものとして理解されるようになり，その重要性はいっそう際立ったものとなる。その結果，言語と不可分なものとして主体性の性質を再考することは，社会についてのわれわれの捉え方にとって不可欠となる。言い換えるなら，社会正義は，新たな形而上学的観点，すなわち，人間経験を捉えるしかたとしての翻訳という観点から再考されることになる。そして，こうしたことがらに十分開かれていないということが，現状で広く行き渡っている言説の問題点として指摘される。本書では，酒井が「主観」と「主体」と呼ぶものの間の差異および「主観的テクノロジー」という思想，それと接点をもつ，ポスト構造主義における言語と人間主体についての考え方，カベル，エマソン，ソローによる言語と人間主体の根幹にある翻訳という思想が，人間の生の性質と可能性についてある深淵な領域を開くものであるという筋で論を展開してゆく。さらに，翻訳の問題を言語論の中核部分に組み込んだベンヤミンの議論も参照されることになろう。

このようにして本書は，言語，主体，文化の間の絡み合う関係を「翻訳としての哲学」(philosophy as translation) (Cavell, Forthcomming; Standish and Saito, 2017) という視座からひもとくものである。それによって，広義の翻訳が意味の核心にあるということ，われわれが人間たることの核心に翻訳が位置するありさまが示されることになる。本書の主題である「〈翻訳〉のさなかにある社会正義」は，こうした翻訳のとらえ方を新たな人間の形而上学の根幹に据えることを含意するものである。さらに社会正義という概念は，文化的アイデンティティと不可分なものとして，異文化間の移動，オリエンタリズムとオクシデンタリズ

ムの非対称性，およびそこに含意される西洋の自文化中心主義という批判的観点からも見直される。社会正義という概念が西洋から東洋に無批判に輸入される政策とその借り入れと表裏一体にある構造は，政治哲学と教育哲学におけるわれわれの思考のしかたに影響を及ぼすものでもある。そこからの言語と思考の解放のためにこそ，いま，社会正義をめぐる異文化間の双方向的な哲学的対話が求められるのである。

2. 英米圏の教育哲学とリベラル・エデュケーション[1]

　ロールズの正義論は，欧米の教育学研究のみならず日本においても，教育と政治を論じる際のいわば共通言語として取り入れられ，その共有される思考様式が，教育のものの見方，語り方を規定する主力となっている。そうした政治哲学の議論においては，民主主義社会における政治のあり方が，個々人の生き方，道徳性と不可分なものとして取り上げられ，そこから教育の役割が導き出されている（宮寺, 2006; 2011）。英米圏の教育哲学におけるリベラル・エデュケーションの思想系譜の一部も，ロールズの正義論と切り離して論じることはできない。そこで定義される教育と人間のとらえ方の根底にあるものは西洋リベラリズムの「自律的主体」概念である。リベラル・エデュケーションの思想は影響力をもつものであるが，それについての理解のしかたは，おそらく英語での「リベラル」という語が柔軟性をもつゆえに，ときに混乱を招くものとなっている。したがって，まずは出発点として，「リベラル」という語の3つの意味合いを区分してみることには意味があるだろう。

1.「リベラル」は「自由」を意味するものとして，諸個人が他者に危害を与えない限り自分自身の生き方を自ら決定することを認められるべきであるという趣旨のもと，広範な倫理的・政治的立場にきわめてたやすく結びつけられる（もちろん，ある行動がいつ危害を与えるかという問題は難問であり，これをめぐっては膨大な文献があるのだが，その一般原則は依然として有効である）。この原則は，ジョン・スチュアート・ミルの政治哲学の中心であり，リベラリズムの核心でもある（この思想の系譜はロールズの正義論にも明らかに影

響をもつものである）。しかしその原則は，大半の政治的立場に及ぶほど十分に幅広いものであり，「リベラル」という語をその名に採用する政党のみにあてはまるものではない。おそらく，この説明を読んでいる読者の大半はこうした意味でのリベラルな考え方の持ち主であろう。

2. 近年では，自由市場経済の哲学と関連したより限定的な意味が「リベラル」という語に与えられ，さらに自由市場経済の哲学の方もネオ・リベラリズムの中心的要素となる。ここでは，とりわけ経済的なことがらに力点が置かれることになる。

3. 「リベラル・エデュケーション」の思想において「リベラル」という用語がもつ力はいくぶんか異なっている。それは自由市場経済の哲学とは関連せず，先に考察したリベラリズムの広範な意味合いよりいっそう厳密なものである。それは主として，教育を通じた自由の獲得に関連する。以下では，この点を明らかにしてみたい。

　リベラル・エデュケーションの思想は古典的な起源をもつものであり（そこでの「リベラル」のもともとの意味は「自由人にふさわしい」ということであった），まがうことなく，歴史上の様々な時点や異なる名称のもとで，世界中の諸文明に見出される。英米圏の伝統内では，1960・1970年代に，イギリスでは特にR・S・ピーターズとその同僚，ポール・ハースト，ロバート・デアデンの著作を通じて，またアメリカではイズラエル・シェフラーの著作を通じて，リベラル・エデュケーションが再び，力強く提言されることになった。これは進歩主義（子ども中心主義）の台頭への応答という側面をもつものでもある。そこで提唱されたものは，ある意味で，単なる伝統的手法の再確認にすぎないかのように聞こえた。しかし，「伝統的手法」といってしまうと，無批判的な学習モデルの伝達，カリキュラム内部の規範の思慮なき受け入れ，そして権威主義に結びつく権威の強調などの含意を誘発することになる。ここでの違いを分別することは容易でない。その理由のひとつは，リベラル・エデュケーションの提唱者たちが，学校教育がいかに行われるべきか——つまり，進歩主義の到来とともに最前線の問題となっていたようなことがら（例えば，子どもは列でなくグループごとに座る，子ども同士で話し合わせる，子どもが教室を動き回る，など）——

について多くを語らなかったということにある。それは，彼らの関心の焦点が教育内容もしくは教科内容に向けられていたことによる。ピーターズが述べるように，子ども中心主義は，様式に焦点を当てすぎ，教育内容については不十分な形でしか焦点を当てなかった。

　ここでの教育内容への力点は，心の概念に関連している。人間の心は身体の一器官としてのみ理解されるべきではなく，むしろ文化的手ほどきを通じて形成されるようなものである。その最良の形は，何世紀にもわたって受け継がれてきた知識と探究の諸形式の手ほどきであろう。こうした諸形式は明らかに，特定の文化的，歴史的状況を通じて発展してきたものであるが，文化相対的であるというわけではない。これは，数学と物理学の発展によって最も明瞭に示されている。世界中の数学と物理学は同一の追究に従事しているのである。このことは芸術に関わる教科（歴史や文学研究）にもいえる。というのも，個別の焦点が地域の文化的産物や行事に当てられるとしても，そうした教科において探究の諸形式とそれによって明らかにされる真実は，それ自体相対的ではなく，普遍的妥当性をもつからである。こうした類の価値ある追求の手ほどきこそが心の発達なのであり，それによって心は自らの本性に従って機能できるようになる（このことはつまり，若干逆説的ではあるが，心は「純粋に」自然なものではないということである。むしろ心の本性というものは文化に依拠しているということである）。そのような手ほどきなくして，人は自分が育ってきた谷間を越えるところを見ることはできないだろうし，自分自身で発見した実践の外で考えることはできないだろう。ゆえに，こうした類の教育は，人の自由にとっての必要条件であろう。このことは，自由がわれわれの状態にとって自然であるようなものではない，ということを意味している。すなわち，生来生まれ持ったものではなく達成すべきものなのである。この点において，リベラル・エデュケーションと，子どもは小さなころから自由（自由の諸条件）を与えられるところで最もよく，最も自由に成長するという考えを信奉しがちな進歩主義との，きわめて明瞭な対比が生じる。

　しかしながらここで，1960・1970年代におけるリベラル・エデュケーションの思想内部には，多かれ少なかれ両立可能な2つの側面があったということを強調しておきたい。ひとつは学習者に共通の遺産である知識と探究の諸形式の

手ほどきを施すことであり，もうひとつは，合理的自律性の達成である。この両者の違いは，真理を見るために幻影から自由になること（プラトンを想起させる）と，自らの人生の重要な諸側面で生き方を自分自身で選択できる能力を獲得すること（ミルを想起させる）に対比させて考えてみれば明らかである。後者は，英米圏の教育哲学におけるロールズ的な社会正義の議論と結びつくことになる。

　ここでさらに影響力をもつ2人の思想家について若干述べてみたい。いま論じている［リベラル・エデュケーションに関わる］研究において自律性の思想の標準的典拠は，ロバート・デアデンの「教育と自律性」("Education and Autonomy," 1972) である。これは明らかにカント的系譜に端を発するものであるが，それをカント的背景からよりミル的な系譜に推移させることによって力点の置き所は変わるといってもよかろう。もうひとり影響力をもつ思想家は，マイケル・オークショットである。彼は文献で頻繁に引用される人物であるが，ポール・ハーストの最も有名な論文「リベラル・エデュケーションと知識の性質」("Liberal Education and the Nature of Knowledge," 1973) の結びにおけるオークショットの引用はとりわけ目を引くものである。オークショットは，20世紀のイギリス哲学の主たる思潮からは外部者であったという意味で興味深い人物である。彼は青年期をドイツで過ごし (1920年代)，ロンドン大学経済学大学院の時代に保守主義者，およびエリート主義者として広く知られるようになった。この2つの呼称は彼の立場を記載するにふさわしいものであるが，本章の主旨から見て興味深い点は，彼の思想背景の一部がドイツの思潮であったということである。

　ピーターズやシェフラーの最盛期のあと，「リベラル・エデュケーション」という用語は自律性と選択に力点を置き，ミルの系譜の思想伝統において思想活動を行うと自称する人々によって提唱されるようになった。この思想潮流は「リベラルな教育哲学」として「リベラル・エデュケーションの哲学」から区分される（スタンディッシュ，2012, p. 15）。ロールズはいまや，政治哲学における明らかに絶大な存在感ゆえに，そうした人々にとっての主要な参照点となっている。さらにこうした用語を用いる人々の側には，リベラル・エデュケーションを分析的な教育哲学と同一視する傾向がある。こうした傾向は，ピーターズ

やシェフラーによって育まれた思想の，より豊かでより際立った側面を覆い隠すものであると考えられる。ピーターズやシェフラーのリベラル・エデュケーションの思想は，ある種の（派閥性のない）文化的手ほどきを通じて学習者を幻影から真理に向き変えさせ，これを人間の可能性のさらなる実現ととらえることを主眼とする。ある意味で，これはドイツ的意味での人間形成の過程（Bildung）に類似したものである。ピーターズもシェフラーもこうしたより包括的なリベラル・エデュケーションの思想の創始者ではなく，彼ら自身，創始者であるとは自称しなかったであろうが，少なくともピーターズは分析的手法を教育哲学に取り入れた点で自らの独創性を主張した。英米圏の文脈でロールズの正義論に依拠した社会正義をめぐる近年の論争は，ピーターズやシェフラーによって育まれたリベラル・エデュケーションのいっそう豊かな思想を背後に押しやるものである。そういうわけで，ジョン・ホワイト，ハリー・ブリックハウス，あるいはイーモン・カレンなどの英米圏の教育哲学者によってリベラル・エデュケーションとして主張されているもの（リベラルな教育哲学）は，ピーターズやシェフラーによって創られた「リベラル・エデュケーション」の伝統とは似て非なるものであり，その歪曲ですらある，といっても過言ではない。

3. 翻訳のさなかにある社会正義——ロールズ的視点を超えて

サンデルとロールズ，およびロールズ論者たちは，コミュニタリアニズムとリベラリズムの論争の構図において，善き生の基盤をどこに求めるのか，共有される善の領域に政治はどこまで介入すべきかにおいて，立場を異にする。しかしながら彼らの議論は，「道徳に関与する政治」（サンデル）という大枠を共有し，何よりもその共通地盤に立って語られるある特定の語彙を（賛否両論にかかわらず）共通貨幣として使用することで議論の流通を生み出している。その共通貨幣の代表ともいえるものが，「主体」「自律性」および「合理性」概念である。それらは，「合理性」「自律性」「共同」「相互承認」といった，公正な社会を育む上で求められる徳であり，歴史的に見ればカント哲学から継承される概念枠組みであり語彙である。また「自律性」は主体と組んでそれを規定す

る概念である。「特殊的価値としての正義に社会構成原理を求める思想伝統と
してリベラリズムは位置づけられうる」というリベラリズムの立場から，ロー
ルズの正義論を論ずる井上達夫は，「自同性」（個別性）と「自律性（独立性）」
を「人間学的理解」の根本条件として論じている。「自己解釈の責任主体であ
る自我は善く生きることの責任主体」であり，これが正義の「基底性」と「人
間学的基礎」を与えるものである。そこで描かれる自我は「厚い個性を備えた
「実体的人格」である」。井上はこれをもって「カント義務論の「自然化」され
た，あるいは「人間化された」形態」と呼ぶ（井上, 1986, pp. 201, 230, 239, 240,
247, 248）。こうしたロールズ的言説の流通の前提とされている人間像は，善き
生の中身については個人の選択に委ねられるところの「ストック」としての
「主体」（宮寺, 2011, p. 11）であるか（リベラリズム），さもなくば，その形式に中
身を与える「共通善」に支えられた自己（コミュニタリアニズム）のいずれかと
なる。そこから導き出される「公共的な」市民像は，「相互承認」に根ざし，
多様性と差異を認め合う共生社会に参与する構成員であり，これをもとに「市
民性教育」は構想されることになる。さらに「（不）平等」「多様性」「個性」
といった語彙で規定される「教育の視点」は，教育の「現場」を問題解決の対
象として「リアル」に問う論議にも持ち込まれ，「教育」が政治と結びつけら
れ語られる際の言説として，教育（と呼ばれるもの）を規定する思考様式となっ
ている[2]。

　教育が問題解決を要求する「リアル」な場であることに疑いを差し挟む余地
はないが，その前提となる「教育の視点」は，政治的論争とその問題解決の視
座として持ち込まれ流通する，ロールズを軸に賛否両論として展開される政治
的言説と思考様式に限定されうるものであろうか。西洋から移入され循環する
「主体」や「自律性」といった語彙と言説は，日本的文脈において置き換えら
れる（翻訳される）とき，どこまで「リアル」な言葉として教育を，ひいては
民主主義を生き方に関わるものとして条件づけることができるのであろうか。
ロールズからサンデル，ヌスバウムへと続く「承認の政治学」——多様な価値
を承認し他者を尊重して共存することを提唱する政治へのアプローチ[3]——に
言語の限界があるとするなら，それはどのような形をとって教育の「リアル」
の背後に潜んでいるのだろうか。

スタンディッシュの論考「社会正義とオクシデント」（本書第1部，第1章）は，政治哲学が人間を語る際の言語の限界と盲目性，政治による教育の回収の危機を指摘する。そしてサンデル・ブームに象徴される正義をめぐる言説の流通の背後にある，教育と哲学の思考様式，さらには自律的主体概念を前面に出す近年の英米圏における「リベラルな教育哲学」に対する問題提起をなすものである。正義をめぐる政治哲学，教育哲学の支配的な言説は，その合理的な装いの背後で，知られざるものの声を排斥し，翻訳不可能なものを覆い隠してゆく。その代替案として，同論考は，承認の政治学の言語の限界の果てに広がり，交換のエコノミーを超える「非エコノミー」（aeconomy）の地平を，「社会正義」の言説——その概念と言葉の使われ方，流通のしかた——をめぐる異文化理解と「翻訳」の視座から明るみに出す。

ロールズの『正義論』（1972）をもとに繰り広げられてきた政治哲学の論争，そしてそれに準じて形成される教育哲学の議論は，問題解決的な観点に還元されえない，もうひとつの「正義の会話」のスペースに対する盲目性を生み出してきた。スタンディッシュは，そのことの問題性を，東洋による西洋の「政策の借り入れ」（policy borrowing）という文脈において「社会正義」がたどる行く末を詳細に吟味することによって明らかにしてゆく。社会正義をめぐる西洋から東洋への一方向的な政策の借り入れや教育政策の流通は，グローバルな英語支配が生み出す「社会正義」の概念の異文化間伝播の問題と不可分である。そして，哲学，教育学研究におけるロールズ的な「公正としての正義」の言説の一方通行的な流通の背後には，ある種の「単一言語主義」（monolingualism）が潜んでいる。

単一言語主義の問題は，「主体」／「主観」をめぐる翻訳の難解さを通して，「正義」が語られる際に前提とされているサブジェクト（subject）のとらえ方とその言語の限界という観点から明らかにされてゆく。この議論を深めるひとつの視座として酒井直樹の「翻訳と主体」についての論考が言及される（酒井，1997，および本書第2章）。酒井は，「主観」と「主体」の翻訳をめぐる問題を，日本思想史における西洋的アイデンティティの接ぎ木構造として明るみに出そうとしている。スタンディッシュはこの酒井の試みと関連させる形で，異文化間の地平で「社会正義」の用語が流通し論じられる際の問題性を解明してゆく

（本書第1章）。これはまず、エドワード・サイードが提示したオリエンタリズムの思想に関わるものである。オリエンタリズムは、西洋人による東洋の人工的な構築（「神秘的」で「秘境的」な東洋）であるが、スタンディッシュが指摘する「政策の借り入れ」という文脈においては、逆に東洋の側が、西洋の誤ったイメージを構築する危険を冒す「オクシデンタリズム」の問題構造が明るみに出される。とりわけ、英語の世界制覇、なかでも社会科学や教育研究といった学術研究における英語の支配によって、「社会正義」を含む英語のキータームが、一連のことがらを思考するしかたを歪める形で、重要性を付与されてゆく。ゆえに、西洋による東洋のイメージ構築と、東洋による西洋のイメージ構築のしかたには非対称性が生ずることになる。

　さらにここには、より複雑なもうひとつの非対称性が潜んでいる。あらゆる文化は何らかの形で、自己定義の背景として「他者」を構築するわけであるが、その他者が普遍的理性と普遍的人間性の想定の下にとらえられ、「他者」を標榜しながらも実際にはヨーロッパ性が標準として擁護されることが、西洋のオリエンタリズムの特徴である。こうして異文化は、この標準をもとにした偏差ととらえられることになる。これによって、オリエンタリズムには、文化中心性が権力の行使と結びつくような特別な性質と力が与えられることになる。こうした要因に対して、西洋人はひたすら盲目的であるが、それは善意に満ちた普遍性の想定によるといってよいかもしれない。「オクシデンタリズム」における東洋の側での西洋イメージの構築は、このオリエンタリズムの構造と合わせ鏡的な関係にあるように思われるかもしれないが、スタンディッシュの分析によれば、実のところオクシデンタリズムそれ自体には「借り入れ」の構図が、2つの段階で絡んでいるのである。第一に、グローバル化される世界においてオリエンタリズムは、とりわけ、マスメディア、世界市場、インターネットを通じたイメージや映像を通じて他文化が表象される場合に、他文化イメージの構築が新たな、よりいっそう劇場的な形式をとるかもしれないということである。これは人工的なアイデンティティの構築過程である。ディズニーワールドは、この堕落した一例といえよう。第二に、先述したように、オリエンタリズムの構造そのものには普遍主義が組み込まれており、それは東洋で見出されるものとは異なる土壌で培われている。これに基づきスタンディッシュは、オク

シデンタリズムには特有の「二重の接ぎ木」構造があると指摘する（本書第1章, 35頁）。つまり, オクシデンタリズムには, 西洋からの借り入れとしての文化のアイデンティティ構築という実践が巻き込まれており, そのアイデンティティ構築の実践は普遍主義に依拠するもので, 東洋は, それをさらに借り入れすることになる, という二重の接ぎ木性である。ゆえに, 東洋におけるオクシデンタリズムは, 西洋におけるオリエンタリズムとは非対称となる。別の言い方をするなら, 日本によってつくられる西洋のイメージはすでに, 西洋によって生み出される「アイデンティティゲーム」によって枠づけられているということである（本書第1章のスタンディッシュ論考への応答として書かれた第3章のルネ・アルシラ著「社会正義とその否定の諸形態」は, 非対称性の構造をヘーゲル的な「否定の否定」という観点から吟味しなおし, 東洋と西洋の二項対立構造で論を展開する発想をより徹底的に乗り越えることを提言する。この立場からアルシラは, 酒井の論のより革新的な意義として,「主観」／「主体」の弁証法が「主体」／「主観」, 技術, そして両者の関係について流布しているわれわれの理解のしかた全体を問いに付すものであると解釈する）。

　こうして,「西洋」と「東洋」という形で二項対立的に文化的アイデンティティを固定し純化する発想を崩すことが, 本書の議論の出発点となる。本書に収められた諸論考は, その多くが西洋で展開されてきた思想を考察の手がかりとしてはいる。しかしそこでは, 翻訳が準拠する不動の固定点なるものに議論の根拠を置くことができないような「深淵」から思考が始まり, いかにして翻訳における「非対称性」の構造が生ずるのかを批判的に問うところから論が展開される。言い換えるなら本書は, 翻訳の「深淵」構造を引き受けた上で, その「深淵」の内からいかにして足場を築けるのか, あるいはそのようなことはそもそも可能なのかを模索する対話の書ともいえる。ただし, のちに論じるように,「翻訳」や「深淵」をめぐる解釈は論者の思想的立場によって異なってくる。

　正義をめぐる賛否両論という形でロールズを軸に展開される政治的議論の言説, それをもとに流通する政治哲学や近年の「リベラルな教育哲学」の言説や思考様式から忘却されているのは, こうした非対称性の構造を生み出す背景にある人間と言語の関わり, 文化のとらえ方への批判的な考察である。スタンデ

ィッシュが酒井とともに提起する「翻訳」の視座は，人間と言語の条件にまで
立ち戻って思考をしなおすものであり，単に「主体」や「主観」をめぐる異な
る言語システムの間の言葉の置き換えのみを問題にしているのではない。逆に
支配的な政治的言説を放棄することを提唱するものでもない。むしろ正義をめ
ぐる政治的言説が必然的にもたらす抑圧への気づきを促しているのである。す
なわちそれは，「合理的選択者」という人間主体の前提に基づいて議論され異
文化間の次元で流通するロールズ的言説や，「自由主義的なヒューマニズム」
の語り（本書第1章）における「（自律的）主体」という用語の使用に内包され
た抑圧の形式——英米圏で支配的なリベラル・エデュケーションの思想系譜に
端的に現れているような教育の見方，それを支える人間観——を明るみに出す
ための視点である。それは，ことばの置き換えとしての狭義の翻訳を超えて，
「究極的に満足のいく解決がないような，意味の間の溝」の経験（本書 p.34頁）
に関わる広義の翻訳を含意している。「深淵」の中で外国語と出合う経験によ
って，主体の可能性は実現される（同 p.31）。

　社会正義が語られる際に，肯定されようとも否定されようとも暗黙に前提さ
れる「自律的主体」概念と政治的言説における用語使用は，「［広義の］翻訳な
き［単なる置き換えとしての］翻訳」ともいえる単一言語主義の好例といえよう。
確かに，日本の教育と教育学においては，「正義」や「自律的主体」といった
語彙の流通の陰で，実質的には他者との協調や集団生活の調和が重視されてき
たことは事実である。しかし，それだけになおさら，西洋概念の翻訳の装いの
背後にある一方通行の政策借り入れや二重の接ぎ木構造の中で単一言語主義が
はびこることになるのである。それは，西洋の思想を日本に移入する際の，そ
の移入する側の言語使用に関わる問題であり，西洋から東洋への "subject" 概
念の移入と受け入れの問題であり，外国語への置き換えを通じて異文化で再生
産され続ける単一言語主義の問題である。ここでの単一言語主義は，西洋で生
み出された政治哲学の言語の単一性である。同時にそれは，東洋の文脈に回収
され意味を置き換えられる（すり替えられる）という意味での単一性でもある。
後者においては，「合理性」の名のもとで正義の関連概念が日本語に独自の表
現に置き換えられ，普遍的概念とみなされ使用される（社会）正義の概念は，
情動的な意味合いを付加され，価値づけられ，流通する。「合理的」言語の使

用そのものが西洋的語彙の借り物であると同時に，実は文化的バイアスに満ちたものであり，その文化に内在するジレンマを背負っている（そうした現状のもとで，日本という文脈において「正義」そのものの有効性を保てるのか，どの程度保つべきかについて，本書の論者たちの見解は分岐することになる）。二重の接ぎ木構造は，交換のエコノミーを強化し，そこに回収しきれない「赦免／非−解決性(ab-solution)」（酒井, 1997, スタンディッシュの引用［本書 p. 34]），言い換えれば「非エコノミー」の地平を覆い隠してゆく（同 p. 35）。これは，教育政策や研究において「社会正義」が語られるときに忘却されてゆく地平でもある。社会正義は翻訳のさなかでとらえ直されねばならない。本書第 2 部第 7 章「ひとつの言語，ひとつの世界——教育を測る共通尺度，教育が測る共通性」（スタンディッシュ）では，単一言語主義の問題がデリダの翻訳をめぐる言語論の観点から再びアプローチされることになる。そこではデリダによる「底なしの言語の深淵」をめぐる議論に基づき，「責任と判断の空間」としての溝の中で「外国語表現によって達成される外部の感覚」が論じられる（本書第 7 章, p. 147）。「深淵の経験」は，一言語体系と他の言語体系の間の渡し得ない溝のみの話に限定されるものではなく，言語一般と人間との間の関係そのものに関わる。その経験を表す「翻訳」は，言語存在としての人間の条件であり，その意味で，（外国語に対置される）母語の習得の過程ですでに生じている出来事である。この広義の「翻訳」概念は，支配的な英語と他の言語の間の体系間の「差異」に焦点化して，支配，被支配，不平等，抑圧などの政治的問題を論じる多文化主義的言説——承認の政治学の共通語彙——で前提とされる言語観とは根源的に異なるものである。「深淵」は曖昧模糊とした未知の領域ではなく，むしろそこにおいて言語に対する責任と判断が行使されるところの，固定点なき場所である。スタンディッシュのデリダ解釈における「深淵」は，「底なし」状態から底を築き続けるという代替的な規準づくりの営みと不可分なものとして引き受けられる。ゆえに，「翻訳」の視点からとらえなおされる「正義」もまた，こうした規準づくりへの参与という観点から必要不可欠なものとされる。これに対して，本書第 8 章の今井康雄「「教育という尺度」をもとめて」では，ベンヤミン的視座からデリダの「深淵」とは異なる「翻訳」の見方が論じられる。ここでの「深淵」は，「翻訳」においてこそ露呈する意味世界間の溝としてとらえ

られる。このことは，共約不可能なものを調停し解決するための審級として
「正義」は決して適切なものではない，という今井の結論へと結びつく。スタ
ンディッシュのデリダ論においては，共約不可能性の解決のための正義の次元
よりさらに前に立ち戻り，（言語との関係において）絶えず翻訳され，絶えず「非
－解決性」を残し続けるものとして「主体」と「正義」がとらえなおされる。
これは，従来の正義論を構成してきた「主体」を超える先を志向する議論であ
るといえよう。朱燁「超越性としての正義」（本書第9章）は，言語存在として
の人間の条件として，単独性と他者の言語に関わるものとしてデリダの言語哲
学における「深淵」の意義をとらえなおし，これに依拠した代替的な正義の視
座——他者への責務と応答としての正義——を提言する。ギブソン松井佳子
「翻訳と脱構築のはざまで考える「社会正義」」（本書第11章）では，デリダの翻
訳論が「他者の尊重」という主題をもとに論じられる。

　「非エコノミー」の地平，あるいは言語の「深淵」の思想は，政治哲学に回
収される教育哲学の言説の裏にある単一言語主義を超える，もうひとつの教育
を志向する。この代替的な教育を象徴的に表すのは，スタンディッシュの論考
の最終節で論じられるアメリカの哲学者，スタンリー・カベルの「正義の会
話」の思想である（本書第1章）。スタンディッシュが論ずるカベルの「正義の
会話」——ロールズ（的）正義の議論に対するアンチテーゼともいえる会話の
様態——の思想は，ロールズ的視点から見ればあまりに私的な，エマソン的な
「友情」の思想を起点にしている。友情を持ち出すことは，公共性の問題を私
的で対人的な領域の問題にすり替え，合理性を情動性の領域に転換することを
意味するものではない。政治的な「正義の会話」と呼ぶべきものがあるとすれ
ば，それは，一人ひとりの声によって主導されねばならず，その声は，言語共
同体の中で供与され試される「理性の主張」（Cavell, 1979）である。このカベ
ル的「正義の会話」の思想は，ナオミ・ホジソン「社会正義を求めて——単一
言語主義と批評の封じ込め」（本書第5章），および齋藤直子「正義の会話——
アンコモンスクールの政治教育」（本書第12章）においてさらに発展的に論じら
れることになる。これに対して三澤紘一郎「人間存在の社会性と教育哲学の可
能性——「社会正義とオクシデント」」（本書第6章）は，正義を「ミクロ」な
視点から再考する際にそれが「マクロ」な次元へといかに架橋されるかを問い

かける。嘉指信雄「グローバル・リスク社会における正義——戦争と放射線被曝をめぐる生−政治」（本書第10章）は，軍事的意味にのみ縮減される人間の経験を，受苦する者の立場から翻訳しなおす試みである。核社会の新たな脅威の中で問い直される正義の代替的視座として，ヴェイユの「受苦する者」の視点や「見えないもの」についてのメルロ＝ポンティの現象学的視座を提言するという意味で，リアルでマクロな社会問題にこそ正義を問い直すミクロな視点が求められることを示唆しているともいえる。

　流通する「正義」の言説と，そこで前提とされる人間主体や自律性概念を，広義の翻訳の視座からとらえなおすことによって，承認の政治学を超える，政治性と教育の関わり方の再考が促され，単一言語主義を永続させ，再生産させる言説は解体される。これは，教育と政治性が語られる際の教育の言語の貧困を批判し，正義の会話を通じた「言語の解放」（スタンディッシュ，本書第1章，37頁）——より豊かなリベラル・エデュケーション——の実現を志向するものである。その意味でスタンディッシュの論考は，リベラリズムとコミュニタリアニズムの政治哲学論争，あるいは「正義」と「ケア」の視点から政治哲学を再構築しようとする議論（cf. 岡野，2012; 教育哲学会 2011 年年次大会研究討議「教育における正義とケア」2011; 川本，2005; 2008）の枠組みをすら超えるものとして「対」ロールズ論ではなく，いわば「超ロールズ的視点」を教育に取り入れる役割を果たしているといえよう。それは，政治と経済（エコノミー）に流布する支配的な言説に追従し，これに回収され覆い隠されてゆく「教育の言語」を取り戻し，教育の条件を考えなおすことを呼びかけるものである。

　「非エコノミー」の地平から社会正義をとらえることは，政治や経済のリアルな営みを回避して宗教性や非世俗性に逃避することを意味しない。また，問題解決的思考から翻訳のさなかにある非決定性への転換を図ることは，言語の深淵と底なしさにあって哲学的思考を否定して非言語領域に逃げ込むことや，不確実性，不明瞭さを賛美し曖昧模糊とした神秘的領域として放置することではなく，むしろ思考の厳格さの意味を転換することである。より豊かな日常性のリアリティを回復するためにこそ，問題解決的思考様態に先立つ「非エコノミー」の超越的視座，外部性を日常性の中から想起することが求められるのである（他著でスタンディッシュはこれを「下向きの超越」（transcendence down）とし

て論じている, Standish, 2012, p. 25)。翻訳のさなかにあって「底なし」の中で足場を築いてゆくことは,「主体」や「アイデンティティ」という用語の循環を通じた「合理的正当化」の中で忘却されてゆく人間性を回復することでもある。「新たな会話」は,超ロールズ的視座として,教育研究における社会正義の語られ方,見方を超える地平,「自己を超えて」(スタンディッシュ, 2012)「主体」を再考するリベラル・エデュケーションの地平を指し示し,いかにして正義の会話を通じて「責任ある思考」を育成できるのかを再提起するものである(スタンディッシュ, 本書第 1 章, p. 26)。こうした問いに直面するとき,主体や自律性,それを支える合理性に基づく正当化の論理と言語使用のしかたを超えるところで,人間と教育を問い直すための代替的な「理性」と,「承認の政治学」に代わる政治性の次元を語る言語の必要性は切迫したものとなる。その要求に応じるためにこそ,リベラリズムとコミュニタリアニズムの構図を背景として政治哲学に流布する合理的言語,それによって組み立てられる「リベラルな教育哲学」の言語を解体する「翻訳としての哲学」(Standish and Saito, 2017)の視座が求められることになるのである。

注
1) 本節はスタンディッシュによる執筆である。
2) 『現代思想』2012 年 4 月の特集「教育のリアル——競争・格差・就活」を参照。
3) 「承認の政治学」(the politics of recognition)は,チャールズ・テイラーの著作で論じられている(Taylor, 1994)。これはロールズの正義論およびそれと不可分の関係にあるリベラリズムの思想と必ずしも同一視できるものではないが,本書ではこの用語を,リベラリズムとコミュニタリアニズムの政治哲学論争を成立させている共通語彙——「他者理解」「他者の尊重」「共感」「差異の承認」「共生」など一連の語彙のネットワークによって構成される倫理的スタンスともいえるもの——および,その背後にある「認知」(cognition)をベースとした他者理解に関わる「承認」(recognition)の思想,ひいてはそれを支える人間と言語の関わりのとらえ方を包括するものとして使用している。

参考文献
Cavell, S. (1979). *The Claim of Reason: Wittgenstein, Skepticism, Morality, and*

Tragedy. Oxford: Oxford University Press.

Cavell, S. (Forthcoming) "Walden in Tokyo," in P. Standish and N. Saito (eds.), *Stanley Cavell and the Thought of Other Cultures*, (manuscript under review).

Dearden, R. (1972). "Autonomy and Education," in *Education and the Development of Reason*, R. Dearden, P. Hirst, and R. S. Peters (eds.), London: Routledge and Kegan Paul.

Hirst, P. H. (1973). 'Liberal Education and The Nature of Knowledge,' in *The Philosophy of Education* (Oxford Readings in Philosophy), R. S. Peters (ed.), London: Oxford University Press, pp. 87-111.

広田照幸 (2011). 「能力にもとづく選抜のあいまいさと恣意性——メリトクラシーは到来していない」, 宮寺晃夫 (編)『教育機会の平等』, 岩波書店, pp. 247-272.

井上達夫 (1986). 『共生の作法——会話としての正義』現代自由学芸叢書.

川本隆史 (2005). 『ロールズ——正義の原理』講談社.

川本隆史 (編) (2005). 『ケアの社会倫理学』有斐閣.

川本隆史 (2008). 『共生から』岩波書店.

教育哲学会 年次大会シンポジウム (2011). 「教育における正義とケア」2011年10月15日, 上越教育大学.

宮寺晃夫 (2006). 『教育の分配論——公正な能力開発とは何か』勁草書房.

宮寺晃夫 (編) (2011). 『教育機会の平等』岩波書店.

Nussbaum, M. C. (2010). *Not For Profit: Why Democracy Needs the Humanities*. Princeton, NJ: Princeton University Press.

岡野八代 (2012). 『フェミニズムの政治学——ケアの倫理をグローバル社会へ』みすず書房.

Ralph, W. E. (2000). *The Essential Writings of Ralph Waldo Emerson*, Brooks Atkinson (ed.), New York: The Modern Library.

齋藤直子 (2009). 『〈内なる光〉と教育——プラグマティズムの再構築』法政大学出版局.

Sandel, M. J. (2010). *Justice: What's the Right Thing to Do?* London: Penguin Books. (マイケル・サンデル (2010). 『これからの「正義」の話をしよう——いまを生き延びるための哲学』鬼澤忍訳, 早川書房.)

サンデル, M. (2011). 「マイケル・サンデル 大震災特別講義——わたしたちはどう生きるのか」日本放送出版協会.

酒井直樹 (1997). 『日本思想という問題——翻訳と主体』岩波書店.

Standish, P. (2012). "Pure Experience and Transcendence Down," in *Education and the Kyoto School of Philosophy: Pedagogy for Human Transformation*, P. Standish and N. Saito (eds.), Dordrecht: Springer, pp. 19–26.

スタンディッシュ, P. (2012). 『自己を超えて──ウィトゲンシュタイン, ハイデガー, レヴィナスと言語の限界』齋藤直子訳, 法政大学出版局.

Standish, P. and Saito, N. (eds.) (2017). *Stanley Cavell and Philosophy as Translation: Truth is Translated*, London: Rowman and Littlefields.

Taylor, C. (1994), *Multiculturalism: Examining and the Politics of Recognition.* Princeton, NJ: Princeton University Press.

第 1 部

社会正義と主体

第1章

社会正義とオクシデント

ポール・スタンディッシュ

齋藤直子 訳

「社会正義」（social justice）は，今日の政治的，学問的議論においてある種の力をもって用いられる常套句である。正義が問いであり続けないような人間生活の形式を創造することはほぼ不可能であり，「社会」という形容詞は，人口過剰で，随所において環境資源が枯渇状態にある世界の中で正義に関わる問いに特別な圧力をかけることになる。われわれは，自分自身の国や大陸の中で，そして世界全体の中で，いかにして正義の下で共に生きるべきなのか。

「社会正義」という表現は手軽に用いられうるがゆえに，批判的考察の対象となる必要がある。本章ではまず，社会正義がひとつの思想として教育研究とその関連領域において影響力をもつようになっている様相から，これを吟味する。第二に，グローバルな観点から，こうした影響力が，英語による世界的制覇といかに不可分であるかを示す。第三に，それが今度は翻訳の問題に関連している点を考察する。第四に，この具体的な関連性を浮き彫りにすべく，若干視点をずらし，哲学と社会科学における思考の核心に迫るトピックである，サブジェクティヴィティ（subjectivity）の性質と，なおかつそれが翻訳のさなかにあるという性質に目を向ける。最後に，第一に考察した社会正義の諸側面に立ち戻り，いくつかの支配的な影響力のパターンを揺さぶり，別様の思考のしかたへの道を開いてゆく。

1. 概念, イデオロギー, 物語

まず最初に，「社会正義」の中の「社会」という形容詞について，より詳しく見てみることにしよう。正義は必然的に人々の中での正義を意味するので，不可避的に社会的世界との関係において理解される。他にどういう正義があり

うるというのだろうか。この点で,「社会」という形容詞は全くのところ余分であるように思われる。

　しかし実のところ「われわれはいかにして公正に,共に生きるべきか」という別の問いを立てるなら,「社会正義」という表現をよりうまく弁護することになる。なぜなら,正義が公正さを意味するということは当然視できないからである。したがって,自らの身分が出生や婚姻によって制限されるような封建社会やカースト制度の社会は,ある意味で物事の正しい秩序と関係すると見なされるかもしれない。それはちょうど,極端な共産主義の社会のように個人が国家の有機的全体の一部でしかないような社会——今日そのような制度がいかにあるまじきものであるように思われるとしても——を公平な社会として理解することもつじつまがあわなくはないのと同様である。これとは対照的に,正義が公正さを意味するということを受け入れることは,平等とそれが含意する一種の普遍主義へのコミットメントに向けて一歩踏み出すことである。すなわち,われわれは人間としてすべて平等であるという考え方である。

　しかしながら,なおも見解の相違の余地はある。というのも,公正としての正義は,結果の平等と機会の平等,すなわち,平等主義と能力主義へのコミットメントと両立しうるからである。さらに,その原理は,例えば,相続税は公正か否か,といった実際的な問題を解決する上ではさほど役に立たない。このような観点からすれば,さまざまな意見の幅に位置づく政治家や思想家が,公正としての正義にコミットしていると見なすことはもっともである。したがって,もし「社会」という形容詞を加えることが,公正としての正義という特別な考え方を含意すると見なされるなら,余計な追加であるという非難をかわせるかもしれない。しかしその表現の力が及ぶ範囲は依然としてきわめて幅広い。

　これらの様々な解釈について論証を行うとする,最も集中的な現代の試みは,疑いなくジョン・ロールズの著書に見出すことができる。そして彼の著作は多くの点で（少なくとも英語圏においては），過去40年あまりの間,政治哲学の課題を設定してきた。いかなる意味で民主主義の市民が自由でありうるかという問いに答えて,ロールズは以下のように述べる。

　われわれは,政治社会を一定のしかたで,すなわち,ある世代から次世代へと長期に

わたる協働の公正なシステムとみることによって，この問題を論じてみることができる。このシステムでは，協働する人々は，自由で平等な市民であり，全生涯にわたって協働する普通の社会構成員とみなされる。したがって，われわれは，もし社会の基本構造——主要な政治的・社会的諸制度およびそれらを協働の一機構として相互に適合させる方法——がその原理に適っておれば，見せかけやごまかしなしに，市民たちは本当に自由で平等であるということができる，そのような政治的正義の原理を定式化しようと努めるのである。(Rawls, 2001, p. 4；ロールズ, 2004, pp. 7-8)

　ロールズは，この本や他の著作で，公正としての正義があまりにたやすくスローガンとなりうるありさまに対して警告を発している。これに抗うひとつとして，彼は民主主義の多元主義を強調し，ゆえに，そうした多元主義と，構成員が包括的な善の概念を共有するような共同体との違いを強調する。そうなると，協働の中心にある統合概念は，以下の3つの本質的特徴をもつものとして理解される。第一に，協働は社会的に調整される活動に関わることがらであるだけではなく，関与する人々が適切なものとして受け入れるような，公的に認められる規則や手順に導かれるものである。第二に，協働の公正な条件，つまり，参加者が納得のゆくものとして受け入れるかもしれず，場合によってはそうすべきである条件は，利益の互換性もしくは相互性によって特徴づけられる。そして第三に，協働には，参加者自身の善の見地からみた，参加者にとっての合理的な利益という考えが含まれる。

　民主主義における教育の供与に関しては，以上の原則がとてつもない力をもつことはいうまでもなく，そうした原則は，教育機会，制度的多様性，資金供与といったことがらについての考えや政策の指針となっている。これらの領域や，より一般的には政治哲学の分野において，以上の議論は「ロールズへの注釈」として登場しうるのであり，これは，彼の功績の重要性を証言するものである。しかしながら私はここで，こうした言説の一貫性と確かさが，人間主体（human subject）についてのある特定のとらえ方を補強し，場合によっては異なる思考の道筋を通じた社会正義へのアプローチを排除するかもしれない，という考えを開陳してゆきたい。私の考えるところ「社会正義」という用語が教育研究において固有な勢力を獲得するようになっている状況の下，このロールズ的な哲学的理解のしかたは，社会正義が現在解釈され受容されている主とし

て二通りのしかたのひとつである。

この「社会正義」という用語が含意するもう一組の連想は，ある意味でより情動的なものである。それは，社会正義のためのキャンペーンが不平等を是正しようとすると同時に，いわゆる承認の政治学において人間の多様性の諸々の形式を認めようとするさまざまなやり方に関連している。こうして，このもう一組の連想は，ネオ・マルクス主義や古典的平等主義の要素を，より最近見受けられる差異への過敏さに結びつけるものである。批判的教授学は，そのような思考の系譜の有力な表明であるととらえることができる。

私が強調したいのは，社会正義についてのこれら2つの主たる説明が，関連する教育的思考を論証的に決定する傾向性についてである。つまり，そうした説明は，議論が生起するためのテキスト上の参照点，語彙，修辞的符号を提供する。そうなれば，そうした説明は，ロールズが言及するようなマルクス的な意味あいで，イデオロギー的なものとなる危険がある。

これに照らしてみるなら，以下の点に考えをめぐらしてみることには意味がある。大学の教育学部や社会科学部門が，その研究の焦点の呼称としてであろうと，コースの中のひとつの題目としてであろうと，「社会正義」を売り物に大学の仕事を世の中に披露することは珍しくない。この披露のしかたが，大学の部門自身の「ナラティヴ」の一部となる。今日，これまでに例をみないほどに，大学の諸部門は，ナラティヴをもつことを求められ，ナラティヴの一貫性，信憑性，そして政治的な市場性は，彼らの成功にとって，ひいては生き残りにとってすら，必須といえるかもしれない。「社会正義」が得るようになった修辞的な力をいま認めることは，その用語と当然ながら結びつけられる根本的な価値を拒否することを決して意味しない。こうしたイデオロギー的堕落の中で，それは，マーケティングやイメージチェンジの用語にすぎないものとなる危険を冒す。しかし実のところ，こうした状況は，今日のグローバル化された文化的文脈の一部であり，いかなる用語も，それがいかに高尚な連想を生み出すものであろうとも，安易なスローガンやイメージチェンジを図る文句となり，ゆえに，責任ある思考の障害となる危険を冒す。さらにこの点を探求してみよう。

2. 政策の借り入れと英語の支配権

いかにして以上のような事態が生じるかを理解するには，言語それ自体の性質に注意を向ける必要があり，このことは，ここでは不可避的に，英語という言語に注意を向けることを意味する。これは単に，われわれが扱っているものが英語の用語であるからだけではなく，世界規模の英語の支配権が学術研究に与える影響のためである。大英帝国とアメリカ帝国の覇権が，めざましい科学技術の変化と時同じくして生じたことによって，英語には言語としての卓越性が与えられることになった。これは前例のない形で，また一見すると自己増強的で無限に続く形で生じたのであり，とりわけ1989年以降の世界的な政治秩序の中で，われわれが取り消しえないものとして受け入れるようになる形で生じたのである。こうした事態は，教育において特別な重要性をもつといえるかもしれない。なぜなら教育分野の学術研究は概して数多くの要因の圧力の下にあるためである。教育分野の学術研究は当然のことながら，問いがおのずと向かう方向へとそれを追求し，ゆえに，より伝統的な学問領域と同様，国境を超える探究の形式に従事するものとして理解されるだけではない。それはまた，再びきわめて当然のことながら，教育がそのうちに位置づく社会に対して，例えば，教員養成や国家政策を導き支援するための研究の企てなどを通じ，実際的に貢献することを期待される。しかしながら，いまや，そうした政策をめぐる状況は，世界規模の変化によって劇的に修正されている。ここにおいて３つの要因が際立っている。第一に，PISA（OECDによる生徒の学習到達度調査）のような制度は，諸国が，避けがたい形で，また重要な内政状況がもたらされるような形で，国際比較にさらされることを意味する。第二に，多くの国では，世界銀行のような国際組織への依存ゆえに，その政策が制約を受けている。そして第三に，グローバル化のより包括的で広範な諸相が存在する。すなわち，マスメディア，インターネット，そして旅行によって，人々の生活は総じて，比較的最近の過去の状況と比べてみても，不可避的に自己充足の度合いを弱め，いっそう無防備となり，侵害される度合いを高めている。こうした事実はいずれも変化しそうには思われず，そのすべてにおいて英語は支配的である。

そうした状況の中で，英語表現がある種の権威を帯びることは避けがたい。

これには2つの側面がある。第一に，英語表現は，国際的な文脈の中で他のどの言語よりも幅広く理解されることによって，実際的な権威を持つ。第二に，英語表現はそれに加えて，英語圏の――言い換えるなら，特にアメリカの――文化と結びつくとされる経済力と文化的威光ゆえに，威信としての権威を持つ。これらの点は，北米における教育研究の規模の大きさという観点から見た場合，なおさら印象的である。AERA（アメリカ教育研究協会）の年次大会の規模をみてみればよい。これに加えて，教育研究の刊行物の飛躍的な成長と，これが主として英語でなされているという事実が挙げられる。さらに，研究の質の測定では，概して英語の出版物に優先権が与えられるという事実も加えられる。そして最後に，その結果として英語圏の研究者はこの過程で，明らかに有利な立場にあるという事実が加えられる。

　確かに，多くの国々の例にもれず日本においても，「政策の借り入れ」をめぐる議論の一部として，こうした事態の重大性が考慮されている部分もある。政策の借り入れのダイナミクスについてますます問題提起がなされるようになっている――そして，「政策移動」や「政策移植」といった，新たな，やや揶揄的な表現は，そうした借り入れの慣行にいみじくもついて回る懸念をある意味で示唆するものである。諸国が外国の教育実践に目を向けようとし，さまざまな点においてそれを見習ったり，取り入れたり，そこから学ぼうとすることは，全くもって賢明なことである。その一方で，少なくとも英語圏の国々との関係に関していえば，交流が一方通行になりがちであることは避けがたいように思われる。事実，このことは，研究領域としての比較教育についての問いを提起する。比較教育が盛んな多くの国々において，その目的は，実践における差異から学ぶことの相互利益という観点で言い表される部分もある一方で，とりわけアメリカにおいては，比較教育は，純粋に学問的な関心から取り扱われる傾向にある。

3. 翻訳のさなかにある社会正義

　しかしここでの私の目的は，最も字義的な意味でのみ政策の借り入れについて考慮することではない。というのも，先述したようなより具体的な事情の背

第1章　社会正義とオクシデント　　29

景を構成する，より大きな問題があるからである。先の言語についての私の指摘は，「社会正義」という用語の使用に関する問いにまつわるものである。そこで，この用語が取り上げられる際の日本の研究者の経験についてさらに思索を深めてみたい。第一に，「社会正義」という用語が英語圏の文脈で取り上げられるかぎりにおいて——例えば，英語使用圏で出版される学術誌や書籍，あるいは開催される会議などにおいて——その用語は，多くの点でなじみがないような文化的状況，ごく部分的にしか理解されないであろうようなつながりの連鎖からなる文化的状況に埋め込まれがちである。第二に，共有される言語が存在しない国際的な文脈——例えば，韓国やイタリアからの参加者を含むような文脈——において，デフォルト状態のコミュニケーションの手段は，英語になる可能性が大変高いだろう。もう少し正確にいうなら，外国語としての英語である。世界言語となっているのは，この機能的でありながらも文化的には特色のない類の英語である。第三に，日本語を母語とする話者のみを巻き込み英語が使われない状況においてすら，英語の主要用語を駆使することにある種の学術的な栄誉が与えられる。これは，学術英語にときおりドイツ語やフランス語，あるいは古典ギリシャ語を取り入れることによって，英語を母語とする話者に知的素養の雰囲気を与えることができるのときわめて似ている。実に，英語のもつ力と重要性ゆえに，こうした英語の主要用語を避けることは難しいであろう。この点で，社会正義が日本における研究の題目となる際に，本来の「社会正義」の代わりに片仮名表記の「ソーシャル・ジャスティス」が用いられる場合もあることには確かに意味がある。

　しかし，これらの要因以外に，いっそう複雑な点がある。「社会正義」が中国語に翻訳され，それに対応する表記（「社會正義」）が用いられるとき，それぞれの用語が異なる含意をもち，異なる連想の連鎖を開くことがありうる。こうした点に敏感な中国語の話者は，意味の領域の違いを経験するであろう。これとは対照的に，英語の用語にしか出合わない，英語を母国語とする話者にとって，同様のことは生じないであろう。どちらの場合も，英語の存在と力はその効果を発揮するであろうが，英語の話者の場合それが完全に直接的になされるのに対し，中国語の話者の場合は，部分的で間接的である。

　これは，異なる言語が世界を異なるしかたで分け，多様なパターンの概念的

つながりや思考の異なる可能性を生み出すという，おなじみの指摘でもある。おなじみのものであるとはいっても，この指摘はわれわれの多くにとって居心地の悪いものでもある。とりわけ英語を母語とする話者にとっては，そうした指摘の重要性を軽く扱ったりないがしろにしたりすることは都合がよいことである。そうなると，この軽視の態度は，問題が単に翻訳に関わることがらであるという，自己満足的な思い込みに至ることになる。すなわち，翻訳は主として技術的なことがらであり，言語の間の差異は単に克服すべきものである（本書第7章参照）という思い込みである。これは，単一言語的な人間が気づくことのない，思考の抑圧であると考えることができよう。

4．サブジェクトの転換

翻訳の意義をより十全に示すために，ここで社会科学と人文学にとって中心的な重要性をもち，体系的でなおかつより豊かな形で論じられてきた，一組の用語に目を転ずることにする。これらは，主体性（subjectivity）と自己の概念に関わるものである。これを行うために，酒井直樹の著作に特に言及したい。酒井は東京大学を卒業後，10年間ビジネスの分野で活躍したあと，シカゴ大学で博士課程の研究に取り組み，それ以降，コーネル大学で教鞭を執ってきた。

酒井は明らかに，従属と自己の技術というフーコー的な概念の影響を受けている。つまり，われわれは，その内で自らを見出すところの言説の統治形態を通じて主体（subject）もしくは自己となるのであり，これらは歴史的で多様であるという考えである。酒井は，鈴木月良が19世紀初期になした外国語学習の考え方についての研究に特別な論拠を見出す。日本の鎖国時代に執筆を行った鈴木は，中国ないしは日本の古典言語の習得という観点から外国語学習を理解した。しかし，本章の主旨にとって重要な点は，このプロセスには自分自身のものとは異なる社会的，政治的現実の構造を吸収することが深く関わると理解されたということである。さらに，これを通じて［日本語と中国語が］互いに配置しあうこと（configuring）が成り立つであろうと考えられたということである。したがって，この類の学習（そして，それが含意する文学と言語への関係）は，現在慣れ親しんだ形の「文学」や「外国語学習」とはどこか異なる秩序を持っ

第 1 章　社会正義とオクシデント　　　　　　　　31

ている。現代の文学研究は，例えば，文学批評的手法の観点からとらえられ，
言語は道具主義的理由で研究されるかもしれない。その一方で，鈴木の説によ
れば，学習は，見習い僧の経験により近いもので，そこでは人が，言語に特徴
的な身体の規律訓練など，当の言語が生み出す内容やその言語を用いてテキス
トが構成されたり使用されたりする実践に没頭するようになり，またその言語
のエートスに自分自身を投じたり委ねたりする。そのような文学の説明は，そ
れが含意するあらゆる倫理的な豊かさと共に，主体性の構築に明らかに関連し
ている。酒井はこれを，「外国語の形象が私をそそのかして飛び込ませる投企
とは，脱自的な，自己同一性から離脱し脱出するような，投企である。それは，
本来の自己への回帰の投企であるよりも，むしろ，慣れ親しんだものとは違っ
たものへと私を変えていこうとする投企である」と解釈する（Sakai, 1997, p. 33；
酒井, 2007, p. 239）。ゆえに，こうした外国語との出合いは，（「母国」の言語と外
国語の）両方の側で，主体性の可能性を実現するものであり，これは本質的に
変形，変革に関わるものである。

　酒井はこれを，"subject" という，日本語と中国語の翻訳者にとってはきわ
めて厄介な語の 2 つの可能な翻訳語に具体的に示されるような，多様な主体性
概念の観点から説明している。［その訳語について］彼がつける区分の背景の一
部は，1930年代，1940年代に形成された和辻哲郎の倫理学と人間学に見出され
る。和辻自身は，自らの説明を，18世紀の唯物論に対するマルクスの不満に関
連づけている。これは，世界を一方で知識の対象に，他方で認識論的サブジェ
クト（subject）に区分する形而上学である。これに対して，マルクスは，実践
（praxis）という思想を強調した。そこでは，サブジェクトが活動に（身体的に）
従事するものと理解され，ゆえに，社会的，歴史的に位置づけられる。この区
分に照らして，和辻は，認識論的サブジェクトを「主観」と見なし，実践のサ
ブジェクトを「主体」と見なした。つまり，下のようになる。

　　　　　　主　観　　　　　　　　　　　　**主　体**
　　　　認識論的サブジェクト　　　　　　実践のサブジェクト

（中国語でこれに該当する用語の概念領域と相互関係は，若干異なると考えら

れるので，以下では，日本語を用いて酒井の論をたどることとしたい。）もし
私の理解が正しければ，これらの語の通俗的な含意は，そのより哲学的な含意
とはいくぶん異なっている。さらに，それらの語が日本語でより哲学的に用い
られるようになったのは，最近のことである。つまり，研究の学術的形式とし
ての哲学が，19世紀の日本の鎖国時期の終焉とともにやっと「輸入」されるよ
うになったのである。したがって，通俗的な用語として「主観」は，ある種の
客観性の欠如や，ものごとの判断においてあまりに主観的すぎること，場合に
よっては自己中心的でもあることに関連する否定的な含意をもちうるのである。
19世紀に，西周（1829-1927）が哲学を日本に導入し，それに対して「哲学」と
いう名前をつくり出した際，彼は好んで「主観」を「認識論的サブジェクト」
に匹敵するものと見なし，「主観」により肯定的な含意をもたせた。酒井によ
れば，当時，日本に体系的な論理が不在である状況を嘆いたのは西のみではな
かった。そして，「主観」の強調はおそらく，この欠如に対する回答として意
図されたものであろう，というのである。これに対して「主体」は，当時日本
で確立されたものとしての哲学においてはさほど目立たない用語であり，一種
の思考の自立性，あるいは，より適切な言い回しとしては，簡単には他人の影
響を受けないような自己信頼や臨機応変の才といったものを含意しうる。漢字
表記の2つ目の部分である「体」は身体に言及するものであり，認識論と倫理
学の境界を曖昧にする。このことは，その「体」という表記が実践的な関与に
関わる諸概念へとわれわれを連れ戻し，ゆえにいっそうマルクスへとわれわれ
を近づけるありさまを示す助けとなる。

　酒井によるこれらの用語の使い方は，以上のような含意をある程度は維持し
ているが，そうした用語をいっそう正確なものにしようとする。特に彼は，
「主観的」技術，「主体的」技術と自らが呼ぶものの間の区分をつける。前者の
表現は，技術についてのより慣習的なとらえ方を含意しており，そこではサブ
ジェクト（＝主観）が「規定の目的のために対象を操作し変形する」一方で，
主体的技術のほうは，主体による主体自身の制作と生産をも巻き込むものとし
ての技術理解を示唆する（Sakai, 1997, p. 24；酒井, 2007, p. 221）。これは酒井ひと
りの意見ではない。例えば西田幾多郎（1870-1945）は，以下のように同様の区
分をなしている。

第 1 章　社会正義とオクシデント　　　33

ポイエシスとか技術とかいえば，人は単に主観的と考えるが，右に言った如く家を建
てると云うことも歴史的地盤に於いてでなければならず，之に反して言語の如きもの
も技術的に構成せられたものでなければならない。而して言語というものなくして社
会というものもない。我々が此時此処に相対し相語るのも，歴史的形成作用として技
術的でなければならない。……技術というものには，熟練ということがなければなら
ない。熟練ということは，個人の習性の歴史的構成ということでなければならない。
併し我々の習性というものは，単に個人の主観的作用によって構成せられるのではな
い。それは歴史的形成作用として構成せられるのでなければならない。然らざれば，
我々はそれによって何者をも作ることはできない。我々の習性は同時に歴史的世界の
習性でなければならない（西田, 1965, pp. 135-136, in Sakai, 1997, pp. 198-199; 酒井,
2007, p. 317, 脚注（10）所収）。

　ここにフーコーの思想が予期されていることは明らかであるが，さらに銘記す
る必要があるのは，こうしたサブジェクティヴィティについての考察に見られ
るアイデンティティ概念との近似性である。この点をより明瞭にするために，
酒井による和辻の批評に言及してみよう。
　和辻が言おうとしているように，「主観」は「西洋」のサブジェクティヴィ
ティの様式であり，「主体」は「東洋」の様式であるように思われるかもしれ
ない。一方で酒井は，日本人もまた，自らによる西洋の構築において「主観
的」であるということをしきりに示そうとしている[1]。こうして，和辻の人間
学における「日本という内部性」は結果として，徹頭徹尾「西洋的」なものと
なる。すなわち，日本というイメージを，アイデンティティの西洋的な諸概念
によって規定された日本に接ぎ木することである[2]。同様に，サブジェクトは，
文化的差異に直面するに際し，その過程で他者が客体化されるかぎりにおいて，
「主観」となる傾向がある。「主体」を東洋におけるサブジェクティヴィティを
定義づける特色として同定することは，皮肉にも自滅的行為である。ゆえに，
ここで問題となっているのは，アイデンティティそれ自体によって理解されう
るものである。酒井はこれに対する応答として，ここでのアイデンティティに
対する誤った類の力点の置き方は，「歴史性の事件性のもつ単独性の抑圧と，
年代記的時間制の配分の内部で表象可能なものの現象性には把捉されえないも
のの抑圧」（Sakai, 1997, p. 149; cf. 酒井, 1997, p. 201）を巻き込むということを示唆

している。こうして，これらの用語が非対称的であるということが重要となる。つまり，普遍性と個別性の一般的な配分の中に収容可能なものと，捉えようとするやいなや逃げ去ってしまうものとの間には違いがあるということである。酒井は続けて述べる。「したがって，私はシュタイという語によって，すべての同一性，なかでも行為者の同一性においては完全な飽和が不可能であるということとともに，社会的・倫理的行為の可能性を保証する非決定性を示唆しておきたい。しかしながら，シュタイは，自由主義的なヒューマニズムが理解しているような意味での自由な選択権を有する行為者ではない。なぜなら自由とは，シュタイによって所有されるものでもなければ，シュタイのうちに存在するものでもないからである」(Sakai, 1997, p. 150; 酒井, 2007, pp. 201-202)。ここで酒井が抗っているものは，私の理解するところ，主体の所有物としての自由，ないしは自我に内在的なものとしての自由という考えである。なぜなら自由は，倫理的行為への関与の中で，またいかなる究極的な解決もないところで，「現にそこにある」からである。明らかに，ここでの酒井の言葉に含意される形而上学は，合理的選択者についてのロールズ的言説に行き渡っている想定とは相反するものであり，したがって，明らかにこのことは，社会正義がとらえられ認識されるしかたに関係するに違いない。

　先に，「サブジェクト」という言葉は，翻訳者にとって問題となるということを述べたが，この「主観」と「主体」の吟味によって，なぜそうであるのかを示す手がかりが与えられる。必然的に，哲学と社会科学において，そしていうまでもなく実際的な政治において，「サブジェクト」はとりわけ重要な用語であり，こうした翻訳上の問題がもたらす異文化間的な帰結は明らかである。しかし，実のところ，これは，より一般的な問題を例証するものでもある。翻訳者は通常，究極的に満足のいく解決がないような，意味の間の溝に直面する。その結果，翻訳者は，判断の空間を経験する。それはまさに，翻訳者が直面する困難を解決するための規則が存在しないような空間である。そうなるとそこには，本来的な開放性と翻訳者がなすことの「赦免／非-解決性（ab-solution）」がある[3]。こうして酒井は，翻訳が「ぬきんでて「主体的」な技術だ」と主張する (Sakai, 1997, p. 198, n. 10; 酒井, 2007, p. 317)。この点において，単一言語の話者は道徳的に盲目的であるかもしれない。

第1章　社会正義とオクシデント　　35

　サブジェクトが他者を客体化する中で「主観的」になり，これが異文化間の次元で生じうるという事実は，おなじみのオリエンタリズムの諸形式の中に十分明白に現れている。酒井は，日本による西洋への応答についての説明の中で，これに対応するオクシデンタリズムとも呼びうるものを明るみに出している。そうであるなら，このオクシデンタリズムは，酒井のいう互いに配置しあうプロセスの中で，西洋のしていることをそっくり再現しているように思われる。しかし私の見解では，両者には違いが残っている。西洋のオリエンタリズムは，（自文化中心的な）普遍主義的形而上学に連携する優越感から生じている。日本はときに揺らぐこともある自らの優越感をもちつつ，そのオクシデンタリズムが土着の普遍主義的形而上学に由来しないという点では，決定的に異なっている。もちろん，オクシデンタリズムは日本に限られたものではなく，オクシデンタリズムが土着の普遍主義的形而上学に由来しないという点は，その他の場所での現れ方にも当てはまると私は考えている。

　これが真実であるとして，そこから何を導き出せばよいのか，正直なところ私にはよくわからない。しかし，オリエンタリズムが「自然」なものであるかもしれないのに対して，オクシデンタリズムの方は，二重の接ぎ木という特色をもつことは驚きである。つまりそれは，借り入れされたサブジェクティヴィティとアイデンティティに接ぎ木されるのである[4]。

　このことは，私の考えるところ，政策の借り入れの悪しき諸側面を強化し，国家間の交流の可能性を縮減する。同時に，それは「主観的」な思考方法を前面に出し，「主体的」な思考方法のより大きな開放性と可能性を犠牲にするものである。

5.　新たな会話に向けて

　私は一方において単一言語にまつわる諸問題を指摘し，他方において社会正義の支配的なとらえかたや，そうしたとらえかたが教育研究で影響力を発揮するありさまについて批評してきたわけであるが，当然のこととして，両者をとりまとめてみることとしたい。「主観」と「主体」に言及して例示してきた翻訳経験は，言語間で生じるだけではない。広く認められているように，言語内

でも生じているのである[5]。

　第1節で明らかにした社会正義にまつわるおなじみの表現に対する私の不満足もしくは失望には，2つの側面がある。第一に私は，例えば批判的教授学，政策綱領，ナラティヴの流通などに見られる，社会正義という言葉や類似の用語がもつ修辞的な仰々しさに対して，絶えず敏感である必要があると考える。第二に，ロールズに続いて引き受けられた研究，すなわち，教育機会の公正な配分といったことに関する問いを投げかける研究の多くが価値あるものであることは疑いないが，私はこの思想の伝統が，教育のある中心的諸側面──つまり，教えること，学ぶことの実質や，それが人間の生活で変化をもたらす役割など──についてはほとんどいうべきことがないと考える。また，ロールズ的な言説は，そうした教育に関わることがらの重要性を覆い隠す傾向があると考える。「主観的」な思考方法の支配は，日本語と中国語が開く異なる意味論の領域から学ぶべきことが大いにあるということを示唆している。

　この点に関する私の反応は，協働（cooperation）という，正義の核心にある中心的な民主主義的価値に力点を置くロールズに対してスタンリー・カベルが向ける批判に対応する。これについてカベルは比較的最近，以下のように再度述べている。

　　社会的相互作用の一般的な状態としての「協働」は，あるプロジェクトを遂行するものとしての社会全体，もしくは，別の極端な形として，各人がそれぞれのプロジェクトを追求できるような中立的領域としての社会全体，という考えを示唆している。直観的にいえば，こうした両極端の形は，競争的ゲームという興味深い社会構造の諸側面に類似している。

　　これに対して「会話」（conversation）は，所与の社会的プロジェクトにも，個人的なプロジェクトに関わる公正さの領域にも力点を置かない（私が主張してきたように，こうした考えの重要性を否定するものでもない）。(Cavell, 2004, pp. 173-174)

そうであるなら会話は，その内で私が私のプロジェクトがどのようなものでありうるかを発見するかもしれないような領域である。カベルは続けて述べる。

　　私が強調するものは，協働的なものであろうと敵対的なものであろうと，われわれの

相互作用の現在の状態——正義の諸原理の遵守の方向にわれわれ自身を改良しようと
する試みの実現としての歴史の帰結とみなされる現在の状態——の曖昧さ，不透明さ
であるといってよかろう。ここで最も要求される徳は耳を傾けること，差異への応答
性，変化しようという意欲である。協働に関わる徳と会話に関わる徳の間のどちらを
選択するかが問題なのではない。断じてそのようなことがあってはならないのだ。問
題は，両者の関係がどのようなものであるか，どちらかが他方を阻止するかどうかと
いうことである。(Cavell, 2004, pp. 173-174)

したがって私が問題としていることは，批判的教授学や政治的リベラリズムに
おけるある特定の類の言説の支配が，一種の単一言語主義を永続させることで
ある。教育に関わる思考を表すより適切な語句が，言語の解放を要求するもの
であり，これは，言語内，言語間の双方において実現することができる。

　カベルは，「会話」(conversation) の2番目の音節（"-vers-"——reversal［反
転］, diversion［迂回］, averse［忌避する］などを参照）に思考の転換（turning）が
示唆されており，思考は，直線的で体系的な筋をたどる際，もっぱら前進する
ことはできず，多くの点において最良の形では進まないと考える。会話に開か
れていること，転換させられることへの覚悟（形づくられ，適合させられ，時に
は迂回させられ，時には拒絶されることへの覚悟）には，私が自分自身のアイデン
ティティを強化しようとしないことが必要である。むしろ，新しい可能性への
覚悟——つまり，なりゆくことへの覚悟——が必要なのである。

　明らかにこれは，人と人の間の言葉のやりとりならどのようなものでも会話
ととらえるということではなく，希求されるべき何かとして会話を理想的に描
くことである。そして明らかに，エマソンがカベルの説明から決してかけ離れ
てはいないことを考えるなら，適合させられる覚悟があるということは，追従
に甘んじることではありえない。エマソンは会話について，その法則は「社会
の法則に類似しており」，「友情の第一の役割」であると述べる (Emerson, 1961,
p. 292)。そこで友人とは，単に私のアイデンティティを強化し私の居場所を確
かなものにするだけの人物ではなく，むしろ，私が次なる最良の可能性へと向
かうことを促す覚悟のある人物である。情報に関わるよりもむしろ変化をもた
らすものとして，会話は耳を傾けることを必要とする。ブランカ・アーズイッ

クが述べるように，耳を傾けることを通じて，私は，「会話する「私」を構成するテクスト，言語記号，判断」を忘れるのであり，それは自己忘却としてのみ生ずるのである（Arsić, 2010, p. 196）。会話に従事する友人が生じさせる［円滑な思考の］中断は，酒井の表現するところの「歴史性の事件性のもつ単独性」という特性をもつ。こうした精神の下でエマソンは，個人主義的な自律性としてではなく，放棄の行為の中で達成されるような類の受容性，開放性，臨機応変の才としての自己信頼を提唱する（例えば, Saito, 2005, p. 147参照）。

　ここでエマソンに目を向けているのは決して恣意的なことではない。というのも，彼は東洋思想に深遠な影響を受けているからである。ゆえに，ヨーロッパへの反逆という側面をもつこの19世紀アメリカ哲学は，東洋と何らかのつながりを見出す。古代の孔子の教えは，弟子に道徳的感受性を育む必要性を強調している。漢字の「主体」が身体の表象「体」を取り込んでいるということ，そして，この身体がいかなる抑圧的な心身の二元論という観点からも理解されえないということは，実践的な関与を強調するものである。ゆえにこれは，世界の動乱に対して免疫化されているどころか，適切に接地（アース）された伝導状態を実現するものである。こうして引き出される臨機応変の才は，経験のエネルギーを伝導する力と呼ぶことができよう。

　そうであるなら，エマソンの労作のこうした側面がそれ自体抑圧されているということは驚くべきことではない。というのも，彼はより都合のよい形で，アメリカ個人主義の予言者としてもてはやされ，封じ込められているからである。私は，このエマソンの抑圧と「主体」の抑圧との相似性が，臨機応変の才と自己信頼という両者がもつ特質の対称性にまで敷衍されるという考えに引きつけられる。こうした類のものを抑圧することは，それ自体が社会正義の可能性を歪めるものであり，その侵害ですらある。そして人が互いに学ぶことの可能性を歪めるものである。教育の学術研究は，何らかの仕方でこのことに結託しているのであろうか[6]。

謝　辞

　Tsui-Ting Kang，川口由起子，齋藤直子，Chia-Ling Wang 諸氏には，この論文を準備するにあたり助言をいただいた。小野文生氏には，本章の方向に私の思考を進め

第1章 社会正義とオクシデント　39

ることを促していただいたことに感謝する。本章の初稿は，2010年に台湾教育研究国立アカデミー（National Academy for Educational Research）で発表され，2011年5月には，ハワイ大学イースト・ウエストセンターにて発表された。これらの発表の場での参加者からの惜しみない応答と批判に謝意を表させていただきたい。

注

1) これらの用語が，議論の中で省略表現として用いられていることは明らかである。東アジアの諸国やヨーロッパあるいは北米の諸国が，そのように明瞭な形で分かれるということが言われているわけではない。そしてもちろんのこと，西洋の諸国や人々が多様な形で「東洋」の影響を被っているのと同様に，「西洋」として言及されているもののきわめて多くが東洋に浸透しているのである。

2) 和辻の潜在的な中国恐怖症は，不安の抑圧，すなわちアイデンティティに対する不安の抑圧を示唆するものとして，ある種の反ユダヤ主義の諸特徴をもつと述べられる。酒井によれば，これは，そこからアジア研究が完全に自由であったことがないような抑圧であるが（Sakai, 1997, p. 151; 酒井，2007, p. 204），私は思い切ってそれが，より一般的に比較教育への潜在的な脅威であると述べたい。

3) ここでの酒井の用語には複数の意味が込められているが，少なくともそれは，翻訳者の直面する仕事が，問題解決のいかなる単純な論理によっても理解されえないということを示している。翻訳者が直面する困難は還元不可能なものであるが，だとしても翻訳者はなおも判断を行使し行為せねばならない。

4) 言い換えるなら，東洋による西洋の構築は，西洋によって構築されるものとしての東洋に接ぎ木されているのであるが，そのようなアイデンティティ構築の起源は，表象と客体化という西洋の諸形式，および西洋的なアイデンティティについての諸概念の内にある。

5) これは，例えば，バフチンやリクール，デリダの著作にきわめて明白である（本書第7章参照）。

6) 本章のもとになった英語版は，下記に出版されている。Standish, P. (2011). "Social Justice in Translation: Subjectivity: Identity, and Occidentalism." *Educational Studies in Japan: International Yearbook*. No. 6, 69–79.

参考文献

Arsić, B. (2010). *On Leaving*, Cambridge, Mass.: Harvard University Press.

Cavell, S. (2004). *Cities of Words: Pedagogical Letters on the Moral Life*. Cambridge,

Mass.: The Belknap Press of Harvard University Press.

Emerson, R. W.（1961）. *The Early Lectures of Ralph Waldo Emerson*, Volume II. S. E. Whicher, R. E. Spiller, and W. E. Williams（eds.）, Cambridge, Mass.: Harvard University Press.

西田幾多郎（1965）.「ポイエーシスとパラクシス」『西田幾多郎全集　第10巻』岩波書店，124-176頁［初出（1940）『思想』223号］

Rawls, J.（2001）. *Justice as Fairness: A Restatement*. Cambridge, Mass.: The Belknap Press of Harvard University Press.（ジョン・ロールズ（2004）.『公正としての正義──再説』田中成明他訳，岩波書店）

Sakai, N.（1997）. *Translation and Subjectivity: On "Japan" and Cultural Nationalism*. Minneapolis: University of Minnesota Press.（酒井直樹（2007）.『日本思想という問題──翻訳と主体』岩波書店）

Saito, N.（2005）. *The Gleam of Light: Moral Perfefction and Education in Dewey and Emerson*. New York: Fordham University Press.

第2章

社会正義と國體
ポール・スタンディシュに応える

酒井直樹

　この京都大学というこの場所で，哲学者ポール・スタンディシュからの質問に応える機会を作ってくださったのは，本国際会議の京都における企画者齋藤直子です。京都大学で勉学した体験はありませんが，この大学でかつて学習しあるいは教鞭を執った英才鬼才から多くを学んできた私にとって，この大学で今回のような対話の機会をもつことは，格別の意義を感じないわけにはゆきません。今日の発表のはじめに，齋藤直子准教授と京都大学大学院教育学研究科の方々に感謝の気持ちを表しておきたいと思います。

　「社会正義とオクシデント」（Social Justice and the Occident）と題された報告を読みつつ，スタンディシュとの対話，またもっと広く，教育の分野で哲学的な探究に携わっている研究者との対話への誘いがあることを認めないわけにはゆきませんでした。私にとって学問分野としての教育は未知の領分であり，この誘いに乗ることには当然危険が予想され，無謀だといわれてもおかしくはないと感じていました。しかし，この無謀さあるいは偶成性は，翻訳という作業の本質として私がとり上げた「異言語的な聞き手への語りかけの構え」（heterolingual address）に必ず伴うもので，無謀さを冒さずに，翻訳──すなわち，「一人の異邦人からの偶成的な呼びかけに別の一人の異邦人が応えること」──を行うことはできないからです。つまり，私が十数年前に書いた『日本思想という問題』（*Translation and Subjectivity*, 1997年刊＝酒井, 2007）という著作に触発されたポール・スタンディシュからの呼びかけに，私は翻訳の様態で応えたいと思います。彼の誘いに応えることで，私は，教育の分野で活躍している齋藤直子や旧友ルネ・アルシラやその他の会議の参加者にも応答できるのではないかと，考えています。あえていえば，私の応答を支えるのは，「異言語性の共同性」（communism of heterolinguality）の精神であるといってもかまわないでしょう。

教育における社会正義の考察を始めるにあたって，スタンディッシュは，社会正義が論じられるときにはしばしば言及される公正さ（fairness）の主題から出発しています。ところが，公正さの問題にとりかかるためには，私たちが特定の社会編制のなかで生きていることを忘れるわけにはゆかないと，彼は述べています。「正義が公正さを意味していることを受け入れることは，平等とそれが含意する一種の普遍主義へのコミットメントに向けて一歩を踏み出すことである。すなわち，われわれは人間としてすべて平等であるという考え方である」（本書第1章, p. 24）。ここで，私たちが問題としているのは，身分によって各個人が画定されるような社会編制における公正さではありません。私たちの出発点は，まず全ての人間は平等であるという原則が正統性として受け容れられているような社会編制に私たちはすでに生きてしまっているという点を確認することなのです。しかし，そもそも「すべての人間」とは誰のことなのでしょうか。「すべての人間」といいますが，どのような意味で「人間のすべて」を問題にしているといえるのでしょうか。

1.

ここで，ある特定の国民社会の文脈に議論を移動させることを許していただきたいと思います。しばし特定の国民の歴史を考えることで，一方で平等という理念に関わり，他方で国民語あるいは民族言語という概念に関わる，翻訳の問題についての私の論点をわかっていただけるのではないかと考えるからです。ここでいう国民社会の文脈とは近代日本社会のそれで，これは歴史家が教えてくれていることですが，1868年以後に根本的な社会編制の変化があり，そのおかげで平等という価値が，おそらく有史以来はじめて，日本の島々に住む人々のあいだに導入されたという点です。明治維新以前には，群衆は複数の封建国家のもとで生きていて，この封建国家の集合は現代の歴史教科書では「幕藩体制」と呼ばれています。幕藩体制は，幕府という権威とこの権威に従属する藩と呼ばれる国家群からなる封建連邦で，近代の中央集権化された領土主権国家とはあきらかに異なったものでした。地方の藩は各々が最強の藩である徳川幕府によってその封土を承認され，その官僚体制の存続は親族の相続の正統性に

よって保証されていました[1]。日本近世を専門とする歴史家によれば，幕藩体制はしばしば農民一揆に悩まされており，百姓（農民）は彼らの叛乱を疑似儒教イデオロギーによって正当化していたといわれます[2]。ここで注目すべきなのは，農民たちが彼らの叛乱を合理化するために訴えた倫理的規範や徳のなかに，平等の理念は決して含まれていなかったことです。しかし，1868年に幕藩体制が崩壊し明治政府が樹立されるや否や，百姓一揆のなかに平等の理念によって自分たちの叛乱を正当化する者が現れはじめるのです[3]。

　明治維新以前であっても，漠然とした平等観が，宗教的儀礼や社寺での説教，あるいは説話などの機会に表明されていたことは大いにありそうです。たとえ前近代社会であっても，人々が平等への期待をもたなかったと考えることは，ちょっと難しい。しかし，「平等」で私たちは何を理解しているのでしょうか。そもそも平等とは何なのか，平等が指し示す社会的な現実とはどのようなものなのか，交際の場面でどのような振る舞いを平等という理念は規範化するのか，を限定するのは至難の業であるといってよいでしょう。したがって，理念としての平等と制度化された現実を表す概念としての平等をとりあえず区別しておくのも，全くの無駄というわけではないでしょう。ただし，平等であるかぎり，理念としての平等も制度としての平等もともに日常生活で人々の振る舞いを統御する規則（平等がどのように実働化するかについては，規範，法則，範型，合理性，などの限定が可能ですが，この概念的な限定を詳論することは別の機会に譲りたいと思います）ですが，平等が社会生活で実効性を発揮するためには一定の社会的な設定が必要であるように思えるのです。社会的な設定とは，ある価値が実働化するときの言説，制度的な舞台装置，あるいは社会的条件のことで，この設定がないとき，平等が社会的な正義の実例として機能することはないのではないでしょうか。

　歴史的に考えますと，平等が規範あるいは徳として受容されるために必要な社会的設定は漠然と「国民」あるいは「民族」と呼ばれるのが普通でした[4]。この報告の後半で「国民」や「民族」を越えた設定においても有効な理念としての平等を論じたいと思いますが，私としては，これまで平等が，ほとんどの場合，国民国家において制度化された社会関係を前提として理解されてきたことに疑問の余地はないと思っています。と同時に，あえて先取りしていってし

まえば，平等の理念は「国民」や「民族」を統合する感性美学的（エステティック）な原理「國體」と矛盾するものでもあるのです。

　近代のもつ一つのしかも重要な意義は，社会編制の根本的な変化の結果，人々が新たな自己画定（identification）の様式を獲得することにある，といえるのではないでしょうか。もちろん近代は数多くの側面をもっています。その側面の一つが，人々が古い自己画定の仕方とは違った，新しい自己画定を学び取る闘争の過程なのです。一般に，この近代の側面は，「主体性」の問題として語られてきました。歴史学ではよく知られていることですが，「主体」あるいは「主体性」を意味する subject あるいは subjectivity[5] は18世紀になるまで使われたことはありませんでした。主体の概念の発明は，数学における微積分学の発達や脱自的（絶えず自分の外に出てゆくということ）かつ歴史主義的時間性と深く関連していますが[6]，主体性の概念は新たに導入されたものと考えてよいでしょう。近代社会においては，個人にとっての自己画定の様態が根本的な変化を遂げたために，個人の同一性（identity）を論じるにあたって主体性の議論が有意味になるような事態が現出したのです。つまり，近代以前のいわゆる前近代的な社会においては，主体性の概念が有意味な文脈を見出すことが困難で，そのかぎりで主体性の概念そのものに過大な意義を見出すことができなかったのです。

　東アジアの社会——特に東北アジアを私は考えているのですが——では社会変化が同時に同じような形で起こったということはできません。中国の近代化と韓国の近代を同一の編年史で語ることは許されないでしょう。にもかかわらず，時期は違っても，東アジアの社会がある根本的な変化を達成しており，そのかぎりで，現時点からみると共通の段階に達しつつあると考えることができます。私が東アジアにおいては近代は貫徹しているというのは，このためです。近代化のおかげで，中国，韓国，台湾，そして日本の人々は，一定の自己認識の制度，集団的な語彙，そして自己画定の様式を共有するようになっています。

　そこで忘れてはならないのが，東アジアでは多くの知識人が，儒学との関連で近代の問題を論じたという歴史的事実です。19世紀半ばから20世紀の前半まで，東アジアの知識人にとって，儒教のはらむ前近代性を考慮せずに近代の問題を検証することはできませんでした。近代の問題は，いかにして儒教の遺制

から人々を解放するかという課題を避けては論じることができなかったのです。もちろん，古い社会関係の制度が一夜にして新しい社会関係の制度によって取って代わられるなどということはありません。これはもちろんのことですが，中国に，朝鮮半島に，日本列島に，さらに台湾に，「国民」が作り上げられるためには何十年という年月と闘争が必要でした。

　そこで，いかにして東アジアの知識人が新しい種類の社会的正義を了解するようになったかを説明するために，以下の論点を強調したいと思います。(1)儒学倫理には，社会関係一般の概念化の公式と個人の自己画定（individual identification）の一定の様式が組み込まれています。(2)儒学特有の社会関係の理解と個人の自己画定の様式は，国民国家を成立させるために必要な新しい様式の自己画定とは両立不能でした。(3)儒学を，個人がその内面の生活において従う信仰に還元して論じることはできません。儒学（「儒教」は明治時代になって発明された言葉で，それ以前は儒学，経学，「先王の教え」などと呼ばれていました）とは，総合的な制度の総称で，社会関係のネットワーク，個人の振る舞いを規制する実践的な規則，個人の間の相互認知を規定する手続きや儀礼，知識生産における一定の合理主義，などから成り立っていました。手短にいってしまうと，儒学を「宗教」として扱うことには無理があり，プロテスタンティズムの範型にしたがって，儒学をいわゆる「内面化された信仰」に還元して理解することは誤りなのです。ですから，北村透谷のような当時の思想家が，儒教（さらに仏教をも）における「内面性」の欠如を激しく非難したことは，決して偶然ではなかった。しかし，翻って，北村が導入しようとしていた信仰や内面性は，すでに自己画定の定式の変革を予想していたのです。このような前置きをしたうえで，近代の日本における社会正義の議論に戻ってみましょう。

2.

　明治維新に遅れること14年，台湾割譲に先んじること13年の1882年に，当時の指導的社会哲学者であった福沢諭吉は『徳育如何』という，いまだに残存していた儒者風の者たちによる批判から新しい教育を擁護するために書かれた小論文のなかで，倒幕以来の社会で人々の道徳意識に起こった根本的な変化につ

いて語っています[7]。明治維新に続く社会革命は，人々の意識をも大きく変えつつあったのです。「徳川の御代」には社会規範として尊重されていた道徳律が，現在の「開明の御代」では意図的に無視され蹂躙されていると，福沢は述べています。一家族のなかでさえ，人々は長幼の序に注意を払わなくなってきていると，彼はいいます。知識において優れているかあるいは技量において卓越しているかを自分の実績によって証明しないかぎり，たまたま兄に生まれたからといって，弟より上の公的な地位を占めることを，社会が許容しなくなってきている。「父子有親，君臣有義，夫婦有別，長幼有序」に関する「先王の教え」（儒教のこと）を実行する人はどんどんいなくなっている，というのです。儒学が人間に普遍的に宿るとした道徳秩序を，人々が尊ぶことがなくなってきているのです。元禄時代の士大夫がこの「開明の世」に蘇ってきたら，開明どころかこの世は暗黒で，今の世では人の道が見失われてしまった，と嘆くだろう，と福沢は想像を逞しくしています。

　しかし，福沢の論点は，急激な意識の変化の理由を日本の倫理意識の頽廃に求めることではありません。明治維新以降の日本社会で道徳意識の頽廃とみえる事態の真の意義は，儒学が掲げる道徳律が蹂躙されている事実が決して不当なものではなく，正当なものである，という国民的合意が新たに作り出されてきているという点にあるのです。長幼の序が無視されるような風潮は，道徳的に正しいことであって，それは道徳意識の頽廃などとみなされる必要はありません。開国と政体の変更以来，日本の津々浦々にいたるまで人々の願望は進歩的な目標に向かって新たな方向を与えられ，こうした日本人の願望を簡単に切り捨てることはできない，と彼は主張します。つまり，人々の世論のあり方そのものが決定的なしかたで変わってしまったのであって，道徳教育が全く必要なくなってしまったわけではないけれど，その役割は新たな状況に見合って基本的に考え直されなければならないのです。さらに福沢は続けます。主従の絆は，かつて，三百余の互いに敵のように対抗する政体，すなわち，三百余の「藩」に分裂していた。今や，日本は一つの大きな「藩」にまとめられている。当然のことながら，旧来の主従の絆をいまだに千歳一日のごとく奉ることは，馬鹿げたことであろう，と。

　儒学系の保守的な学者を，福沢は批判しますが，彼の批判の中心にあるのは

次のような歴史的認識です。明治維新以来，彼らが生きてきた社会編制は徳川幕藩体制のような封建的で地方分権的な体制ではないという，最も基本的な認識を，儒学系の学者は欠いている。その結果，古い「忠」という徳が今や全く場違いなものになってしまっているのに気がつかない。つまり，かつて「お国」とは「藩」を意味する地方のことでしたが，地方を意味していた「お国」はもはや「藩」でも「封土」でもなく，それは「国民国家」に変貌してしまったのです。したがって，福沢が主張するには，藩の自立の精神は「国権論」（国民国家主権の主張）によって取って代わらねばならないはずなのです。

　もちろん，この国家体制の変化をもっぱら量的な変化として理解するわけにはゆきません。複数あった国家が一つになった，三百余の政府が一つの政府に統合された，ということだけではないのです。そこには非可逆な質的な変化があったのです。つまり，国民国家が樹立されるにつれて，倫理そのものの根本的な変化が起こり，人々は異なった道徳観に従って生きはじめているのです。

　　在昔は，社会の秩序，全て相依るの風にして，君臣，父子，夫婦，長幼，互いに相依
　　り相依られ，互ひに相敬愛し相敬愛せられ，両者相対してしかる後に教えを立てたる
　　ことなれど，……（後略）[8]

当然，儒学の道徳はこれらの社会関係が成立していないところでは実効性をもちえません。しかし，先王の教えでは，君臣・父子・夫婦・長幼に象徴される社会関係は，人間の普遍的な規定であって，これらの相互的な関係網にしめる位置によって個々人はあらかじめ限定されていることになります。つまり，個人の責務と権限は，他者との間に繰り広げられた相互依存の関係網のなかで占める位置を離れては，考えることはできません。

　これとは反対に，福沢の唱える「自主独立論」では「まず我が一身独立せしめ，我が一身を重んじて，自らその身を金玉視し，もって他の関係を維持して人事の秩序を保つべし」[9]となります。個々人は，まず独立して存在し，個々人は他者との関係を自らの意思で取捨選択することが求められるのですから，人間は君臣・父子・夫婦・長幼に象徴される社会関係から独立した存在者として，まず与えられているのです。

　徳川幕藩体制と明治政府といった2つの異なった形式の政府に由来する教え

であるだけでなく，人間観，人間の社会性の理解，そして道徳概念などの基本的な観点で，儒学の教えと福沢諭吉の「自主独立論」は根本的に異なっており，この2つの教えが両立することが不可能なことがわかっていただけるでしょう。

「自主独立論」で福沢が何をいいたいかは必ずしも明瞭ではありませんが，彼の「一身独立して一国独立する」[10] という有名な主張に言い表されている個人と国民との関係を，「自主独立論」が問題にしていることだけは確かです。儒学は個人の独立した行動と思考を妨げ，他人に依存せずに人々が生きようとする願望を阻害するという彼の確信が表明されているだけでなく，「自主独立論」を通じて，それまで知られていなかった以前とは全く異なった社会関係と個人のあり方についての考え方を，彼は提示しようとしているように見えます。これは新しい認識パラダイムであって，この知の枠組みのなかでは人間と社会関係は全く新しく了解され，この認識枠組みなしには，個人と社会の全体の間のまさに近代的な了解は，不可能になってしまうのです。もちろん，ここで福沢が心を砕いていたのは，どのようにして日本に日本人という民族を作ることができるか，日本列島に原住していた無定形の群衆（multitudes）をいかにして日本国民に作り直せるか，なのでした。

今日，この認識パラダイムは人々と社会についての常識にあまりに見事に取り込まれてしまっているために，このような個人と社会関係に関する観点が，明治の初期に，どれほど新しい奇異な見解であったかを理解することがとても難しくなってしまっています。まず確認しておかなければならないのは，福沢は，1870年代から80年代にはじめて生まれつつあった国民・民族に向かって，「個人主義」，すなわち，論理的に，個物としての人間が，社会関係の以前に，実体として存在しているという教説を教え込まなければならなかった，という点を挙げておきましょう。個々の個人は独立した実体であり，社会関係は二次的なもので，個人の不可分性（individuum，つまりこれ以上分けることのできない最も基本的な原子）にとって，社会関係は本質的なものではなく付帯的なものにすぎない，という前提から出発して，彼は社会関係や道徳を全面的に考え直すことを提案しているのです。

福沢の個人主義は，第一義的に，彼の政治的かつ倫理的立場の表明となっていることには疑いはありません。もちろん，西ヨーロッパから政策を輸入する

ことによって急速な変革を遂げつつあった当時の日本では，明治政府の知的・政治的指導者の立場から見ると，福沢の構想があまりにもラディカルすぎたことは議論の余地はないでしょう。にもかかわらず，福沢の自主独立論のもつその認識論的な重要さを見逃すことはできないのです。この点は，自主独立論と儒学における人間や社会関係の考え方を比較してみると，はっきりしてくるはずです。もう少し辛抱して私の議論を聞いてください。

3.

明治時代になり近代的な学問が制度化されるようになると，先に簡単に触れましたように，「儒教」という名称が採用されるようになります。儒教とは，膨大な文献群を包摂するアルシーフ（図書館）を含む多くの制度群を総体として指し示す名称ということになっています。「儒教」という名称の下に，過去25世紀にわたって東アジアで，これらの文献群や制度群が保存され再生産されてきたということになっています。「儒教」という名称が，この膨大な伝統を正確に要約してくれているかどうかは，私は心もとないと思っています。というのも，この用語は儒学の伝統を，宗教のそれであるとはじめから決めつけてしまっているからであり，さらに「儒教」なる伝統が古代から連綿と続いてきたという思い込みを，批判的に検討しているようには見えないからです。

さらに，「儒教」を他の倫理・政治教説や制度化された実践を見分ける一定数の基準があるかどうかを判断する資格は，私にはありません。そこで，あえて過度の単純化の危険を冒して，「儒教」の参照する対象を狭く限定しておこうと思います。儒教とは，一定の教説，社会的エチケットの体系，親族管理の規則，教育制度，知の生産における合理性の制度，などの寄せ集めのことで，この集合には緩い体系性が予想されており，この体系性は明治時代の初めからそれ以前の数世紀の間には主として日本列島の大きな都市で「周公孔子之教」「名教」「儒学」「経学」あるいは「先王之教」などと呼ばれ教授されるのが習わしでした。もちろん，この「儒教」の伝統が明清中国，李氏朝鮮，ヴェトナムなどでの展開と近親性をもっている点を否定することはできず，「儒教」は「国民知」に限ることはできませんから，日本儒教に私の関心を限定する意図

は全くありません。

　あえておおざっぱな儒教の定義をここで採用しておきましょう。というのは，私たちの課題は，歴史的に儒教の言説を限定し，儒教の教説がどのように下層の農民によって横領されたか，あるいは儒教の学問の展開がどのように国学と呼ばれる儒教に敵対する学派を生み出していったか，といった問題点を解明することにあるのではないからです[11]。このおおざっぱな儒教の定義に基づいて考えるかぎり，私たちの関心は，儒教という陰画を用いて近代国民という陽画を照明することだからです。そこで，まず気づくことは，儒教に掲げる「徳」（可能態および現実態における道徳的価値）が全て特定の親族関係の用語で規定されている，といっても大きな間違いではない点です。儒教では，人間の社会性はしばしば親族関係を列記することによって表現されますが，その理由は，まさに，親族関係の用語で道徳的な価値が象徴されているからです。すでに福沢諭吉からの引用のなかに現れていた儒教の「五倫」にまつわる常套句はその典型的なもので──「父子有親，君臣有義，夫婦有別，長幼有序，朋友有信」──これらの関係性において五常と呼ばれる五つの徳目──仁，義，礼，智，信──が実践されるのです。朋友の関係──実はこの関係においても，厳密にいえば，平等という価値は当てはまらないのですが──をのぞけば，「五倫」で指示された社会関係は対等な関係ではありません。つまり，五常という倫理的価値は，対等な関係をはじめから予想していないのです。そこで，福沢諭吉は，五倫という関係性で道徳を考えているかぎり，儒教道徳は一方的な義務を生み出してしまう，と述べています。他方，「五倫」は個人を人間関係の複雑かつ交換不可能なネットワークのなかに位置付けます。交換不可能というのは，各々の個人にとって，ネットワーク内の位置は異なっているので，一人の人間を別の人間に，同型の部品のように，取り替えることができないのです。

　例えば，保険契約者と保険会社の関係を考えてみましょう。保険会社は多くの契約者と保険契約を結びます。しかし，契約者同士は赤の他人で，契約者の間に社会的関係が作られたりネットワークが成立することはありません。もちろん，契約者が個人的に他の契約者と人間関係を作ることはあるでしょうが，そのような関係が，保険契約そのものの必要条件であったり，必ず予想される帰結であったりすることはないでしょう。ですから，保険会社にとって，個々

の契約者は互いに孤立し互いに無関係で，名前や住所こそ違え，全く互いに交換可能な個人なのです。

「五倫」に象徴される社会ネットワークでは，このような孤立した個人が生じることはありません。確かに，個々の関係においては——例えば父子の関係で，子は親を介護する義務を負いますから——一方的な義務を負わなければなりませんが，ネットワークの全体としては社会的な見返りを期待できますから——自分の親を介護しなければならないとしても，自分が親になったときには今度は子に面倒を見てもらえる——親族関係に参加する人々は，長い目で見れば，親族相互依存の社会保障の恩恵を期待できるわけです。まさに，福沢諭吉が，「相依り相依られ」と呼んだ，儒教倫理の巧妙な仕掛けがここにあるのです。つまり，儒教の道徳観が描き出しているのは，親族関係に基づいた相互扶助の体系であるといえるでしょう。

さらに，儒教倫理には個人の認知という，自己画定のしくみが組み込まれています。人が親族関係に入るということは，保険に入るとかクレジット・カードのメンバーになるとはちょっと違ったことです。先の保険の例でも述べましたが，クレジット・カードのメンバーになるために他のクレジット・カード契約者を知る必要も他の契約者によって承認される必要もありません。ところが，儒教の「五倫」の場合，親族に入るというのは大変に複雑な過程なのです。結婚して配偶者の家族の一員になった経験のある人ならすぐわかるでしょうが，親族のネットワークのなかに位置を占めるためには，配偶者の親に認知してもらわなければなりません。配偶者の兄妹との間柄を作りあげなければならない。配偶者のおじ，おばだけでなく，甥や姪とも知り合いにならなければならない。そのかわり，相互認知の親族関係の数が増えるにつれて——私は父との関係では娘であり，夫の姉との関係では義理の妹であり，夫との関係では妻であり，夫の上司との関係では部下の配偶者であり，という具合に——私の社会関係の文脈は増えていきますから，私の自己画定（identification）はますます豊かで具体的なものになってゆくでしょう。重要なことは，儒教道徳において，これらの社会関係の各々について，異なった道徳規範が要求される点です。自分の父に対するのと甥に対するのとでは，敬語の用法も，身振りも，座席の位置も，ときには着るものまで，違ってくるのです。つまり，儒教倫理がもたらす自己

画定における豊かな具体性とは，親族ネットワークのなかで一定の位置を占める特定の人物を相手にして，「人は何をすべきか」(praxis)，「どのように振る舞うべきか」(conduct)，「何を言ってよいのか」(utterance)，という数多くの実践の規則の総体のもつ豊かさに他ならないのです。つまり，道徳の規則，振る舞いのエチケット，会話の儀礼が，そのつど，誰が相手であり，その相手が親族ネットワーク内でどの位置を占めるかに相関しつつ決まってくる以上，そのつど違ってきます。ですから，道徳価値のそれぞれについて，行為する個人の位置は，その個人が対峙している相手の個人との関係によって限定されてきます。つまり，儒教をこのように分析してみるとわかることは，スタンディッシュが次のように述べている社会状況が，どのように具体的に現出しうるかを教えてくれるのです。「自らの身分が出生や婚姻によって制限されるような封建社会やカースト制度の社会」(本書第1章, p.24)。まさに，儒教倫理は，身分制によって統御された社会において生きてゆくために必要な実践規則のことなのです。

　ところが，ここで一つの但し書きが要請されることをいっておかなければならないでしょう。確かに，儒教倫理は人が身分に応じて行為することを教えますが，「身分に応じて」とは個人の立場が生まれてから死ぬまで固定してしまっていて動かないということではないのです。人が子どもである状態から，結婚し，子どもを持ち，やがて孫を持つようになる。さらに，職業的な地位が上がれば，そのつど，人の立場は変わり，親族ネットワークにおける自分の位置も変わってきます。しかし，対峙する相手次第で，つまり福沢の言葉でいえば，「相依り相依られ」る関係によって個人の行動が制約されるという点は変わりません。儒教倫理の眼目が，人は「自分の身分をわきまえ」ることにあるのは，このためなのです。

4.

　福沢諭吉が明治初期にみた社会は，まさにスタンディッシュがいう「封建社会やカースト制度の社会」でした。福沢はこのような当時の社会編制を儒教との連想で考えましたが，少なくとも，彼の考えた儒教においては，人と人が相

第2章 社会正義と國體 ポール・スタンディシュに応える 53

互的な社会関係によって結びつけられていても，個人が親族関係の媒介を経ず
に一気に社会の全体と結びつくということはなかったのです。個人がある家族
に帰属するとは，例外なく，親族関係の編み目のなかで一定の位置を占めるこ
とであり，個人の位置は関係の相手が占める位置に依存しているわけです。し
たがって，ある人格（person）がそこで自己画定を達成する体系は，一連の人
格的関係（personal relations），すなわち「私とあなた」の関係[12]，の上に築か
れることになります。人格的関係ということは，社会関係を作る一方の発話す
る人格（addresser）と他方の発話を受け取る人格（addressee）の両方が，発話
の行為においてお互いを臨在するものとして意識しつつ，相手に話しかけたり
聞きとる様態のことでしょう。別の言い方をすれば，それは，敬語が機能する
関係にあるということでしょう。つまり，儒教倫理においては，社会関係が人
格的関係として与えられており，道徳的価値は相手次第で変更されてくるので
す。つまり，儒教倫理は優れて状況に依存した倫理であるということになりま
す。

　儒教においては，親族関係における自己画定の論理が機能しています。例え
ば，私には子どもがありますから，彼らとの人格的な関係においては，私は
「父」として自己画定します。しかし，私が自分の母に対するときは，私は当
然「息子」として自己画定するわけです。つまり，私のアイデンティティ（同
一性）は，私が対峙している相手によってそのつど変わってきます。そして，
ある親族に帰属するとは，私の主体的地位やアイデンティティが，私が今とも
にいる——私と臨在している——対話の相手によって相互的に限定されるとい
う事実に，他なりません。つまり，儒教の言説では，私のアイデンティティは
関係的に（relational）限定されてくるのです。つまり，儒教においては，私は
対話論的な関係性において自己画定し，私の人格的なアイデンティティは関係
的同一性（relational identity）として与えられるといってよいでしょう。

　そこで確認しておかなければならない点があります。このような儒教的な人
間観や社会関係論には，平等という考え方を入れる余地はないという点です。
儒教倫理には形式的平等という原則が本質的に欠如しています。しかし，私が
こういったからといって，儒教が反権威主義や人々の間の公正さを奨励しない
といっているわけではありません。私がいいたいのは，「先王の教え」におい

ては，自由主義的な形式的平等という理念が育たない，といっているだけです。というのも，儒教においては，相互的な関係を構成する２人の個人が交換可能な二つの独立した実体として概念化されることが決してないからです。各々の人格の個人性（individuality）が個人が関わる数多くの社会関係の総和として与えられる以上，いかなる個人も他の個人と交換可能な，均質な単位として捉えられることがないからです。まさにこの理由から，人間の平等の原則を高く掲げたことで有名な福沢諭吉が，平等という理念を日本に導入するためにはまず儒教道徳の欺瞞を暴露しておかなければならないと考えたのです。にもかかわらず，誤解のないようにいっておけば，福沢は形式的な平等を主張しましたが，人種の位階や職業的な上下関係をも否定したわけではないのです。もっと一般的にいって，福沢は競争や仕事の結果社会の導入される不平等や地位の上下を論難したことはありません。基本的に，彼の主張した平等は，機会の平等であり実績主義の平等でした。よりよく教育された人々が知識を持たない人々や才能のない人々より高い地位を与えられることは当然である，と彼は考えていましたし，勤勉と進取の気性を通じて富を築いた人々は富のない人々より当然尊敬され重用されるべきであると，彼は考えていました。彼は形式的平等の原則を絶対的に支持していましたが，競争の結果現実に存在する社会的な不平等を弾劾することはありませんでした。

　それにしても，形式的平等の原理が福沢諭吉にとってなぜこれほど絶対的な意義をもったのでしょうか。自己，あるいは彼風の言葉でいえば「一身」，に最高の価値を与えることで彼が達成しようとしたのは，個人が親族のしがらみから自由になるような社会的空間を切り拓くことだったのです。あるいは，より概念的に正確な言葉でいえば，福沢は，個人が相互的な社会関係に起因する属性から自由になった存在者として措定されるような認識論的パラダイムを樹立しようとしたのです。あらかじめ親族関係の編み目の中に捉えられた存在者として把握する代わりに，人間はまずこれらの親族関係から「独立」した自立した個人として措定されなければならないのです。いうまでもなく，形式的平等に関する議論で彼が懸けていたのは，「国民」（民族）という新しい共同性の可能性の条件を準備することだったのです。

　すでにお分かりのことだと思いますが，ここで福沢が追求しているのは，徳

川家を中心として三百余藩の連合体である幕藩体制から近代の議院制王制へと政体が改編された明治維新に代表される日本の歴史に限った話ではありません。ここで彼が問題としたのは，一般に「近代化」と呼ばれる大規模な歴史的な改編の過程であって，それまで親族の系譜の象徴的表現をもって国家主権の正統性の根拠としていた政体が，自立的な主体の集団としての「人口」を措定する能力をもつ新たな国家主権としての政体によって取って代わられるのです。そして，自立的な主体の集団は一方で「個人化」，他方で「全体化」によって達成されるのです。福沢の「自主独立論」はまさに「個人化」と「全体化」を同時に成就しようという，典型的な近代化の議論だったと考えざるをえません。韓国の共和制であろうと，中国の共産党であろうと，台湾の国民党であろうと，日本の天皇制であろうと，時期的なずれがありまた政策は必ずしも同じではありませんでしたが，東アジアの政権はすべてその統治人口を個人化しかつ全体化する過程を通過してきました。

　福沢の人間の平等の主張が，個人のアイデンティティ（同一性）は身分の制約から自由でなければならないという要求に伴われていた点を忘れるわけにはゆきません。人間が交換可能な分割不可能な単位（individuum）つまり個人化（individualized）された個物（individual）として理解されたときはじめて，平等を真に了解できる社会的な空間が現出するのです。しかし，自立独立した個人を予想するやいなや，福沢が「ナショナリチ（nationality）」あるいは「國體」と呼ぶ個人のアイデンティティの新たな定義に私たちは導かれる点を見逃すわけにはゆきません。

　議論に水を差すように思われるかもしれませんが，ここでも但し書きをもう一度挿入させてください。というのは，儒教倫理の関係的同一性（relational identity）から個人を中心とする同一性のあり方（specific identity）への改編が，そのままで，近代化を表していると私が考えていると判断されると困るからです。関係的同一性が全面的に淘汰され，個人主義が一方的に支配する社会編制に移行する，という仕方で近代化を考える人がでてくることを恐れるからです。というのは，関係的同一性を淘汰することはできない，からです。人と人が対話論的な出会いをもち，互いが臨在する社会関係なしに，人が社会的な人格として育ってゆくことはできないからです。

近代的な社会編制に移行することで起こるのは，関係的な同一性が淘汰されてしまうことではなく，関係的な同一性によって統御された領域が限定されることです。そして，この限定された領域のことを，私たちは普通「私的領域」（privacy）と言い習わしています。「私的」（private）とは，いうまでもなく，「公的」（public）に対比される概念です。関係的な同一性が私的な領域に限定されることで起こるのが，親族関係が新たに家族関係として再定義され，家族と呼ばれる関係的同一性の支配する私的な領域が生成することであるといってよいでしょう。儒教倫理の関係的同一性（relational identity）から個人を中心とする同一性のあり方への改編が示唆しているのは，「近代家族」の生成なのです。では「公的」な領域での同一化の論理には，どのような変化が起こるのでしょうか。そこで問題となるのが「國體」（nationality）です。ここで，あえて旧字の表記を保存して，この訳語のもつ歴史性を強調しておきましょう。ただし，敗戦から70年近く経った現在にいたっても，敗戦後使われなくなった「國體」から日本人が自由になったわけではありません。

5.

Nationalityと「國體」をここで併記してみたのは，「國體」という言葉が明治初期に英語のnationalityの訳語として発明されたからです。「一系万代」（天皇の系譜が無数の世代を通じて継続しているという前近代の正統性の主張に基づく政体正当化の論理）に表明された宗教と国家の結合——「我邦を金甌無欠万国に絶すと称して意気揚々たる」[13]——に日本の正統性を求める「皇学者流」に反論して，福沢は国民統合のための制度化された「ものの感じ方」が必要であることを訴えます。途切れのない皇室の系譜に加えて，「物を集めて之を全ふし他の物と区別すべき形」[14]が必要なことを彼は説くのです。彼は国民共同体と感性−美学（aesthetics）の本質的な依存関係を見抜いています。

故に國體とは，一種族の人民相集まりて憂楽を共にし，他国人に対して自他の別を作り，自ら互に視ること他国人を視るよりも厚くし，自ら互に力を尽すこと他国人の為にするよりも勉め，一政府の下に居て自ら支配し他の政府

第2章　社会正義と國體　ポール・スタンディシュに応える　　57

の制御を受るを好まず，禍福共に自ら担当して独立する者を云ふなり。西洋
の語に「ナショナリチ」と名るもの是なり。[15]

「國體」は一定の情緒を通じて実働化し，その情緒は「國體の情」と呼ばれ
るべきでしょう。

此國體の情起こる由縁を尋ねるに，人種の同じきに由る者あり，宗旨の同じ
きに由る者あり，或は言語により，或は地理により，其趣一様ならざれども，
最も有力なる源因と名く可きものは，一種の人民，ともに世態の沿革を経て
懐古の情を同ふする者，即是なり。[16]

この福沢の國體の説明は，ジョン・スチュワート・ミルのnationalityと
society of sympathyの説明をほとんどそのまま日本の状況に当てはめたもの
で，國體を一方で人種や政府の永続性あるいは他方で言語や習慣の同一性のど
ちらかに結びつけることで固定化しようという欲望の在処を示していて，大変
興味深いものです。福沢は天皇の系譜としての「國體」の解釈を必ずしも否定
しているわけではありませんが――そのかぎりで福沢は日本の国民国家を作る
うえで天皇制が有用であることを認めています[17]――彼は正統性を考えるう
えで，「血統」と「政統」の違いに注意を払い，その後，日本人という国民を
作り上げてゆくうえで，様々な人種政策，国家の官僚制の樹立，国民教育制度
の樹立，国民言語の制度化，国民的修身など多様な言説に，「政統」（政治的な
正統性）の樹立に國體が大きな役割を果たすことを指摘しています。
　ところで，nationalityは「國粋」や「国民性」「国籍」などの別の言葉に訳
されることが多く，やがて，「國體」という言葉自体は日本政府の厳しい制限
を受けるようになり，一種の禁句となり，福沢が訳した意味では一般には使わ
れなくなります。ですから，日本の近代化において，福沢の國體論が大きな影
響力を持ったということはできないでしょう。
　にもかかわらず，彼のnationalityの解釈は，現在にいたるまで，様々な「國
體」の解釈のなかでも最も本質的な国民社会の理解を示しているといってよい
でしょう。他にも，数多くの「國體」の解釈が，法解釈学，宗教論，歴史学，

などで提出されてきましたが，これらの解釈は，近代天皇によって象徴的に表現される形而上学的な「国民の統一」を解剖するというより，むしろ，「国民の統一」を正当化し，合理化し，神秘化する役割を果たしてきたといったほうがよいのではないかと思います。福沢の「國體論」は，国民共同体を作るという観点からではありますが，国民共同体についての最も明晰で説得力のある解釈を，明治時代の初めにすでに提出していたのです。

　日本人のアイデンティティを考えるうえで，日本人という実感や日本人同士の共感を生み出す装置として「國體」がどんなに重要な役割を果たしてきたかを理解するためには，このような歴史に立ち戻ることがどうしても必要なのです。さらに，福沢が，日本人の間に「日本人という國體の情」を生み出すためには「自他の別」が必要だと述べている点を看過するわけにはゆきません。「自他の別」とは，国民共同体の内側にいる人と外にいる人たちの制度化された差別，日本人と非日本人の差別こそが日本人を作り出すための十分条件だと述べている点です。

　国民とは決して人間一般のことではありません。人間の一部が人間一般から区別されるのでないかぎり，国民が成立することはありません。この立場から，彼は，「自他の別」の重要性を説きはじめています。福沢は，キリスト教宣教師が使っていた「一視同仁四海兄弟」という句[18]で天皇制を表すことをひどく嫌っていましたが，やがて，日本の天皇は日本列島の住民の範囲を超えてその慈悲（同仁）を施すとされ，このように，「四海兄弟」は広く普遍的な多民族統合の原則として鍛え直され，「四海兄弟」に基づく「國體の情」は日本帝国の拡大に伴って，日本内地に本籍を持つ者を越えて，広く，帝国住民一般へと拡張されることになります。

　1946年に施行された新憲法にいたるまでの近代天皇制の歴史において，「一視同仁四海兄弟」の前半部「一視同仁」は天皇の形象と結びつけて連想され，この語によって，天皇と国民主体，日本国家と個人化された日本人の関係，つまり個人としての彷徨える子羊に慈悲を与える牧人（＝天皇）とそのような牧人からの慈悲を懇願する個人化された子羊（＝天皇の赤子）であるところの国民一人ひとりの関係，が象徴的に表現されていると考えられていました[19]。もちろん，この権力の構造がユダヤ・キリスト教起源であることは，周到に隠蔽

されていましたが，合州国政府が日本占領にあたって，天皇制を日本支配の道具として利用するために温存する過程で，天皇制の「牧人権力」としての性格[20]は，図らずも開示されてしまいます。

徳あるいは倫理原理として平等という価値が現出することと，明治国家において天皇制が導入されることの間に因果関係を積極的に認めようという気は私にはないのですが，理念としての平等は，いま挙げた個人と全体（天皇によって象徴されていた）の関係の形象を背景にして人々にとって理解可能になったのではないでしょうか。つまり，当初から，天皇制は一種の牧人権力として導入されたと考えるべきでしょう。

ここまで私は，もっぱら，19世紀日本で実働化した新しい社会正義について語ってまいりましたが，しかし，ここで展開した議論は東アジア，西ヨーロッパ，そして北アメリカなどの異なった歴史的文脈においても妥当するのではないかと密かに考えています。

6.

このような日本における社会正義の展開と平等理念の導入の歴史を前提にしたうえで，スタンディッシュに質問をしたいと思います。

その最初の問いは次のようなものです。それが結果としての平等か，機会としての平等か，平等主義（egalitarianism）のいう平等か，実績主義（meritocracy）のいう平等かで，その社会的な意義は変わってきますが，平等の理念を社会的に実践するにあたって，個人と全体の間の空想的な関係を表現する「一視同仁」のような社会的想像体（social imaginary）は必ず必要になるものなのでしょうか。このような社会的想像体なしに，平等が社会的な公正さとして容認されることは可能でしょうか。このような個人と全体の間の形象的な表現（figurative representation）を避けようとするとき，社会正義の実践原理としての平等はいかにして概念化することができるでしょうか。

周知のように，第二次世界大戦において日本は敗れ，多民族国民国家としての日本帝国は崩壊しました。敗戦の結果，「國體の情」はいわゆる単一民族の神話を基礎にして再構成されます。「皇国史観」や日本人論という一時期流行

った議論で繰り返された，「我々日本人」が古代以来綿々と存在してきたという議論は，日本国民の起源を過去に求めるものですが，福沢諭吉の國體論そしていうまでもなく彼の本源であるジョン・スチュワート・ミルの「国民」論で，このような過去に遡行する国民共同体の正統化の論理はすでに予想されていました。国民を作るうえで国民史がいかに重要かを，福沢はミルに倣って，強調しているのです。すなわち，「我々日本人」が古代以来綿々と存在してきたという意識そのものが，「國體の情」が社会的に普及するための格好の前提を提供するわけです。ですから，このような過去を国民の過去とみる神話的な意識が，国民を制作する（nation building）うえでとても役に立つということはわかっていました。

　しかし，ここで見逃すことができない事実が一点あります。福沢が熱情的に「國體の情」を論じてきた理由のひとつは，これまでみてきた通りですが，「日本人という国民をこれから作り出されなければならない」，ということは，国民としての日本人はまだいないという認識に由来します[21]。日本国民とは，彼が『文明論之概略』を書いていた時点では，未来に想定された共同体にすぎませんでした。少なくとも明治初期には「日本人」は存在するとは考えられていなかったわけです。ところが，1945年の日本帝国の喪失のあとでは，状況は全く違っていました。今日，日本国民を作ろうと真剣に考えている知識人は皆無でしょう，というのは日本に居を構えているほとんど全ての人が日本人という国民がすでに存在してしまっていると考えているからです。

　少なくとも今回の私の発表に関していえば，平等という理念について議論するために必要な手持ちのカードは全てテーブルの上に置かれた，といってよいでしょう。

　ここで私が問題にしたいのは，社会的正義と国民共同体の形象の関係です。福沢諭吉が鋭く見抜いたように，国民国家が成立するにつれて，人間一般に対して特定の人間の種類——人類（human beings in general）に対して種族（particular human beings）あるいは民族と呼んでよいでしょう——が「国民」あるいは「民族」として分離されてきます。言いかえると，「国民」の成立は，ひとつには，平等という理念がその編制原理とされるような社会編制の成立を告げています。「國體の情」によって結びつけられた国民共同体においてのみ，

平等は実践的な原理として広く人々が受け容れるようになると考えられてきたのです。そして，福沢がこの点でも鋭く見抜いたように，「国民」は自他の別，すなわち，自国人と外国人をきっぱりと差別するかぎりでしか維持できません。国民共同体は平等の基盤ですが，この国民共同体を支えるものは外国人差別なのです。そして，領土的国家の主権（territorial state sovereignty）を基本原理として成り立っているウェストファーレン条約（1648年）以降の国際世界（international world）では，近代的な国民国家は一つ以上の国籍をもつ個人や国籍をもたない個人を異常性として看做す傾向が蔓延ります[22]。つまり，福沢が考えたような「國體」とは，国籍を共有する個人が作り出す共同体の結合原理ですが——国籍という言葉は國體と同じように nationality の訳語であることを再確認しておきましょう——國體は国民の間の平等を約束すると同時に外国人に対する差別も約束するのです。つまり國體によって統御された自己画定（identification）の方式なしには，個人が国民や，民族あるいは人種に自らを画定することはありえませんが，同時に，それは外国人への差別を媒介にして自己画定をすることでもあるのです。このようにみてくると，社会正義を考えるうえで，国民共同体における平等の理念を無制限に肯定することができなくなってくるのがわかります。

　最後に，以上の国民共同体との連関で，私がなぜこのような，スタンディッシュに対する質問をしたのかを少し解説しておいたほうがよいかもしれません。というのは，これまで明治期に導入された「國體論」は，現在の社会で私たちが直面している人種主義の問題を考える上で，多くの示唆を与えてくれるからです。そこで，アジア–太平洋戦争後の日本で最も明確な形で現れた人種主義運動として「在日特権を許さない市民の会」を採り上げさせてください。

　戦後日本では，戦前の日本と同様に，人種主義が稀な事象であったことはありません。人種差別の事例は数多くみられましたし，人種主義的な議論が広く通用していて，その人種主義的な含意を指摘する批判的な議論がほとんど存在しないという事態が長く続きました。と同時に，「在日特権を許さない市民の会」のような人種主義を真正面から掲げる反移民運動も，ほとんど存在しませんでした。もちろん「在日特権を許さない市民の会」が自らを人種主義運動であると承認することはありませんが，しかし，この運動のもつ人種主義運動と

しての性格はあまりに明らかでしょう。特に興味深いのは，この運動が市民運動として組織されていることであり，自分たちの主張の正しさを「日本人の市民」である自分たちの国籍あるいは國體に求めている点です。したがって，この市民運動は近代的な國體論を決して拒絶しませんから，少なくとも彼らの公式の主張をみるかぎり，近代的な価値を推奨する運動であることを否定することはできないでしょう。そこで，「在日特権を許さない市民の会」の主張するところを，すこし聞いてみましょう[23]。

　彼らのいう「在日」は，日本の国民共同体に帰属せずに，しかし日本に居住する外国人一般を指します。しかし，一般の外国人は「特権」を持ちませんから，在日特権で問題にされる「在日」とは外国人のなかでも朝鮮・韓国人のことを指し，「特権」とは日本在住の朝鮮・韓国人が享受する，普通日本国民が享受している権利のことになります。ここでの「特権」の使い方は一風変わっていて，日常会話で使われる「特権階級」や「特権意識」とは違っています。普通，「特権」には，平等な権利を越えた例外的な過剰な権利や権限という含意があるのですが，この特権が強調するのは「在日朝鮮・韓国人のくせに，日本人と同じ権利を享受している」という事実のようです。すなわち，「在日特権を許さない市民の会」の会員が問題としているのは，日本の国家が在日朝鮮・韓国人に日本人と平等の権利を与えてしまっている，とする事実なのです。彼らが主張するように現在在日朝鮮・韓国人が日本人と平等の権利を与えられているかどうかは大いに疑問なのですが，彼らが依拠するのは，「在日朝鮮・韓国人は日本人と平等の権利を享受すべきではない」という原則であることは明らかでしょう。もちろん，この苦情の背後には，「私たちは日本人なのに平等を享受できないでいる」というルサンチマンを感じ取るのはそれほど難しくはありません。

　ここで「在日特権を許さない市民の会」が，近代の国際世界の規則をその大枠においては承認している点を見逃すことはできないでしょう。このかぎりで，「在日特権を許さない市民の会」は反近代的な運動と考えることはできません。もちろん彼らには，基本的人権を普遍的に尊重しようとする姿勢はほとんどみられませんし，人権の普遍主義には興味がないようです。しかし，彼らは，近代国家の領土制を尊重しています。つまり，在日朝鮮・韓国人は，日本国家の

第2章　社会正義と國體　ポール・スタンディシュに応える　　63

領土内においては外国人である以上，自分の本国に帰るべきであり，さらに，日本国家の領土内において永住する以上，全ての日本領土内の住民は日本人としての国籍をもたなければならない，というわけです。ここで，暗黙のうちに前提されているのは，次の原則であり，この原則はまさに福沢諭吉が「國體の情」を醸し出すための絶対条件と考えた「自他の別」にほかならないのです。すなわち，「外国人は自国人から区別され，差別されなければならない」。

　「在日特権を許さない市民の会」の人々が抗議しているのは，外国人であるくせに日本人と同じ権利を享受している在日朝鮮・韓国人は，「國體」という国民統合の原則を犯しているのであり，この会の会員らは，在日の「特権」を弾劾することによって，日本国民の統合を支えようとしているのだ，と。「自他の別」が失われたとき，「國體の情」そのものが維持できなくなり，日本人としてのアイデンティティを奨励するためには，まず外国人のなかでも日本に居座ってしまうような移民の代表である在日朝鮮・韓国人を追い出すことから始めなければならない，と。

　「在日特権を許さない市民の会」の人種主義をこのように素描してみると，この市民運動が典型的な反移民人種主義であることがよくわかります。しかし，このように人種主義は，平等の原則を否定するどころか，むしろ国民の平等を謳い上げていて，むしろ，平等の条件としての閉じられた共同性としての「國體」を強調しているのではないでしょうか。私のみるかぎり，「在日特権を許さない市民の会」の人種主義は，福沢諭吉が推奨した国民主義と矛盾するものではありません。つまり，「在日特権を許さない市民の会」の人種主義は近代日本の国民主義，さらには，近代の領土的国民国家主権を範型とする国際法のシステムの延長にあるのではないでしょうか。

　もちろん，世界中の多くの反移民人種主義と同じ錯誤を「在日特権を許さない市民の会」は犯しています。永続的な移民を抱え込んでいない国民共同体は世界中のどこにも存在しません。移民のいない，文化的に均質な国民・民族共同体は，領土的国民国家主権が必要とした神話にすぎず，国民的均質性は国民国家の建前にすぎず，決して，その実体を表すものではありません。国民・民族文化の均質性を不問に付したまま，その倫理学を構想した和辻哲郎のような国民主義者は，まさに，その「日本文化論」において，人種主義に貢献したと

いわざるをえないのはこのためです。

　また在日朝鮮・韓国人の存在から，植民地主義の歴史をぬぐい去ることはできません。近代日本の端緒そのものが，19世紀の世界が植民地主義の論理によって席巻されていた事実を度外視しては，理解不可能になるのです。さらに，現在の日本の社会編制には，植民地主義の歴史が重層化して残っています。ポルトガル，スペインの植民地主義から始まって，イギリスの植民地主義，日本の植民地主義。そして，現在の日本がアメリカ合州国の植民地でないと，誰が確信を持っていえるのでしょうか。もちろん，この数世紀の間に国家主権のあり方が何度も変わったように，植民地主義の体制も大きく変わりました。沖縄の現実ひとつみても，植民地主義の様々な歴史を忘れることができないのは自明でしょう。にもかかわらず，「在日特権を許さない市民の会」の人々は，韓国や中国の人々と交渉する上で，東アジアに残存する植民地主義の遺制を考慮しなくてもよいと，勝手に決め込んでいるようです。植民地主義の歴史への責任を考えるのは極左主義者の企みだと。

　しかし，責任とは，日本の過去について問いかけてくる中国や韓国，アジアの人々に，「応答する責務」が意味されています。それは勇気と矜持の問題です。「在日特権を許さない市民の会」の会員は，日本人としての誇りをいうわりには，国民の責任を自ら引き受ける勇気も器量もないようです。彼らは歴史の責任を否認するあまり，奇妙な国民的自己閉鎖に陥ってしまっているようです。「自他の別」はいつの間にか，自己閉鎖と他者の不在へ，彼らを導いてしまっているようです。

　「國體」は国民が団結して自立独立するための原則としてもともと発想されましたが，いつの間にか，外国人畏怖と国民的自己閉鎖の論理にすり替わってしまったようです。

7.

　ここで，私がこの報告の冒頭でポールの言葉を引きつつ，提示した「全ての人間」という句に戻らせていただきます。社会正義を考える上で平等は私にとっても，欠くことのできない要請です。しかし，この平等は国民のあいだの平

等であってはならないと思います。ここで問われている「全ての人間」は日本
人やイギリス人，あるいは西洋人や東洋人でさえない。とりあえず，「全ての
人間」とは移民のことである，と想定させてください。今問われなければなら
ないのは，「国民」の視座からみられた社会正義ではなく，まさに「移民」の
視座からみられた社会正義としての平等ではないでしょうか。

注

1) ここで「正統性」（legitimacy）についての私の了解を簡単に述べておきます。
　　正統性は，権威や財産の移管や分配に関する合理化の根拠を表す概念です。最も
　　卑近な例でいうと，正統性は，子どもが親の財産を相続するときに，相続を正当
　　化するあるいは非正当化する原理として働きます。昔は，父あるいは母の財産を
　　合法的に相続できるのは，父と母の婚姻から正式に生まれた子どもに限られてい
　　ました。そして，英語では，父と母の婚姻から正式に生まれた子どものことを
　　「正統な子ども」（legitimate child）と呼んでおり，父と母の婚姻から正式に生ま
　　れていない子どものことを「正統でない子ども」（illegitimate child）と呼んでい
　　たわけです。「正統でない子ども」には，財産や権威を継承する権限はないとさ
　　れました。つまり，正統性は，親族における権威の移譲を統括する正当化の原理
　　のことを指したわけです。王制，天皇制，藩政はいずれも，正統性にその合理的
　　根拠を仰ぐ政体です。ところが近代になると，正統性のあり方は大きな変化を遂
　　げます。まず，国家の権威の移譲は，親族における権威の移譲を統括する原理か
　　ら切り離されます。政権が移譲されたとき，前大統領や前首相は新大統領や新首
　　相の親族である必要はまったくありません。その代わり，新しい首相はその正統
　　性を選挙という手続きに仰がなければならない。つまり，「正統性」という概念
　　そのものが，前近代と近代との間で，質的な変化を遂げるのです。
2) 近世日本思想史で傑出した仕事を行った歴史家の一人である安丸良夫は，百姓一
　　揆における「通俗道徳」（社会上階級ではなく中間層あるいは下層の人民の思想
　　当為）の分析を行っています。私の百姓一揆の理解は，安丸の仕事に負うところ
　　が大です（安丸，1974）。
3) 広田昌希は平等という理念が社会的に受け容れられた原則として出現する過程を
　　ひろた（1990）の解説で論じています。
4) 「国民」あるいは「民族」をほぼ同義に扱っていますが，これは，共同体の形式
　　として見るとき，「国民」と「民族」は同型と考えられるからです。この二つの
　　概念は，共に，英語の nation の訳語ですが，両者の違いは普通各々の共同体と

国家との関係に求められます。「国民」は国家によって認定された個人としての国民の共同体として定義されますが，「民族」は国家による認定以前の共同体と考えられるのです。したがって，国家主権の樹立以前には——例えば反植民地主義闘争では——その運動の根拠は「国民」ではなく「民族」ということになります。しかし，この二つの概念の違いは曖昧なもので，戦前の日本でも，また現在の韓国や中国でも「民族」は「国民」の意味で使われていることは周知でしょう。

5) ドイツ語では Subjekt，またフランス語では sujet，となります。名詞としての「臣民」や形容詞としての「従属する」の意味で使われることはあっても，「主体」の意味で使われることは18世紀になるまでありません。

6) 本章では1870年代から1900年頃までの明治期の「國體論」に焦点を合わせましたが，1930年代の日本の思想界で歴史主義的時間性と近代の主体性が改めて理論的に検討されました。その概要については，拙稿（Sakai, 2013＝酒井2008）を参照してください。

7) 「徳育如何」『福沢諭吉全集』第 5 巻，岩波書店，1959，pp. 349-364。

8) 「徳育如何」，同上，p. 362。

9) 「徳育如何」，同上。

10) 「学問のすゝめ」『福沢諭吉全集』第 3 巻，岩波書店，1959，pp. 42-47。

11) より歴史的に厳密な議論としては，拙著（酒井，2002）を参照してください。この著作において，儒学内部における革命的な変化と国学の展開も分析されています。

12) エミール・ベンベニストは，人称の研究で，一人称と二人称を人称（personne）と呼び，三人称を含めていません。ここでの「人称」という用語の用法は，ベンベニストのこの見解に賛同しています。なお，明治期の言文一致という制度の成立にとって，三人称単数の話法の発明は決定的な重要性をもちますが，別の機会に，関係的同一性から種的同一性への変換との関わりで，三人称単数の話法を考察したいと考えています。

13) 「文明論之概略」（初版1875年刊）『福沢諭吉全集』第 5 巻，岩波書店，1959，p. 43。

14) 同上，p. 37。

15) 同上。

16) 同上。

17) 後に触れるように，この福沢諭吉の現実的な判断は，アメリカ合州国の政策決定者に引き継がれたといってよいでしょう。日本占領を研究した合州国の政策決定者は，日本の統合を保ち，日本を統治する上で，天皇制がかけがえのない価値を

第 2 章　社会正義と國體　ポール・スタンディシュに応える　　　67

もっていることを認識していました。この点についての詳しい説明は，拙稿
（Sakai, 2012）を参照して下さい。

18)　『文明論之概略』，「元来耶蘇の宗教は永遠無窮を目的と為し，幸福安全も永遠を
　　期し，禍患疾苦も永遠を約し，現在の罪より未来の罪を恐れ，今生の裁判より後
　　世の裁判を重んじ。結局今の此の世と未来の彼の世とを区別して論を立て，其説
　　く所，常に洪大にして，他の学問とはまったく趣を異にするものなり。一視同仁
　　四海兄弟といえば，此地球は恰も一家の如く，地球上の人民は等しく兄弟の如く
　　にして，其相交るの情に厚薄の差別ある可らず。四海既に一家の如くなれば，又
　　何ぞ家内に境界を作るに及ばん。然るの今この地球を幾個に分ち，区々たる国界
　　を設け，人民各其の堺内に党与を結て一国人民と称し，其党与の便利のみを謀ら
　　んがためにとて政府を設け，甚しきは凶器を携へて界外の兄弟を殺し，界外の地
　　面を奪い，商売の利を争うが如き派，決して之を宗教の旨という可らず」
　　（p. 237）。そしてキリスト教宣教師の語彙を毛嫌いすることの背景には『文明論
　　之概略』執筆の動機そのものが控えているのです。「云わく，目的を定めて文明
　　に進むの一事あるのみ。その目的とは何ぞや。内外の区別を明らかにして我本国
　　の独立を保つことなり，而して此独立を保つの法は文明の他に求む可らず。今の
　　日本国人を文明に進むは此の国の独立を保たんがためのみ。故に，国の独立は目
　　的なり，国民の文明は此目的に達するの術なり」（p. 259）。福沢は断固として国
　　民主義の立場から「四海兄弟」の句を拒絶しています。しかし，「一視同仁」の
　　方についてはどうなのでしょうか。
　　　なお，福沢は国民主義の立場を取ると同時に，次のような引用で『学問のすゝ
　　め』の冒頭を飾っていることを忘れることはできません。「天は人の上に人を造
　　らず人の下に人を造らずと云へり。」

19)　「一視同仁」とは「一つのまなざし，同じ慈愛」ということですが，このまなざ
　　しは天皇のもので，ここでは，牧人が群れの羊一匹一匹の面倒をみるように，天
　　皇は彼の臣民の一人一人に注視を注ぐことになります。天皇は群れの全体（＝国
　　民）を統括しますが，彼のまなざしは国民一人一人に注がれているのです。この
　　全体化と個人化の原理が同時に作動しているかぎりで，天皇の前では，国民の一
　　人一人は平等でありかつ共同体としての国民に直接帰属する個人なのです。した
　　がって，天皇の慈悲は差別しません。まさに天皇の慈悲が個人化されているため
　　に，天皇の前では国民の一人一人が「同仁」つまり同じ慈愛を期待できることに
　　なるのです。「一視同仁」は明治初年に現れ，その後1945年の日本帝国の崩壊に
　　至るまで，日本政府の法令や出版物に繰り返し使われます。「一視同仁」と社会
　　差別に関するより詳しい論考として，先にも挙げた，広田昌希（ひろた, 1990,

pp. 436-516）を参照してください．広田は，平等の理念が，彼が「一君万民制」とよぶ天皇の制度化を通じて定着してきたと述べています．転位されたキリスト教としての天皇制は，久野収・鶴見俊輔（1956, pp. 126-129）に述べられています．彼らは特に天皇制とカソリシズムとの類似性に関心をもっていました．

20）もちろん，「牧人」権力はミシェル・フーコーが発明した概念で，この概念を出発点として彼は「生権力」（bio-pouvoir）の議論を展開します．いろいろなところで，フーコーは生権力を語っていますが，特に重要なのは，Foucault（2006, pp. 167-261）です．なお，フーコーが「牧人」権力を語ったのは，主として古代ユダヤ教とキリスト教に関する文献についてであり，彼の描いた「牧人」権力がそのまま近代天皇制に当てはまるわけではありません．近代天皇制は，対面的な牧師と信徒の関係ではなく，複製技術や近代教育制度を媒介にした，天皇と個人の空想的な関係にその制度化の基盤を求めているからです．より詳細な分析は，拙稿（Sakai, 2011）を参照してください．

21）「故に日本は古来未だ国を成さずと云ふも可なり．……嘗て余が説に，日本には政府ありて国民（ネーション）なしと云ひしも是の謂なり．」（『文明論之概略』，p. 192）

22）ウェストファーレン条約以降の国際世界で，ただちに国民国家がその主役として登場したわけではありません．領土的国家主権は18世紀後半徐々に国民国家に変身してゆきます．いうまでもなく，この変化の先頭を切った事件が，アメリカ合州国の独立とフランス革命でした．国民国家が現出したあとで，はじめて，国籍が重要な課題として登場します．

　現在の国際世界では，二重あるいは多重国籍をもつ者は決して少なくありません．また多重国籍を許容する国家もますます増えてきています．したがって，日本のような二重国籍を認めない国家は少なくなりつつありますが，多重国籍を排斥しようとする傾向は，国際世界の基本構図そのものに組み込まれている点を忘れるわけにはゆきません．

23）「在日特権を許さない市民の会」は様々な活動を行っていて，そのすべてに言及することは難しいので，公式の主張としては，会のホームページ〈www.zaitokukai.info〉の「挨拶」に依拠しました．もちろん正面切った人種運動である以上，間大戦期のドイツの国民社会主義者の運動がそうであったように，会員の社会的背景，会の資金源とその広報活動を通じて，どのようにその運動の追従者を募るのか，などの点から，総合的に彼らの政治的な主張を広く日本国民に訴えようとしています．しかし，本章では社会的正義が主題となっている以上，「在日特権を許さない市民の会」の総合的な分析の試みは行っていない点を了承

してください。

参考文献

Foucault, M.（2006）. *Sécurité, Territorite, Population: Cours au Collége de France, 1977–1978*. Paris: Gallimard/Seuil.

福沢諭吉（1959）.『福沢諭吉全集』岩波書店.

ひろたまさき（1990）.「解説」『日本近代思想体系22──差別の諸相』岩波書店.

久野収，鶴見俊輔（1956）.『現代日本の思想』岩波書店.

酒井直樹（2002）.『過去の声──日本の十八世紀の言説における言語の地位』以文社.

Sakai, N.（2011）. "The Body of the Nation: The Pastorate, the Emperor System, and the Society of Sympathy of Japan's Intellectual Modernization," in A. Blossat, Y.-H. Chu, R. Ivekovic, and J. C. H. Liu（eds.）, *Biopolitics, Ethics, and Subjectivation*. Paris: L'Harmattan, pp. 91–120.（中国語：酒井直樹（著），Wei Yin（訳）（2010）.「國體與同情社會」『文化研究 Router: A Journal of Cultural Studies』11期，10–35.）

Sakai, N.（2012）. "Trans-Pacific Studies and the US-Japan Complicity," in N. Sakai and H.-J. Yoo（eds.）, *The Trans-Pacific Immigration: Rethinking Boundary, Culture and Society*. New Jersey, Singapore and London: World Scientific, pp. 279–316.

Sakai, N.（2013）. "Negativity and Historicist Time," in V. Murphy and A. Schneider（eds.）, *The Challenge of Linear Time: Nationhood and the Politics of History in East Asia*. Boston: Brill.（酒井直樹（2008）.「否定性と歴史主義の時間」磯前順一，ハリー・D・ハルトゥニアン（編）『マルクス主義という経験』青木書店, pp. 268–308.）

安丸良夫（1974）.『日本の近代化と民衆思想』青木書店.

第3章

社会正義とその否定の諸形態

ルネ・V・アルシラ

高柳充利・齋藤直子 訳

　社会正義と西洋とはどういった関係にあるのか。これがポール・スタンディッシュの斬新な論考「社会正義とオクシデント」（本書第1章）の中心的な問いを表現する一つの方法である。同論文において，社会正義とは一義的に西洋の達成である，という考えをスタンディッシュは退ける。そのひとつの理由は，社会正義がそれほどまでに明白な善であるとは確信できないことによる。さらには社会正義と「西洋的なるもの」との関係はわれわれが通常認めているよりも多くの葛藤と曖昧さを抱えたものだからである。『日本思想という問題——翻訳と主体』(Sakai, 1997) に記された酒井直樹の研究に依拠しつつ，スタンディッシュは社会正義の概念を，20世紀初頭に日本に現れ，イデオロギー的に誤解を招き矛盾をはらんで構築された「オクシデンタリズム」になぞらえる。彼にとってこの類比は，正義についての我々の理解のしかたを見なおし始めるための突破口を開くものである (Sakai, 1997)。

　スタンディッシュは，今日の教育においてまず間違いなく道徳的かつ政治的活力の中心的源といえるものに向けて，洞察に満ちた批評の筋道を展開させている。私は，その含意を徹底させる方向で彼の批評を支持したい。彼の論拠を簡潔に再現したあと，私の応答はヘーゲルのいうところの「否定の否定」に的を絞ることになる。それは酒井の分析に従うなら世紀末的な日本の文化的ナショナリズムについての問題の所在を明らかにするものである。私は，われわれがこうした類の弁証法的批評を現行の社会正義の概念に適用するならば，その概念の，再考を要する問題に満ちた核心部分に光を当てることになるであろうと感じている。すなわち，社会正義の概念による私的主観の神聖化と共同体化，という核心部分である。

　スタンディッシュは「社会正義」を，正義についてのある特定の理解のしか

たとして定義づける。すなわち，ジョン・ロールズの影響力をもつ理論にならって，われわれの社会制度における公正を促進する企てとして正義を見なすような理解のしかたである。それはロールズ的にいうなら，市民の間により公正に自由と基本的善を配分し，文化的に多様な民主主義国家にあって適切な承認の諸形式を育もうとする改革主義者の試みを含む。私はこうした社会正義についての定義を受け入れつつも，それが進歩主義的活動家によって社会正義という用語が実際に使用されているしかたをどこまで把握しきれるかについては懸念を抱いている，ということを記しておきたい。活動家の中には，本当に満足できてロールズのものとは異なる正義の概念を明快に述べることができない者もいるだろうが，活動家たちからすれば，ロールズの見解のいくつかは好ましくないものに感じられるのではなかろうか。例えば，資本家による搾取の行為を彼が受け入れていることなどである。そのような事態は考えられるにしても，スタンディッシュの考察によれば，教育研究者や実践家として仕事をしたり，教育政策に影響を与えているわれわれの多くは，社会正義の企てに啓発されているのである。われわれは，社会正義の企ての成功に対する貢献者として自分たちのことを理解したいと思う。したがって，われわれの言説においてこれほどまでに直接的かつ力強く倫理的な尊敬を集める用語は，社会正義の他にはないということになる。

　しかしながらスタンディッシュは，偶像の前で頭を垂れるよりも，むしろこれに反旗を翻す。彼の懸念は，教育において社会正義の企てを支持することで，今度は世界中の教育者の間での英語使用の言説の普及に便乗することになるのではないかということである。最初は，このことは目立たないかもしれない。「社会正義」とは，その概念的な意味が，多分に英米圏におけるリベラルな政治哲学の伝統に属する思想家の仕事に根ざしているところの用語である。地球上でより多くの人たちが英語で学びビジネスを行うにつれ，彼らもまたその言葉が表象する企てへと引き寄せられるかもしれない，ということはもっともである。しかしスタンディッシュの指摘によれば，通常は欠けている有益な概念に近づく過程としてこれを特徴づける代わりに，英語を母語としない人たちに広く認められている社会正義の概念を受け入れさせようと，英語の支配権を成り立たせている勢力が，彼らの母語的理解の要素を断念することを強制する過

第3章　社会正義とその否定の諸形態　　　73

程として特徴づけることも同様に可能なのである。この線で「ポピュラー・ミ
ュージック」について考えてみよう。次のような場面を想像することができる。
英語圏外の世界のある場所で，歌の歌詞にあるように，5歳の女の子がラジオ
のスイッチを入れ，「ザ・ヴェルヴェット・アンダーグラウンド」の曲に合わ
せて踊り始める。その子は，新たな発見の奔流を経験しているのかもしれない
が，市場の圧力の下で自民族の音楽を擁護することをあきらめ，なおいっそう
アメリカ的な製品のほうを選んでいると記述することもできるかもしれない。
そうであるなら，社会正義の場合，正義についてのどのような別の理解のしか
たや翻訳のしかたが視界から失われてしまっているのだろうか，とスタンディ
ッシュは思案する。そうして見失われてゆく別の言語に根ざした別の正義概念
のいくつかが，公正としての正義のもつ限界を暴くことは果たして可能なのだ
ろうか。

　こうした疑念が妥当であるためには，ある言語から別の言語へ一対一の写像
関係の下に概念を写し換えることが，いかに深刻に疑わしいものでありうるか
について，ある明確な理解が必要になるだろう。われわれの多くはおそらく，
いかなる翻訳においても，何らかのニュアンスが失われるという考えを受け入
れるだろう。同時に，もし翻訳が著しく誤解を招くものである場合には，それ
がそもそも翻訳であるということ自体を否認したくなるということもわかって
いる。ドイツの教育思想における重要な用語である「ビルドゥング（bildung）」
について考えてみよう。よく知られるように，この語を適切に表現する英語は
存在しない。つまり，「自己形成（self-formation）」「文化適応（acculturation）」
「リベラル・エデュケーション（liberal education）」などは，どれもこの概念の
諸々の側面を捉えてはいるが，それらの断片がいかにして必然的にまとまるの
かを示すものではない。ゆえに，例えば「自己形成」という語が，ある文脈に
おいて，翻訳語と見なしうるほど十分に「ビルドゥング」の意味を捉えている
かどうか，あるいはそれが突き詰めればあまりに当てにならず拒絶されねばな
らないものなのかどうかについては，議論の余地がある。こうした議論は，翻
訳産業を稼働させる燃料である。そうであるならば，スタンディッシュの懸念
は，あるお決まりの疑念に行き着くだけなのかもしれない。すなわち，「社会
正義」という語が実に貧弱な形で他言語に翻訳されているために，そうした他

言語を母語とする者がその［翻訳された］用語を引き受ける際に，何が目のつけどころであるかについて誤解してしまうという疑念である。あるいは問題はより深いところにあるのだろうか。

ここで酒井による日本の文化的ナショナリズムについての分析が非常に貴重な教示を与えてくれる。スタンディッシュは酒井にならい，和辻哲郎が人間主体（スタンディッシュ，本書第1章，p.31以下）をめぐる2つの概念をいかに区分しているかについて考察する。すなわち，客観化を行う傍観者的な認識論的サブジェクトとしての「主観」と，実践のサブジェクトであり，世界に社会的，歴史的，身体的に参与するサブジェクトとしての「主体」の区分である訳注1)。さらに酒井は，西田幾多郎をはじめとする人々がこの区分を「主観的」技術と「主体的」技術との区分へと精緻化させたありさまを明らかにする。スタンディッシュの適切な要約によれば，「前者の表現［「主観的」技術］は，技術についてのより慣習的なとらえ方を含意しており，そこではサブジェクト（＝主観）が「規定の目的のために対象を操作し変形する」一方で，主体的技術のほうは，主体による主体自身の制作と生産をも巻き込むものとしての技術理解を示唆する」（スタンディッシュ，第1章，p.32）。この違いを明らかにするひとつの方法は，初期の資本主義的活動について西洋思想における2つの古典的な説明を検討することであろう。カール・マルクスは，『資本論』に代表されるように，より効果的に余剰価値を搾取するために，ブルジョアが労働の過程を産業化した様子を説明している。この説明の焦点は，対象への働きかけ，すなわち労働過程における仕事が，その仕事の目的，つまり資本の生産という観点からいかに理解可能であるかに当てられる。これとは対照的に，『プロテスタンティズムの倫理と資本主義の精神』でのマックス・ウェーバーは，こうした仕事に従事している人たちがとりわけ，神に選ばれし者の一員であるという自らのアイデンティティを確認することをどれほど切望しているかについて説明している。主観的に見れば，そうした人たちは，資本家であるというよりもむしろキリスト教徒である。ゆえにウェーバーの説明で重視されるのは，主体に外在的で活動の後に達成される目標よりもむしろ，この活動にそもそも着手したい理由についての主体自身の理解である。

こうした技術的仕事についての2つの理解のしかたの違いが，なぜ日本の思

第3章　社会正義とその否定の諸形態　　75

想家にとって重要となるのだろうか。和辻，西田やその仲間が示唆するところによれば，「主観」および「主観的」という概念は，認識論中心の西洋を特徴づけるものであり，「主体」および「主体的」という概念は実践気質の東洋を特徴づけるものである。このことは，彼らが日本の聴衆に向けて，東洋の「主体」の優位性を主張する根拠を与えるものである。こうした意味で，両者の区分はイデオロギー的である。その区分は，科学の言説において事実を描写しようとする一方で，実際には政治の言説において集団的かつ対立的な企てを押し進めているのである。

　しかし酒井による分析は，「主観」と「主体」の違いがもつイデオロギー的機能の暴露にとどまらない。彼は鮮やかな手際で，その区分が構築されたありさまにひそむより深いアイロニーを明るみに出す。酒井の説明によれば，先述の日本の思想家たちは，「主観」は西洋的であり「主体」は東洋的であるという主張を擁護するために，「主観的」なるものに特徴的な手だてに頼らなければならなかった。スタンディッシュは次のようにこの議論を要約している。

　　和辻がいおうとしているように，「主観」は「西洋」のサブジェクティビティの様式であり，「主体」は「東洋」の様式であるように思われるかもしれない。一方で酒井は，日本人もまた，自らによる西洋の構築において「主観的」であるということをしきりに示そうとしている。こうして，和辻の人間学における「日本という内部性」は結果として，徹頭徹尾「西洋的」なものとなる。（スタンディッシュ，第1章，p. 33）

まさに東洋の「主体的」なるものそれ自体に特権を与えるはずの「主観-主体」の区分そのものが，西洋の「主観的」なるものに依拠している。いかなる主体的な自己形成も，ある人が他者を相反する対象としてイデオロギー的に構成し，それによって「規定の目的のために対象を操作し変形する」ことをしないかぎり，不可能である。仮にわれわれが，自分自身の拡大という目的のために他者をステレオタイプ化する言説としてエドワード・サイードのオリエンタリズム理論を参照するならば，日本のこの文化的ナショナリズムを一種のオクシデンタリズムととらえることができる。だが視野を広げ，このイデオロギー的言説の矛盾の影を眼下にとらえ，こうした言説が何を一方の手で拒絶し，他方の手で取り込み使用しているのかを考慮してみるなら，このナショナリズムは実の

ところ，すべての道は西洋に続くというオリエンタリズムの夢想を演じきっていることがわかる。

　この歴史的エピソードは，現代の社会正義の企てについて何を物語るのだろうか。スタンディッシュは，後者，すなわち社会正義の企てが「「主観的」な思考方法の支配」に属するものであることを認めている。このことは彼に，「日本語と中国語が開く異なる意味論の領域から学ぶべきことが大いにある」ということの可能性に向け注意を喚起する（スタンディッシュ，第1章，p. 29以下）。少々驚くべきことだが，この洞察によってスタンディッシュは，社会正義の核心にあるロールズの協働概念に対するスタンリー・カベルの批判へと向かうことになる。ただしこうした展開がより説得力をもつようになるのは，スタンディッシュが，ラルフ・ウォルドー・エマソンの文章と彼によるアジアの出典の読解にルーツをもつカベルの会話という対抗概念の中に，「主体」を思い起こさせる身体的実践のある種の確証を見出す時である。スタンディッシュは，正義についての理解に会話的な次元を取り戻すことが，一層「主体」に根ざした関心事へと正義の概念を開くことの出発点となるかもしれないと示唆する。英語を母語としようとしまいと，われわれはすべて，社会正義についての「主観」の前提に拘束されることはもはやなくなるだろう。

　要するに「社会正義」の英語から別の言語への翻訳においては，単に，英語以外の言語を母語とする話者がこの特別な用語に引きつけられ，その用語を正確に使用できる能力が問われているだけではない，ということがスタンディッシュの論点なのである。むしろ，他の価値を犠牲にしてもある特定の価値に特権を与え，ある人の主体的な自己理解を方向づけるような，世界の全体的で言語的な構成における，英語以外の他言語の話者たちの形成──「ビルドゥング」ともいえるもの──が重要だというのである。したがって，社会正義の支持者たちが英語圏の「主観的」なるものの覇権を無反省，無批判に再生産するかぎり，彼らは，自分たちの文化的形成の限界を見落とすことになる。逆にこのことを念頭に置くことによって，彼らの正義理解の幅は広がり，それをオクシデントから分離しはじめることができるようになる。

　酒井の著作を近年の教育言説に関連づけるスタンディッシュの才気あふれる手腕は，いくら賞賛してもしすぎることはない。彼は，教育に関わる仕事をこ

第3章　社会正義とその否定の諸形態　　　　77

れほどまでに導き動機づけている社会正義の概念が，批判的思考を誘うどころ
かむしろ妨害するものであると感じる者がいるという失望を表明するにとどま
らない。それ以上にスタンディッシュは，社会正義の概念において問うべき
は何であるかを，独創的かつ遠大な手法で明らかにしている。彼は正義につい
て新たに問いなおすのである。そのことは認めた上で私は，スタンディッシュ
が，酒井による日本のオクシデンタリズムの考察に見受けられる革命的要素を
過小評価してはいまいかと案ずる。そこで酒井の論立てにおけるヘーゲル的な
次元に目を向けることが，なぜ社会正義の企てに対するいくぶん異なった批評
を提唱することになるのかを説明してみたい。
　それを始める前に，私は酒井の著作を単独に吟味することはできておらず，
スタンディッシュによる酒井の著作の要約に依拠している，ということを断っ
ておかねばならない。スタンディッシュによって差し出される酒井の説明にお
いては，その弁証法的な性質が実に際立っている。意識的にせよ無意識的にせ
よ，一部の日本人は日本人らしさを肯定することに関心を抱いている。これを
なす上で，修辞的に効果的な方法は何であろうか。それは，日本人らしさを，
何か別の特質，この場合は西洋的な特質——「主観」サブジェクトと「主観
的」技術——の否定として定義されるある特質——「主体」サブジェクトと
「主体的」技術——に結びつけることである（もちろん，このようなナショナリス
ト的な企てをなし遂げるためには，別の社会にあってもやはり特徴的であると見なされ
る特質に関して，同様の［否定の］操作を行わなければならないだろう）。ゆえにここ
での否定という概念は，これらの特質の区分が不快なものであるという感覚を
表明することになる。さて先に述べたように，酒井はこのような区分の描き方
をさらに込み入ったものにしてゆく。このイデオロギー的な企て，この否定に
よって，先述した日本の思想家たちは，自分たちがまさに西洋的と定義してい
るようなしかたで世界に仕向けられることになる。このアイロニーこそが，酒
井の批評を辛辣なものにしている。「主体」の世界は「主観」の世界の否定で
はありえない，なぜなら「主体」の世界は，本質的な意味で「主観」の世界に
属する「主体」の世界であるからだ。こう酒井が説明するとき，彼は日本的な
否定を否定しているのである。
　それでは我々はどうしたらよいのか。区分がなされる前の状態にまで戻った

にすぎないと考えたくなるところかもしれないが，酒井はこのような結論を退けるだろう。「主体」と「主観」という概念を明瞭にし，両者の矛盾を認識することは，理解に値する歴史的な出来事である。より深遠な問題点と，擁護しえない二分法によってゆがめられた論争点を摘発しようとしないかぎり，われわれは［「主体」や「主観」という］概念のもつ不適切さから十分に学ぶことはできないだろう。ヘーゲル的思想家にとって，理性の歴史的次元は，誤ちの教育的必要性と分ち難く結びついている。われわれは何よりも間違いから学ぶのである。

　それに代わる教科書的な答えは，2つの概念の超越的統合を探し求めるしかないというものだろう。『学校と社会』や『子どもとカリキュラム』といったジョン・デューイの教育に関わる著作の研究者にとって，こうした書名に示されるような二項対立を相補的な双方の組み合わせに置き換えよというデューイの教訓は，なじみ深い話である。しかしながら私自身は，フレドリック・ジェイムソンの数ある議論の中でも，とりわけ「弁証法の三名称」における弁証法的思考の議論を通して，何らかの第三の特定可能な概念の下で「主体」と「主観」を論理的に統合するという仮定に対しては慎重であるべきだと確信している（Jameson, 2009）。われわれがここで直面している問題は，スタンディッシュが翻訳に関して究明している問題と類似しているように思われる。翻訳というものが，ある言語体系における語を別の言語体系における対応物へと，一対一の写像関係の下に断片的に写し換えることであると捉えるのは，あまりに安易な考え方だろう。同様に，2つの概念の矛盾が何らかの第三の概念によって解消されうるという期待は，イデオロギーの影絵芝居に取り込まれすぎており，そうした諸概念を動機づけている関心をおろそかにしているように思われる。このような概念的矛盾は，対立状態にある諸言語と諸世界全体の兆候であり，最終的な解決をいずれの言語に持ち込むこともそうたやすいことではなかろう。解決に向けた，より建設的な方法は，このような矛盾が含意するものを可能なかぎり精いっぱい明らかにすることだろう。

　そうであるなら，「主体」と「主観」の矛盾した世界にいかに応答すべきかに関して，否定の否定という酒井の思想はわれわれに何を告げるのだろうか。スタンディッシュの解釈の主眼は明らかに，西洋人である人々，すなわち「主

観」サブジェクトは，レヴィナス的な考えの下で，根源的な他者，すなわちわれわれが敬いそこから学ぶべき「主体」サブジェクトが存在するということを認めるべきである，という点にある。しかしながらここにおいて私は，スタンディッシュと袂を分かつ。私の考えるところ，酒井の議論から学ぶべき点は，まさに「主体」と「主観」の区分そのものが徹底的な批判の焦点であるべきだということである。繰り返していうなら，このことは，その区分を単に消し去ってしまうべきだということを意味しているのではない。むしろ，その二分法の両義的な性質と，それが問いにさらすものに対して狙いを定めるべきなのである。そうしたわけで，一方において私は，あたかも二項対立の諸要素が世界の実在物を権威をもって名づけるものであるかのように，二項対立をそのまま受け入れることはしない。しかしながら他方において私は，「技術的主体」といった，何らかの単一体の，すでに見知っている理解可能な対象の，相補的な二側面として二項対立を再解釈するというデューイ的な戦略を拒否する。これら２つの思考の道筋のいずれとも対照的に，私は「主観」と「主体」の弁証法がサブジェクト，技術，そして両者の関係について流布しているわれわれの理解のしかた全体を問いに付すものである，ということを提案したい。私の取る道は，あれでもこれでもない思考の道として特徴づけることができよう。それは「東洋」と「西洋」の世界からの突破口を模索するものである。

　このような理由で私は，社会正義という西洋的概念を，より東洋的な特質に触れさせることによって変容させることにはあまり乗り気でない。こうした企てによって，啓発的な発見があろうことは疑いないが，酒井は，その二分法のもつ安定性を疑ってみることを教える。こうした企てとは対照的に私は，酒井的な批評を直接的に社会正義の概念に適用できないのではないかと思案する。

　これについてはあまり詳しく述べることはできないが，実際のところスタンディッシュは，有望な梃子の支点を与えてくれる。酒井の分析に即して，ある特定の社会秩序を正当なものとして認めたいという欲望を仮定するところから始めてみよう。この欲望によって駆動されるイデオロギー的な企ては，いかにして成就するだろうか。それは，別の正義概念を否定する，ある特定の正義概念とこの秩序とを重ねあわせることによってであろう。そうなると「社会正義」という用語は，代替的な社会秩序の正義の否定として理解されるべきであ

る。このような他の社会秩序とはどのようなものだろうか。社会正義を公正と同一視する中で，スタンディッシュはその概念に注意を促す。

> 正義が公正さを意味するということは当然視できないからである。したがって，自らの身分が出生や婚姻によって制限されるような封建社会やカースト制度の社会は，ある意味で物事の正しい秩序と関係すると見なされるかもしれない。それはちょうど，極端な共産主義の社会のように個人が国家の有機的全体の一部でしかないような社会──今日そのような制度がいかにあるまじきものであるように思われるとしても──を公平な社会として理解することもつじつまがあわなくはないのと同様である。(スタンディッシュ，本書第1章，p. 24)

　この一節において，特定の立場を擁護する傾向をもった言語は，何かが否定されているという感覚をうまくとらえている。あるいはむしろ，2つの社会秩序が否定されている感覚について論じているといったほうがよかろうか。ひとつは，「自らの身分が……制限される」が，しかし「ある意味で物事の正しい秩序と関係すると見なされるかもしれない」社会であり，もうひとつは「共産主義の社会のように個人が国家の有機的全体の一部でしかないような社会」である。そうであるなら社会正義の企ては，何らかの宇宙的な秩序感にしたがって身分を決定するような社会秩序も，有機的全体の一部としてわれわれ自身を見なすよう奨励する社会秩序も，どちらも概念的かつ実践的に否認することを目指す企てである。神聖なものも共同体的なものも，いずれも組織的原理となるべきではない。そして，2つの原理はいずれも全体性の感覚を強調するがゆえに究極的には併合されるにしても，スタンディッシュの言語はこの2つの原理のどちらがより異論の余地があるものであるかを明らかにする。

　この否定を否定すること──それは結局何を意味することになるのだろうか。そのような批評は，社会正義の企てが，本質的に否定された社会秩序に属する諸要素に皮肉にもどれほど依拠しなければならないかを吟味するよう要求する。市民権運動の指導者たちはしばしば宗教的隠喩を用いるとか，社会的ネットワークに参与することによってわれわれは個性を発見するということを指摘するだけでは，とても十分とはいえないだろう。酒井は，「主体」はまさに「主観」の創造物であり，錯綜的に「主観」を肯定していると主張する。これと同じようにわれわれは，社会正義についての独自の感覚に依拠して自らを誇る社会は，

第 3 章　社会正義とその否定の諸形態　　81

宗教的原理や共産主義的原理を肯定せざるをえない，ということを立証しよう
とするであろう。いうまでもなく，ここではとても，説得力をもつかたちで詳
細な批評を展開する余地はない。しかし私は，次のことを最後に述べておきた
い。すなわち，正義を公正さと同一視するためには，我々すべてが共有し，神
聖視しなければならないような私的主観を想定する必要があるということは自
明なこととしてもっともらしく思われる，ということである。この主観に仕え
る者としてわれわれは，主観のイデオロギー的な自己理解と，主観が自らを保
証するために依拠しなければならない言説の間の矛盾を強調しうるのである。

　もしこのような批評がもっともなものとなりうるなら，現在流布している社
会正義に中心化した教育言説を開放する突破口が開かれるだろう。この核心に
ある概念を置き換えることが，正義とは何かという問いだろう。この論題は，
訓戒や非難のためのものではなく，ましてや強制するためのものでもなく，む
しろわれわれの教育実践を支えるイデオロギー的な言説を批判的かつ思索的に
変容させるためのものだろう。この変容が，社会正義とその否定の諸形態を乗
り越えてわれわれ自身の限界を超えようとする意志表明であるかぎり，永久に
続く教育に献身する社会の中で生きることが本当のところ何を意味するのかが，
実感として理解されるであろう。

注
1)　以下引用頁はいずれも本書第 1 章における頁を示す。

訳注1)　酒井（2007），pp. 93, 147。なお酒井からの引用において「主体」等カッコを
　　　　付しているものは原典において shutai 等ローマ字表記がされている箇所をさす。

参考文献

Jameson, F. (2009). "The Three Names of the Dialectic," in *Valences of the Dialectic*.
　　New York, Verso.

Sakai, N. (1997). *Translation and Subjectivity: On "Japan" and Cultural Nationalism*.
　　Minneapolis, University of Minnesota Press.（酒井直樹（2007）．『日本思想とい
　　う問題——翻訳と主体』岩波書店）

第4章

「正義」の限界
デリダの「暴力批判論」読解とベンヤミンの教育構想*

今井康雄

「正義について直接に語ろうとしたり，正義をテーマや対象にしようとすれば，また「これは正義にかなっている」と言ったり，ましてや「私は正義にかなっている」と言おうとすれば，必ずや正義に——法／権利に，ではないにせよ——即座に背くことになる」(Derrida, 1994, p. 26=1999, p. 22)

　以下の議論は，「公正」を旨とするような正義の構想に対する懐疑をスタンディッシュ論文「社会正義とオクシデント」(本書第1章) と共有している。教育機会の公正な分配に関する議論がロールズの影響下で活発化しているが，そうした議論は教育の中心的な側面についていうべきことをそれほど持っていないのではなか，また，相互協力 (cooperation) を強調するような，「批判的教授学や政治的リベラリズムにおける特定の類の言説の支配が，一種の単一言語主義を永続」させるのではないか (本書第1章, p. 37)，という疑問がそれである。本章では，限定された立場からではあるが，「正義」という概念が教育の領域において意味があるのか，どこまで意味があるのかを考察してみたい。そのための手がかりとして，本章では正義の問題について主題的に論じたベンヤミンの「暴力批判論」と，このテクストに関するデリダの脱構築的な読解を取り上げる。「暴力批判論」は暴力批判の根拠を求めて「正義」の根拠を純化していくエスカレーションの構造をもっており (1)，デリダはそうした批判のあり方の問題点を的確に見通していた (2)。しかし，「暴力批判論」における教育への言及に着目するなら (3)，デリダが対案として提出している「正義の経験」とは異なる論理を教育の領域に見出すことが可能になる (4)。われわれは，教育を統御している——「正義」とは別の——条理を，教育という領域に固有の「肌理」に見出すことができるだろう (5)。

1. 「暴力批判論」──「正義」を求める批判のエスカレーション

「暴力批判論」(1921年) は，ベンヤミンのエッセイの中でも近年言及されることが多いものの一つである。しかしそれは，彼の思想展開の中での位置づけが難しい異色のテクストでもある。ベンヤミンの思想は，1925年から28年あたりを分水嶺として，文芸の内在的意味に注目する非政治的で秘教的な批評の立場から，マルクス主義の影響を受け文芸の社会的・政治的文脈に注目する立場へと移行した，というのが一般的な理解である。ところが「暴力批判論」では，前期に顕著であるような秘教的で神学的な議論が，法，正義，暴力といった政治に深く関わる概念をめぐって展開されることになる。あらゆる法の背後には暴力があると考えられるが，ではこの暴力の正しさ（Gerechtigkeit = 正義）を保証するものは何か。これが議論の機軸をなす問いである。既存のあらゆる暴力を，別のもう一つの暴力たる「神的暴力」によって一掃し正義を打ち立てる，という「革命的」な見通しがそこから導き出されることになる。

こうした見通しを導き出すに当たってベンヤミンは一連の対置図式を展開している。列挙すれば，自然法 vs. 実定法，法的目的 vs. 自然的目的，法措定的暴力 vs. 法維持的暴力，暴力 vs. 非暴力，神話的暴力 vs. 神的暴力，といった対置である。このように構築的に議論を組み立ててゆく途上，ベンヤミンは 2 つの箇所で「教育」について明示的に言及することにもなる。このことの意味についてはのちに論じることにしよう。ここでは議論の組み立てだけをひとまず取り出しておきたい。

自然法 vs. 実定法　ベンヤミンはまず，暴力は目的ではなく手段だという大前提から出発する。自然法の考え方では，正しい目的がそのための手段としての暴力を正当化することになる。しかしそこでは暴力そのものの正しさへの問いは立てられることがない。これに対して，実定法の考え方は手段としての暴力に──その視野は手段の適法性に限られるとはいえ──着目する点で優れており考察の出発点となりうる。ただし，自然法のみならず実定法も，目的・手段の図式に依拠する点で決定的な限界をもつ。目的と手段とが矛盾するような場合，両者はともに対処不能になり決定不可能状態が生じてしまう。ここから，目的・手段の図式に依拠せずに暴力の正しさを根拠づけることはいかにして可

能か，という「暴力批判論」の機軸をなす問いが浮上する。

法的目的 vs. 自然的目的　実定法の観点から見たとき，目的は，それが歴史的な承認を受けているか（この場合が法的目的），受けていないか（自然的目的），を問われることになる。自然的目的については暴力を用いての追求を認めない，というのが，現代の顕著な傾向である。このことが目立つ形で現れる領域としてベンヤミンは教育を挙げる。

> 法秩序は，自然的目的が広範囲に許容される領域，たとえば教育の領域をも，その自然的目的が過度の暴力性をともなって追求されるやいなや，法的目的によって制限するように——たとえば，教育的処罰権の限界についての法規の場合のように——迫る。（Benjamin, 1980（1921），p. 182＝1999, p. 234）（「暴力批判論」については以下 B と略記し（B: 182（234））のように参照箇所を表記する。）

法措定的暴力 vs. 法維持的暴力　ところが，自然的目的を暴力的手段で追求することが原則的に容認されている領域もある。たとえばストライキは，行為不履行という形の暴力をテコに新しい法秩序を打ち立てようとする。戦争という暴力も同様であって，それは「講和」という新たな法秩序で終結する。このような暴力をベンヤミンは「法措定的暴力」と呼んで「法維持的暴力」から区別する。実態を見れば，この両者の区別は必ずしも明瞭ではない。たとえば表向き法維持的暴力である警察制度は隠微な形で法措定を行う。ベンヤミンは，ほとんどフーコーの統治論を先取りするかのように，「無数のケースにおいて「安寧のため」に介入する」警察制度の「無定形」で「亡霊めいた」実態を描き出している（B: 189（248f.））。警察制度は，法措定と法維持のこうした混同によって，「暴力というものの考えうるかぎり最大の退廃」（B: 190（249））を現出させているのである。

暴力 vs. 非暴力　法措定的であれ法維持的であれ，そもそも暴力を廃棄することは不可能なのだろうか。私的な関係であれば，非暴力的な調停の可能性は様々に開かれている。たとえば思いやりの文化，事物を介した間接的解決，言語的了解，といった手段である。しかし国家的レベルではどうか。非暴力を旨とする現今の議会は，「そのなかに表象されている法措定的暴力への感覚を喪失」したために決定不能状態に陥り，「周知のみじめな見世物」になってしま

った（B: 190（251））。ベンヤミンはむしろ，ソレルがその『暴力論』で「政治的ゼネスト」から区別した「プロレタリア・ゼネスト」に，暴力廃棄につながる可能性を見ようとする。政治的ゼネストが法措定的であり新しい法秩序の構築をめざすのに対して，プロレタリア・ゼネストは「国家暴力の根絶を唯一の課題として立てる」（B: 194（258））からである。

　神話的暴力 vs. 神的暴力　法措定的暴力は，目的・手段の媒介的関係——目的の正しさによって手段の正当性を，手段の適法性によって目的の正しさを，それぞれ基礎づけるという関係——を経ることなく，正当化の根拠を自ら創出する。それは「暴力の直接的顕現」（B: 198（266））であり，媒介的関係がもたらす基礎づけの困難を一挙に断ち切ることができる。しかしそれは，暴力の理由や根拠への問いを無用にし，服する他ないものへと暴力を祭り上げる「神話的暴力」でもある。そこでは暴力は批判不可能なものとして現れる。暴力批判を可能にしようとすれば，法措定的暴力の外部に支点を置く必要があろう。暴力それ自体の終焉という哲学的理念が必要となるのである。

> 暴力の批判は暴力の歴史の哲学である。暴力の歴史の「哲学」と呼ぶ理由は，暴力の歴史の終わりという理念のみが，この歴史の，それぞれの時代性を負った事実に対する，批判的な，つまり区別し決断するような態度を，可能にするからである。最も手近なものにだけ向けられたまなざしでは，せいぜいのところ，暴力の様々な形態のなかに，法措定的暴力と法維持的暴力の弁証法的な浮き沈みを見てとることしかできない。（B: 202（276f.））

批判を可能にするこうした「理念」を提供するのが，「神的暴力」である。「神話的暴力が法措定的であるのに対して，神的暴力は法破壊的である」（B: 199（270））。神的暴力は，徹底的に破壊的であることによって，法秩序を，その基盤にある暴力もろとも壊滅させてしまう。「限りなく破壊する」が「罪を浄める」といわれ，「無血的でありながら致死的」だといわれるこの「神的暴力」をイメージすることは容易ではない。ところがベンヤミンは，この「神的暴力」の存在を示すものとして，以下のように再度「教育」を引き合いに出すのである。

この神的暴力の存在を証言しているのは，宗教的な伝承だけではない。現代生活においても，少なくとも何らかの神聖視された顕現のなかに，この神的暴力が見出される。完成された形態の教育的暴力として法の外にあるものは，その現象形態のひとつである。こうした神的暴力の現象形態は，したがって，神自身が直接的にそれを奇跡のなかで行使することによってではなく，あの，無血的で，有無を言わさぬ，罪を浄める暴力執行の諸要素によって，究極的には一切の法措定の不在ということによって，明示される。(B: 200（272））

「暴力批判論」は以下のように締めくくられる。

排すべきは一切の神話的暴力，法措定的暴力である。それは裁断する（schaltende）暴力と呼ぶことができる。この暴力に仕える法維持的暴力，管理された（verwaltete）暴力もまた，排すべきものである。神的暴力は，神聖な執行の，決して手段ではなく，標章であり印璽である。それは裁可する（waltende）暴力と呼べるかもしれない。(B: 203/278)

「暴力批判論」におけるベンヤミンの論理の骨格だけを以上のように取り出すことによって，そこに働いている思考の運動が浮き彫りになるだろう。それは，批判の根拠となるべき「正しさ」を求めてよりラディカルな方向へと突き進む，という運動である。自然法 vs. 実定法という対置図式の枠内では解決できないアポリアが取り出され，それを裁断する審級として法措定的暴力が見出される。しかしこの法措定的暴力も，法維持的暴力との対置図式の枠内にとどまっているかぎり，決定不可能性を免れることはできない。法措定的暴力 vs. 法維持的暴力の対置図式を，両者を包括する神話的暴力もろとも覆し，暴力そのものを滅ぼしてくれるはずの神的暴力が，あらゆる暴力を批判可能にする正義の絶対的根拠として呼び出されるのである。

2. デリダの「暴力批判論」批判

秘教的であるとともに急進的な，ベンヤミンの以上のような特異な議論が，近年注目を集め現代政治論の文脈で再評価されているようである。小玉重夫によれば，バトラー，ネグリとハート，ハーマッハーといった名だたる理論家が，

既成の秩序を批判しようとする彼・彼女らの試みの中で，ベンヤミンの「神的暴力」概念に支えを求めている（小玉 2009: 417-419）。バトラーは「熟議的自由」の根拠を，ネグリとハートは「構成的権力」の等価物を，ハーマッハーは「遂行中断性」の可能性を，それぞれ「神的暴力」の概念に見出す。急進的・革命的であるとともに秘教的・神学的なベンヤミンの構想に注目が集まる背景には，リベラル化・グローバル化の進む現代社会の状況に対して批判的な視点を確保したい，そしてそのために正義の究極的な根拠を見出したい，という要請があるのかもしれない。

「神的暴力」概念への，現代の理論家たちの以上のような信心深い傾倒ぶりと対比したとき，デリダの不遜な態度は際立っている。彼は「神的暴力」という概念の致命的な危険を，こともあろうにホロコーストに結びつけて指摘しているのである。

> このテクスト［「暴力批判論」］が保持している，最悪のものとのさまざまな親近性（啓蒙に対する批判，堕落と根源的真正性の理論，根源的な言語と堕落した言語の二極性，表象と代議制民主主義に対する批判，等）さえも越えて，結論として私がこのテクストのなかで最も恐ろしい，さらには堪えがたいと思うものは，つまるところ，このテクストによって口を開けられたままになるであろう一つの誘惑である。［……］それは，ホロコーストを，神的暴力の解釈不可能な顕現として考えたいという誘惑である。［……］／ガス室や焼却炉のことを考えるとき，無血的であるがゆえに罪を浄めるというような一つの絶滅作用をほのめかすこの箇所を，戦慄を覚えることなしに聞くことがどうしてできようか。（Derrida 1994, p. 145=1999, pp. 192-194）（『法の力』については，以下Dと略記し，（D: 145（192-194））のように参照箇所を表示したい。）

こうした批判は，「暴力批判論」というテクストへのデリダの並々ならぬ傾倒の裏返しでもある。「暴力批判論」との集中的な取り組みが，正義の問題に対して脱構築がもつ有意性についてはじめて明示的に述べる機会をデリダに与えたことはよく知られている。正義の究極的基盤を求めるベンヤミンの探求からは距離をとりつつ，デリダは正義についての彼自身の構想を展開したが，それはまさにそうした基盤の欠如によって特徴づけられるような正義についての構想であった。

第 4 章 「正義」の限界　　89

正義の経験とはつまり，正義にかなうものかそれとも正義にかなわないものかの決断に規則が何の保証も与えることのできないさまざまな瞬間における避けて通れない，けれどもとてもありそうにない経験である。(D: 38 (39))

　正義についてのこうした独自の概念を導き出すことになったデリダの「暴力批判論」読解を以下に追跡してみよう。前節で見たように，「暴力批判論」は一連の対置図式を積み上げる。デリダの読解は，そうした対置図式が内側から崩れ落ち，崩れ落ちながら論証を駆動させてゆくさまを浮かび上がらせる (cf. Menke 1994: 219f.)。「暴力批判論」というテクストは，「一つの論証が，自分自身の提出するさまざまな区別を，あなたがたの目の前で台無しにする」ような，「奇妙な提案かつ撤回 (ex-position) からなっている」(D: 104 (133)) という。
　この種の「提案かつ撤回」を典型的に見ることができるのが，法措定的暴力と法維持的暴力の区別である。ベンヤミンはこの区別を立てるが，同時にこの区別をまさに「台無しにする」警察制度についても詳述していた。それは法措定と法維持を混同するがゆえに「退廃」だとして批判される。しかし実際には，「亡霊めいた」この警察制度こそが現実なのではないか。ここには，上の二種類の暴力の区別を根本的に脅かすものがある。ベンヤミン自身が明るみに出しているのは，単に法維持的であるはずの暴力によって法措定が繰り返され，そのことによって「法措定的暴力」なるものが措定される，という事態である。派生態とされるものの反復によってその起源なるものが捏造されるわけである。したがってデリダは次のように言う。

　　措定作用と維持作用の間に厳密な対立関係はない。両者の間にあるのは，差延による汚染 (contamination différantielle) と私なら呼ぶであろう（そしてベンヤミンが名づけていない）ものだけである。(D: 94 (120))

ベンヤミンは，現実の隅々に浸透しているこの「差延による汚染」を，あくまで除去しようとする。そのためにはまず，目の前の事実に抗してでも対置図式を構築し現実を批判する必要があった。法措定と法維持の間に明確な概念的区別があるからこそ，その混合形態たる警察制度が批判可能になる。しかしそれだけではない。ベンヤミンはさらに，「退廃」のプロセスを巻き戻して「よ

り純粋な起源を持った過去へと回帰する」（D: 111（144））ことで，批判に根拠を——見出された起源が，批判の根拠となるべき「暴力の歴史の終わり」へと投射されるのである——与えようとする。対置図式は，起源へのこうした遡行のための道標でもある。

「暴力批判論」の一連の対置図式を通してベンヤミンが追求していたのは「暴力の媒介的ならざる機能」（B: 196（263）; cf. D: 121（158））であり，暴力が媒介的・表象的な手段であることを脱して直接「顕現」するような状態であった。そうした状態は，法措定的な神話的暴力において一応達せられる。そこでは，暴力を正当化する根拠が当の暴力によって遂行的に創出されるからである。ところが，この神話的暴力の達成は，法として制度化され，それが法維持的暴力との関係——「法措定的暴力と法維持的暴力の弁証法的な浮き沈み」——に繰り込まれることで再度「台無し」にされてしまう。この「浮き沈み」を断ち切るものとして「神的暴力」が呼び出されることはすでに見たとおりである。

神的暴力に関して，デリダは以下のようにその認識不可能性を強調する。

> 神的暴力そのものは，人間がどのような仕方でそれを規定しようとしても，またわれわれの側で決定することのできるどのような認識や「確実性」をもって捉えようとしても，それに応えることのないものである。神的暴力それ自体を「それとして」認識することは決してできず，ただもろもろの「効果」の面でそれを認識しうるのみである。（D: 130（170））

こうした認識不可能性という神的暴力の条件から，根本的な問いが「暴力批判論」というテクストに関して浮かび上がってくる。つまり，誰が書き，署名するのか。「純粋の暴力がいつ本当に存在したのかの決定は，人間にとってただちに可能でもないし必要でもない」（B: 202f.（278））とベンヤミンは言う。にもかかわらずベンヤミンその人は神的暴力について「それとして」語っていた。なぜ神ならぬ人間にそんなことが可能なのか。デリダの答えは卓抜なものだ。署名するのは「まったくの他者」としての神なのである。「それ［神的暴力］は裁可する（waltende）暴力と呼べるかもしれない」——これが「暴力批判論」の最後の一文であった。この一文のあとに，おそらくベンヤミンは「Walter」と署名するだろう。ところがこの「ヴァルター」という名前は，字義どおりと

ればまさに「裁可（walten）する人」である。「常に他者が署名するのだということ，このことにたぶんこのエッセイは署名しているのである。」(D: 134 (175))

3. 「暴力批判論」における教育の位置——法措定の迂回とその帰結

　以上のようなデリダの読解を真剣に受け取るなら，何らかの民主主義的な政治理念を「神的暴力」の概念に結びつけて正当化するという試みはあまりに素朴すぎる，ということになろう。たしかに，「神的暴力」概念は，法維持的・法措定的を問わず，あらゆる暴力を批判し根絶する根拠を提供してくれる。しかし，この概念を受け入れる人は，何がそもそも「神的暴力」として裁可されるかについての決定権を「まったくの他者」に委ねる用意がなければならない。「正しさ」を求めて批判をエスカレートさせ，批判の根拠をどこまでも純化していくことで，無敵の根拠を見出すことはできるかもしれない。しかしその根拠は，おそらくそれが無敵であることの帰結として，われわれの手の届かないところへと押し出されてしまう。われわれは，あらゆる法破壊的な出来事を「神の裁き」(B: 203 (278)) として受け入れねばならなくなるだろう。デリダによる「最終解決」の想起は，まったくの的外れではなかったわけである。

　しかし，われわれの注意を教育の問題に向けるなら，そこにはデリダの読解には包摂できないような「暴力批判論」の別の側面が現れてくる。ベンヤミンは「暴力批判論」の中で二つの箇所で「教育」に言及していた。「教育」と「暴力」は，ベンヤミンにとって別々の何かではなく，相互陥入的に結ばれ合っていたのである。

　まず二番目の言及，つまり教育的暴力を神的暴力の現象形態として捉えるというベンヤミンの主張について検討してみよう。教育を神的暴力の典型例として導入するというのは驚きを誘うかもしれない。しかし，神的暴力の認識不可能性というデリダが強調した特徴に注目すれば，教育において行使される力（「教育的暴力」）はそうした特徴を神的暴力と共有していることがわかる。早期の教育においては特に，自らに対して加えられる「教育的暴力」の意図は子供にとって測りがたいものであろう。教育的暴力の対象となる者の側から見れば，それは認識不可能性という神的暴力の一要件を十分に満たしているのである。

教育が本来「法的目的」ではなく「自然的目的」に関わる働きだという第一の言及も，教育を「法」の管轄外に位置づけるという点では第二の言及と軌を一にしている。家庭でのしつけや教示を，親たちは法的な認可を受けて行っているわけではない（児童虐待が疑われるような場合でさえ生じる法的介入の困難を想起してほしい）。しかも，教育における「自然的目的」の追求は，戦争やストライキの場合と違って何らかの法的秩序の創出で完結するわけではない。曖昧な「成長」や「成人」が帰結として想定されるだけである。教育は「法措定的暴力」には分類できそうもない。教育のこうした「自然的」性格は，「法的目的」に枠づけられているはずの学校教育にも浸透し，教師の「教育的」裁量の幅広い容認となって表れている。このように，教育という作用は，自然的目的を追求しつつ，ベンヤミンが批判の主対象としている法措定的な神話的暴力に収斂することなく，そこを迂回するようにして神的暴力の圏域に至っているように見える。

「暴力批判論」において「教育」が登場する二つの文脈──自然的目的と神的暴力──は，法による規制の欠如を共通点として有している。教育は，自然的な目的の追求を動機とすることが許されている，とされる。また，教育は，暴力の遂行的な自己指定を法措定的暴力と共有しているが，法の制定へと帰着することはない。教育的暴力の出発点においても，またその帰結においても，法が顕現することはない。このことは，教育的暴力を批判することを困難にするだろう。トム・ザイトマン゠フロイトの読み書き教科書を取り上げた書評「緑なすはじめての土地」（1931年）の末尾近くで，ベンヤミンは以下のように述べている。

> 自分の学んだ教科書に対して，いったい誰が文句を言えるだろう。大きくなってから出あうすべての事物のなかで，いったい何が，その教科書のような厳しさと確かさをもって近づいてくるだろうか。文字にたいして服従したときほどに，その服従が測りがたいほどの射程を持つという予感で満たされたことがあるだろうか。要するに，その種の昔の教科書に文句を言うことはできないのである。(Benjamin 1980 (1931), p. 314=1981, pp. 135f.)

ここでも，前提になっているのは教育のもつ遂行的な自己正当化の構造であろ

う。この種の教科書に対してたとえ「文句を言う」ことがあったとしても，その異議自体がこの教科書の恩恵を被っていることになる。「批判」を含むいかなる非暴力的調停の試みも，教育的暴力の恩恵を被っており，それに支えられている。しかしこの教育的暴力そのものは，法維持的暴力のように法的な裁可を受けているわけではないし，法措定的暴力のように法として顕現するわけでもない。——ここには，教育のもつ否定しがたい「神的暴力」的性格とともに，この性格が教育を改革・改善しようとするあらゆる試みにもたらす困難もまた露呈している。

　こうした困難に対処するための方策としては，二つのオプションが想定できる。一つは，教育的暴力に対して，法的規則，科学的エビデンス，民主的意思決定，その他の安定した理由ないし根拠を装備させ，教育的暴力を説明可能かつ正当化可能にする，というものである。もう一つは，教育的暴力を支えるあらゆる支点を積極的に放棄し，教育をデリダが言う意味での「正義の経験」の典型例だと宣言する，というものである。前者は，教育を神話的暴力の領域に移し替え，教育の自己正当化・自己永続化の傾向をさらに強化することになろう。ここには，客観的に根拠づけ可能な「公正としての正義」を基準にして教育に介入することの基本的な問題点が露呈している。これに対して後者は，教育の実践家にとってのよき倫理的後ろ盾として役立つかもしれない。しかしそれは，実践家たちを「ありそうにない経験」の底なし状態に置き去りにするような，尋常ならざる後ろ盾である。最も現実化する可能性が高いのはこの両者の混合形態であるように思われる。つまり，後者のオプションが深遠な倫理的後ろ盾として文言上は頼りにされながら，教育の日常的な営みは前者の説明責任と正当化というオプションに従ってなされてしまう，という事態である。ベンヤミンは，これらの両オプションとも，両者の混合形態とも異なる，別の可能性を明らかに視野に収めていた。

4. 教育という領域の肌理

　教育に関する様々なエッセイや断章の中で，ベンヤミンが一貫して拒否し続けたのは，教育の領域を目的合理的に統制し改革することが可能だとする想定

であった。ベンヤミンが極めて旗幟鮮明な教育批判を行っている書評「植民地教育学」（1930年）にまず目を向けてみたい。ベンヤミンはそこで，アロイス・ヤルコッツィの著書『童話と現代──ドイツの民衆童話とわれわれの時代』（Jarkotzy 1930）を取り上げて批判している。著者は「最も純粋で根源的なものの放棄を［……］当然のことのように要求」している（Benjamin 1980（1930），p. 273=1981, p. 138），というのである。

　このような壊滅的な批判を受けたヤルコッツィの試みではあるが，彼が掲げた理念は「進歩的」といえる類のものであった。その試みの背後には，資本主義の現状についての批判的な認識──「資本主義は読むことのできる民衆を必要とするが，考えることは資本主義にとって危険すぎるのだ」（Jarkotzy 1930: 15）──があった。伝統的な童話の世界は，民衆を「考える」ことから遠ざけるのに好都合な現実逃避の通路になっている，というのである。ただし童話それ自体に問題があるわけではない。幸福への童話的な願望が現状変革のエネルギーになることもあるからである。「政治的に意識化した人間も，幸福への彼自身の欲求を出発点にして行為しており，［……］自分の世界像を想像力を使って造形している」（ibid., p. 16）。こうした幸福への欲求は，民衆の「政治化の原動力」（ibid.）ともなる。ところが現実には，利潤追求の資本主義がこうした欲求を俗悪文学・俗悪映画へと誘導してしまう。民衆の多くは「俗悪ものが彼らに提供する「誤った」童話世界に逃避」（ibid.）してしまっているのが現状である。そこで必要になるのが，「われわれの時代の純粋で民衆的な童話」（ibid., p. 18）の創造だということになる。ヤルコッツィは，そのために童話を現代向けに「改良」することを提案した。「改良」された童話の中では，現代の問題が扱われ，それが童話という仮象の世界のなかで解決を見ることになる。

　　想像力によって先取りされたこうした解決によって，人間の社会は，そうした解決へと向かう最強の衝動を受け取ることになる。進歩的な作家たちがこぞって描いた「ユートピア」を考えてみてほしい。おそらく，想像力なしには進歩もない。人はまず童話の中で空を飛び，その後で飛行機に乗ったのである。（ibid.）

　ベンヤミンの批判は，ヤルコッツィの試みが掲げる「進歩的」な理念や価値──その単純な進歩史観はベンヤミンとは水と油だが──にではなく，むしろ

第4章 「正義」の限界　　95

その試みが世代間の伝達関係にもたらす帰結に向けられている。ヤルコッツィ
の試みは，ベンヤミンにとって，「子供」という未知の大陸を大人の都合で開
発し支配下に置こうとしているという意味で植民地主義にたとえられるもので
あった。「著者が通暁している類の児童心理学は，ヨーロッパ製粗悪品の神か
ら使わされた引き取り手として「未開民族」を描いたかの有名な『未開民族の
心理学』の正確な対応物」(Benjamin 1980（1930), p. 273=1981, p. 138) なので
ある。

　ここでベンヤミンが念頭に置いているのは，おそらくシュルツェの著書
(Schultze 1900) である。シュルツェはその著『未開民族の心理学』の「序言」
で次のように述べている。

> ドイツがその植民地で未開民族と直接接触するようになった現在，人々は未開民族の
> 心理学の高い実用的価値を認めるであろう。この意味で，私は未開民族の心理学を植
> 民地心理学と呼びたい。[……] / もし有色の野蛮人を支配しようとし，さらには，こ
> れこそドイツ的なやり方であるが，彼らを教育しようとするなら，それに先立って彼
> らの心のあり方を十分に認識しておかねばならない。(Schultze 1900, p. III)

子供に考えることを教え，批判力を身につけさせ，社会の進歩を促進する，そ
してそのために現代化した童話を通して子供たちを現代の諸問題に取り組ませ
る，というのがヤルコッツィの目論見であった。ベンヤミンは，こうした目論
見が，「野蛮人を支配しよう」とするのと同様の，一方的に対象化する関係に
世代関係を固定してしまう点を取り上げ，この点を批判したのである。

　「植民地教育学」とは逆の場合もある。ホーブレッカーの著書『昔の忘れら
れた子供の本』(1924年) の書評では，意図において決して「進歩的」とはいえ
ない18世紀の教訓的な子供の本に評価できる部分が見出される。ベンヤミンに
よれば，汎愛派の影響を受けた子供の本は，「教化的で道学者風であり，理神
論的な解釈をつけたカテキズムの変奏曲」(Benjamin 1980（1924), p. 15=1981, p.
14) というべきものであった。「それが子供にとって無味乾燥であり，無意味
ですらあることは，多くの場合争えない事実であろう」(ibid.)。しかしそうし
たぎこちない子供の本も，「子供の本質へのいうところの感情移入によって今
日広まっている間違い」——時期的には前後するが，上に見たヤルコッツィの
試みはその典型ということになろう——に比べればはるかにましなのである。

ベンヤミンがとりわけ高く評価するのは汎愛派の時代の本に出てくる挿絵である。

> この［汎愛派の］時代の，どんなに古くさく因循姑息な作品にさえ，一つだけ救いがある。挿絵である。挿絵は汎愛派の理論のコントロールを免れた。そして教育者の頭越しに，芸術家と子供たちはすばやく了解しあったのである。(ibid., p. 17=1981, p. 18)

ここでもまた，表向きの理念や価値よりも，そうしたものをかいくぐってさえ結ばれている世代関係──より正確に言えば，そうした世代関係が実現する場としての子供の本というメディア──に，ベンヤミンの目は向けられているのである。汎愛派の教科書は，彼ら自身がまったく意図していなかったような種類の教育的関係をもたらすことになる。そうした関係は，われわれの文化や生活形式，たとえば，子供のための本が出版され，その中の挿絵が芸術家によって描かれ，といった文化や生活形式に根ざしている。教育的な意図や野心はその一部をなす。しかしそうしたものは，それが実現される過程で必然的に変形される。ベンヤミンは，このような変形を統御しているものをまず第一に教育のメディア──ここでいえば子供の本とその中の挿絵──に見ている。そうしたメディアもまたわれわれの文化や生活形式の不可欠の一部分である。

　ベンヤミン的光学のもとでは，教育は，ちょうど大理石の石目のように，恣意的な裁断におのずから抵抗するパターンをもった一領域として現れてくる。パターンを作り出しているのは，言語，図像など，教育を可能にしているメディアである。そうしたパターンを，教育という領域の「肌理(きめ)」と呼んでおきたい。教育という領域がもつ肌理を通して，教育的意図は不可避的に道筋をつけられ変形される。したがって教育という領域の肌理こそ，教育を実際に統御している条理なのである。ベンヤミンは教育についてのそうした構想をすでに早い時期から展開していた。そのことは1917年９月６日付のショーレム宛の書簡の以下の一節に見ることができる。ここでは，基本的な意味での教育のメディアが，「伝統」と，神学的に根拠づけられた「言語」の中に見出されている（以下の引用にその一端が示されているベンヤミンの言語論については，本書第８章の拙稿「「教育という尺度」をもとめて」を参照してほしい）。

第 4 章　「正義」の限界　　97

　私の確信するところでは，伝統こそ，学ぶ者が連続的に，しかも教育の全般にわたっ
て教える者へと姿を変えて行くメディアだ。伝統のなかでは，誰もが教育する者であ
ると同時に教育される者であり，一切が教育なのだ。[……] ／教育における錯誤はす
べて，われわれの後裔が究極的な意味において*われわれ*に依存していると考えること
に帰着する。彼らはわれわれに依存しているが，それは彼らが神と言語に依存してい
るという以外のことではない。それゆえわれわれは，子供たちとの何らかの協同
（Gemeinsamkeit）のためにも，神と言語に沈潜せねばならないのだ。(Benjamin
1995, p. 382f.=1975, p. 86f.)

　教育に関して問われるべきは，われわれに依存しているはずの子供たちをわ
れわれがいかに取り扱うか，ではなく，言語をはじめとするメディアにおいて
われわれがいかにわれわれ自身の生活世界・意味世界を開示するか，なのであ
る（教育における生活世界・意味世界の開示についても拙稿「「教育という尺度」をも
とめて」参照）。したがってまた，教育する者が自問すべきは，「私は正義にか
なっている」か否かではないだろう。むしろ，何が「正しさ」であるかが認識
可能であるかのような，そしてその――今や認識された――「正しさ」という
規準で世代関係の現実を裁断できるかのような，そうした前提こそが批判され
るべきなのである。

5.　教育における「正義」の限界

　ベンヤミンにとって，教育は，教育的暴力に説明可能性や正当化可能を付与
しなければ存立不可能になるような営みではなかった。彼が教育的暴力を，い
かなる法措定も欠いた神的暴力の領域に位置づけていたことを想起しよう。教
育はむしろ，正義のような規準や正当化のような行為を，そもそも存立可能
にする文化的・人間学的事実なのである。しかし，教育的暴力に正当化可能な根
拠が欠けているということは，われわれが不可避的にデリダ的な「正義の経
験」の底なし状態――そこではわれわれはいかなる依拠可能な理由もなしに行
為しなければならないと同時に，いかなる依拠可能な理由もなしに行為するこ
とができるのである――に導かれることを意味しない。そこには，それによっ

てあらゆる教育的暴力が道筋をつけられることになる肌理，という形での条理（reason＝理由）が実際に存在しているのである。したがってベンヤミンは，子供たちをいかに正当化可能・説明可能な形で扱うか，について考えをめぐらせるのではなく，われわれは「子供たちとの何らかの協同」を作り出すために教育のメディアに「沈潜」すべきだと言う。こうした沈潜が正当化可能な帰結を将来においてもたらすか否かは不可知なままにとどまる。しかし確かに言えるのは，われわれの教育的暴力は底なし状態ではありえず，教育という領域の肌理に依拠せざるをえない，ということなのである。

　私が「肌理」という用語を選んだのは，それが深部に隠されてはおらず表面において観察可能だからである。それは教育においてわれわれがいかに振る舞いメディアがいかに作用しているか，ということのうちに観察可能な日常的な事実である。この肌理は不変ではありえない。ベンヤミン自身，後期になると，機械的技術の進展という条件下におけるメディアの変化に注意を向けることになった（Benjamin 1980 (1939), 1989 (1936)）。「伝統」や（神学的に基礎づけられた）「言語」は，今日の教育という領域の肌理を解明するための焦点としては明らかに不十分である。しかし，教育という領域が教育的暴力を統御する肌理を含んでいるというベンヤミンの考えは依然として啓発的である。この考えは，「正義」のような深遠な倫理的後ろ盾を教育に提供することはないだろう。にもかかわらず教育についてのベンヤミンの構想は，リベラル化・グローバル化されたわれわれの社会においてはいっそう啓発的である。教育的暴力は，教育という領域を説明可能で正当化可能なものに改良せよという，「正義」の名のもとにおける至上命令に現在ますます直面するようになっている。そうした要求に対して，ベンヤミンの構想は，教育においてなぜわれわれは「正義」について直接語るべきでなく，また無媒介的に「正義」に依拠すべきでもないのか，という理由を提供してくれているのである。

　＊本章は以下の拙稿と重複する部分があることをお断りしておきたい。
　今井康雄「「教育批判」の意味——ベンヤミンの「暴力批判論」を手がかりに」『近代教育フォーラム』第20号，2011年，143-160頁.

参考文献

Benjamin, W.（1980）［1921］. Zur Kritik der Gewalt, *Gesammelte Schriften*. Vol. 2, Frankfurt a. M.: Suhrkamp, pp. 179-203.（（1999）.「暴力批判論」『ドイツ悲劇の根源』下，浅井健二郎訳，筑摩書房，pp. 227-279）

Benjamin, W.（1980）［1924］. "Alte vergessene Kinderbücher", *Gesammelte Schriften*. Vol. 3, Frankfurt a. M.: Suhrkamp, pp. 14-22.（（1981）.「昔の子どもの本」『教育としての遊び』丘澤静也訳，晶文社，pp. 11-23）

Benjamin, W.（1980）［1930］. Kolonialpädagogik, *Gesammelte Schriften*. Vol. 3, Frankfurt a. M.: Suhrkamp, pp. 272-274.（（1981）.「植民地教育学」『教育としての遊び』丘澤静也訳，晶文社，pp. 137-141）

Benjamin, W.（1980）［1931］. Grünende Anfangsgründe. Noch etwas zu den Spielfibeln, *Gesammelte Schriften*. Vol. 3, Frankfurt a. M.: Suhrkamp, pp. 311-314.（（1981）.「緑なすはじめての土地」『教育としての遊び』丘澤静也訳，晶文社，pp. 129-136）

Benjamin, W.（1980）［1939］. Über einige Motive bei Baudelaire, *Gesammelte Schriften*. Vol. 1, Frankfurt a. M.: Suhrkamp, pp. 605-653.（（1996）.「ボードレールにおけるいくつかのモチーフについて」『ベンヤミン・コレクション』1，久保哲司郎訳，筑摩書房，pp. 417-488）

Benjamin, W.（1989）［1936］. Das Kunstwerk im Zeitalter seiner technischen Reproduzierbarkeit（zweite Fassung）, *Gesammelte Schriften*. Vol. 7, Frankfurt a. M.: Suhrkamp, pp. 350-384.（（1995）.「複製技術時代の芸術作品（第二稿）」『ベンヤミン・コレクション』1，久保哲司訳，筑摩書房，pp. 583-640）

Benjamin, W.（1995）. *Gesammelte Briefe*, Vol. 1, 1910-1918, Frankfurt a. M.: Suhrkamp.（（1975）.『ヴァルター・ベンヤミン著作集』14（書簡Ⅰ，1910-1928），野村修訳，晶文社）

Derrida, J.（1994）. *Force de loi*, Galilée.（（1999）.『法の力』堅田研一訳，法政大学出版局）

Jarkotzy, A.（1930）. *Märchen und gegenwart. Das deutsche volksmärchen und unsere zeit*, Wien: Jungbrunnen.

小玉重夫（2009）.「教育改革における遂行性と遂行中断性――新しい教育政治学の条件」『教育学研究』，76(4)，412-422.

Menke, B.（1994）. Die "Kritik der Gewalt" in der Lektüre Derridas, in: Haverkamp, Anselm（ed.）, *Gewalt und Gerechtigkeit. Derrida-Benjamin*, Frankfurt a. M.: Suhrkamp, pp. 217-275.

Schultze, F.（1900）. *Psychologie der Naturvölker. Entwicklungpsychologische Charakteristik des Naturmenschen in intellektueller, ästhetischer, ethischer und religiöser Beziehung,* Leipzig.

第5章

社会正義を求めて
単一言語主義と批評の封じ込め

ナオミ・ホジソン

三澤紘一郎 訳

　この応答論文は，ポール・スタンディッシュが喚起する，教育の言語によって引き起こされている抑圧に対して，ヨーロッパの政策に関わる言説が押しつけてくる単一言語主義について考察しつつ応答する。その政策を例に取ると，会話，対話，声といった概念が，今日の統治の形態の一部を形成している。これらの概念は，正面から社会正義に取り組む教育研究において中心的な位置を占めているわけだが，このことは，そういった研究が批評を生み出せるのかという疑問を突きつけてくる。したがって，本章の議論は，教育研究における批評と社会正義の追求の関係を，ブルーノ・ラトゥールの論考，特に彼の提唱する「コンポジショニズム（compositionism）」という批評の代替概念を手がかりにしながら探求することにする。

序

　ポール・スタンディッシュの論考「社会正義とオクシデント」は，「社会正義」という用語のもつイデオロギー的な力に典型的に示されるような，教育の言語によって今日引き起こされている抑圧に着目する。彼が考察を加えているのは，世界規模での政策の受け売りの要請と，それが余儀なくもたらす単一言語主義についてである。この状況は，ヨーロッパ化の一連の進行過程にはっきりと見てとることができる。その過程においては，共通の目標を論じることができるような共通のアイデンティティと共有言語が作り出されようとしている。本章は，現行のヨーロッパの政策の諸例に目を向けることで，言語を抑圧し，言語によって抑圧されるという事態は，教育研究や教育政策，教育実践に限られるものではない様を明らかにしていく。むしろ実態は，ヨーロッパの政策が，

ある特定の教育の言語が中心的な役割を果たすようなヨーロッパ市民の構成を通じて，ある種の単一言語主義を押しつけてきているということなのである。したがってこの抑圧は，今日，ヨーロッパ市民が主体とされてゆくその仕方に内在していることになる。私の挙げる例は，「会話」や「対話」といった語が今日の統治の形態のある側面をどのように形づくっているかを明らかにするものである。

　スタンディッシュは，特定の種類の抑圧がいかにしてもたらされるかを明らかにしているだけでなく，この抑圧の過程に教育研究が結託しているのではないかという問いを立てる。この問いを受けて私は，社会正義に正面から取り組んでいる教育研究が用いる批評の様式と，往々にしてそのような教育研究に付随する政治を検討する。そういった研究において，抑圧はとりわけ，人種，ジェンダー，社会階級，性的指向といった観点から，個人の従属化として理解されている。そこでは，声を見つけること，声を上げることが，そうした抑圧に対する中心的な抵抗手段だとみなされる。けれども，ヨーロッパの政策の諸例が示すように，声という概念そのものが今や政府の統制下に置かれてしまっている。そこで私は，教育研究における批評と社会正義の追求の関係を，ブルーノ・ラトゥールの論考を手がかりとしながら探求することにする。さらに，ラトゥールの提唱するコンポジショニズムという，批評の代替概念を，スタンディッシュが我々がそこへと目を向けるよういざなうスタンリー・カベルの著作に言及しながら論じることで，我々がどのようにして批評を別の仕方で語ることができるかについて考察してゆく。

1. ヨーロッパの市民性——合意と共通性

スタンディッシュは「社会正義」の言説に関する憂慮を次のように表現している。

　　したがって私が問題としていることは，批判的教授学や政治的リベラリズムにおけるある特定の類の言説の支配が，一種の単一言語主義を永続させることである。教育に関わる思考を表すより適切な語句は，言語の解放を要求するものであり，これは，

言語内，言語間の双方において実現することができる。

　カベルは，「会話」（conversation）の 2 番目の音節（"-vers-"── reversal ［反転］，diversion ［迂回］，averse ［忌避する］などを参照）に思考の転換（turning）が示唆されており，思考は，直線的で体系的な筋をたどる際，もっぱら前進することはできず，多くの点において最良の形では進まないと考える。会話に開かれていること，転換させられることへの覚悟（形づくられ，適合させられ，時には迂回させられ，時には拒絶されることへの覚悟）には，私が自分自身のアイデンティティを強化しようとしないことが必要である。むしろ，新しい可能性への覚悟──つまり，なりゆくことへの覚悟──が必要なのである。［スタンディッシュ，本書第 1 章, p. 37］

　以下に続く議論で，私はこのスタンディッシュの一節が提起している社会正義の言説の 3 つの側面を拾い出してみたい。つまり，会話という語が，ヨーロッパの政策言語の中でどのように取り扱われているか，このことがスタンディッシュの言う単一言語主義と思考の直線性をそれぞれいかに照らし出すかという問題である。それではまず，EU（ヨーロッパ連合）で支配的となっている，市民性や教育に関するある特定の言説を紹介し，このことがどのようにしてスタンディッシュが注意を促す単一言語主義やそれに付随する抑圧と関わってくるのかを明らかにすることから始めよう。

　ヨーロッパの連合諸国と他の先進諸国が，知識経済としてグローバル化した世界秩序のもとで自らを位置づけなおそうとするにつれ，「市民性」は今や教育問題として設定されている。市民性という語は今では，ひとつの国民国家に属する市民としての個人の権利や責任を指すのではなく，あるいは，それらだけを指すのではなく，ある特別な生き方の指針をも指すようになっている。すなわち，グローバル化した動的環境における個人として，たゆみない自己投資をしていく態度である（Simons and Masschelein, 2008, 参照）。市民は，選択の自由を与えられ，自らの参加をそれぞれの仕方で立証することを求められる者であり，能動的に学ぶ市民として語られることになる。「能動的な市民」（Hoskins et al., 2006 を参照）や生涯教育という考え方は，彼らを評価し管理するために導入された政策や実践によって，ヨーロッパ市民にとって現実的なものとなっている。対話や声という概念は，それらの政策や実践にとって，ひいては能動的に学習する市民の自己理解にとって中心的な概念である[1]。

104 第1部 社会正義と主体

　そのような政策の一例が，ヨーロッパ委員会の「生涯教育を支える能力」
（2010年）という文書であり，それは能動的に学習するヨーロッパ市民が今置か
れている状況にしっかりと関わり，成功していくために必要な一連の標準的な
技能や能力を書き出している。その文書には次のようにある。

> 市民や雇用者たちが，能力と学習成果がどのように仕事や職業と結びついているかを
> 見てとりやすくなるように，教育や訓練の世界と仕事の世界とを架橋する「共通言語」
> が発展させられる必要がある。（*Official Journal of the European Union*, 2010, p. 2）

ここでの「共通言語」とは，雇用可能性，移動性，類似性，互換性を最大化す
るような，透明性のある教育と資格付与のシステムの必要性と関連している。
この例に見られるような教育や市民性に関する共通言語を探し求めようとする
関心は，単一言語主義についてスタンディッシュが表明する憂慮を例証する部
分があるように思われる。すなわち，教育と，そのより広義の（社会経済的な）
目的についての単一的で一方向的な語り口が，社会正義やEUのモットーであ
る「多様性の中の統一」という名の下に追求されているのではないか，という
憂慮である。このような政策は，個々人が自分についてどう語るかということ
や他人からどう語られるかというだけでなく，我々が互いにどう語り合うかと
いうことにも変化を及ぼす。次の例にはっきりと見られるように，対話という
実践自体が政策の主題となっているのである。
　ヨーロッパ評議会による「異文化間対話についての白書」（ヨーロッパ評議会，
2008年）は，対話が現在のヨーロッパの統治形態の一部に組み込まれている様
子を伝える一例である。白書は，衝突処理，合意形成，共通性が異文化間対話
を通して，いかにして達成されうるかを強調している。異文化間の関係に対す
るこの取り組みの目的は，白書の初めにはっきりと書かれている。それは対話
の管理である[2]。白書の導入部で，対話は，現代のグローバル化したヨーロッ
パが直面する社会の難題に対処し，これをうまく処理していくために必要な能
力であると述べられている。「異文化間対話」は，特に多様性の問題に取り組
むのに向いた特殊技能であると目されている。以下のように，多様性を管理す
ることが必要だと記されている。

多様性は，文化的な活力に寄与するのみならず，社会的，経済的なパフォーマンスを強化することにもつながる。実際のところ，多様性，創造性，革新は，良き循環を生み出す一方で，不平等が互いに強化しつつ，人間の尊厳や社会福祉にとって危険な対立をも生み出している。それでは，この［ヨーロッパ］大陸を共有している人々を結びつけることのできる接着剤とはいったい何なのか。（同白書 p. 13）

多様性のもつ肯定的で生産的な諸側面を利用することによって，これらの側面は共通善のための活用資源となる。対話を強調することは，共通言語や意見の一致，つまり，ヨーロッパを一つに結びつける接着剤を見つけることとつながっているわけである。異文化間対話のための土壌作りは，したがって，対話への関心を含む統治の枠組みを構成する，既存の実践や道具立てに積極的に取り組むことを意味する。対話が統治のための道具にされているこの文脈においては，対話の有効性や横断的な応用可能性が重要となる。対話は，洗練すべき能力となるわけである。

　対話の統治に関わる実践はまた，政策立案過程それ自体の中にも姿を現す。このことは，「市民のためのヨーロッパ」と銘打ったプロジェクトの継続過程における協議のありさまにはっきりと見てとれる[3]。ヨーロッパ委員会は，独自の方法で諸個人を訓練し，私的・公的機関のために手助けや相談を提供する私的機関から拝借した一連の技術から成る「ホーリスティックな管理アプローチ」を採用した。このアプローチで用いられる会話は，協議を運営するための戦略的な道具であり，「カフェ・カンバセーション」（Café conversations）や「ワールド・カフェ・メソッド」（the World Café method）と名づけられて実践されている。そのような実践を通して，会話や対話は，それ自体が実践あるいは能力として専門技術化されることとなる。つまり，学習を最大効率化し，あらかじめ設定された成果を達成することに力点が置かれるような他者との特殊な会話形式となってゆくのである。

　これは対話を通しての，あるいは対話による統治であるのみならず，対話自体を統治することでもある。取り組むべき社会問題を設定することによって，目的や目標を明確にすることによって，成功を最大限にするための技術を供することによって，そして合意を取り付けようとすることによって，そのような

政策は意見の不一致や対立を，政治生活の中心的な側面とみなすことを否定するようになる。その代わりに，そういった政策は，個人のアイデンティティを強化し，それを資本化できるようにしようとする。つまり，ここまで俎上に載せてきた政策文書では，共通言語に対する関心，そしてヨーロッパ市民を結びつける接着剤を見つけることに対する関心は，人間の会話の条件とも，民主的な政治的市民性の可能性とも折り合わないものとなる。そこでは，学習が技能や能力を付け加えていくことによって作られるものとしてのみ理解されている。それは，他者性を回収する自己と他者に対する関係性なのである。

　EU の拡大とさらなる統合の過程で生じているその統治形態の変化に対してしばしば向けられる批判の一つは，統治者側の市民に対する説明責任に関する懸念と，国家を基にした配置の後に来る新しい体制への民主的な参加の可能性に対する懸念から生じている。現状のヨーロッパ市民性の構築は，脱政治化されている（例えば，Biesta, 2009）と評され，また市民性の管理化という観点から説明されている（Simons and Masschlein, 2010; Foucault, 1991参照）。多くの批判的な説明においては，例えばジェラルド・ディランティの論文（Delanty, 2003）（アクセル・ホネス，ピエール・ブルデュー，リチャード・セネットに依拠したもの）やステュワート・ランソンの論文（Ranson, 2003）（アラスデア・マッキンタイアとユルゲン・ハーバーマスに依拠したもの）に見られるように，民主主義の負債や説明責任の欠如に対する処方箋は，より対話的な土壌を整備することにあると考えられた。それは，ナラティヴの価値と，編成し直された公共的な空間に市民の声を届かせる必要が強調されるような土壌である。けれども，先に挙げた政策例が示すように，こうした会話や対話の言語は，ヨーロッパ政府および各国政府が，市民への説明責任の問題を扱い，参加を奨励しようとするそのやり方の中心を占めるようになっている。民主主義や社会正義の名の下に，声，ナラティヴ，自己説明は，知識経済における市民性の言説や実践の中心要素となっている。カベルに言及しながら，スタンディッシュはこの事態が暗示するものに注意を向けている。

　本節の初めに引いた一節の中で，スタンディッシュは会話について以下のように述べている。「カベルは，「会話」（conversation）の 2 番目の音節（"-vers-"——reversal［反転］，diversion［迂回］，averse［忌避する］などを参照）に，思考

の転換（turning）が示唆されており，思考は，直線的で体系的な筋をたどる際，もっぱら前進することはできず，多くの点において最良のかたちでは進まないと考える」［スタンディッシュ，本書第1章，p.37］。あらかじめ設定された社会問題ごとに，生産性を最大にし，既定の目標を達成することを保証するような技術を用いることで，対話による支配は思考の直線性を押しつけてくる。先述の政策における会話や対話という語の使われ方は，「協働」により近い。「協働」は，

> あるプロジェクトを遂行するものとしての社会全体，もしくは，別の極端な形として，各人がそれぞれのプロジェクトを追求できるような中立的領域としての社会全体，という考えを示唆している。直観的にいえば，こうした両極端の形は，競争的ゲームという興味深い社会構造の諸側面に類似している。（Cavell 2004; スタンディッシュの引用による，本書 p.36）

会話が含意し可能にする思考の転換は，対話の統治によって，限界づけられ，封じ込められてしまう。スタンディッシュが論じる抑圧を生み出しているのは，そのような会話や対話の道具化であり，それは，我々のあり方と，他者との結びつき方を全面的に，習得されるべき技能として扱うべしという要求の下に我々があることを示すものである。しかしながらスタンディッシュは，教育研究における社会正義の言語を特に問題視し，教育研究が抑圧を生み出すことに結託しているのではないかと問う。スタンディッシュのこの問いに対して，私は，ある種の抑圧が，そのような研究が提供する批評の様式によって生み出されていると主張したい。そうした批評は，その信奉者たちが想定するような意味での過激なものではなく，むしろ個人の中に特定のアイデンティティを強化するものなのである。

2. 批評，声，社会正義

　教育に関する学術研究がある特定の種類の抑圧に結託しているのではないかというスタンディッシュの問いに答えるべく，私はここで，ブルーノ・ラトゥールの仕事に依拠しつつ，批判と声と社会正義の関係の考察に向かいたい。そ

して，教育研究においてその関係が幅を利かせて語られるありさまについて吟味し，それら三者の相互関係を異なる視座から考えなおしてみたい。教育実践や研究実践を見なおそうという試みは，教育研究に行き渡っている教育理解の仕方——実践に対する限定された理解によって形づくられるような理解の仕方，そして，しばしば実践が学校教育のみに矮小化されるような理解の仕方——そのものによって抑えつけられている。批判的な姿勢をとりつつ，社会正義を志向する研究は，ライフ・ヒストリーやナラティヴ研究といった特定の研究手法をとることが多い。そうした研究手法は，支配的な主体化（subjectivation）の形態（Foucault, 1986）を攪乱させるよりもむしろ，ある特定のアイデンティティ——特定のやり方で自分たちを説明しなければならないという要求に応えるようなアイデンティティ——を強化するだけである。スタンディッシュの説明から私が理解したところでは，これは「主観的」技術に基づいている（Sakai, 1997 参照）。これが，スタンディッシュが言うところの免疫化を生み出しているのだ。

　社会正義に関する研究は，ナラティヴに対するある特定の種類の理解の仕方に則っていることが多く，そうした理解の仕方によっては，今日の教育で我々が自分自身を説明する際に求められるお決まりのやり方，例えば，学習者のプロフィールを使う，反省的実践者として振る舞う，研究者の立ち位置に考慮する，といったやり方が攪乱させられることはない。こういった研究の多くは，ナラティヴ，すなわち学習の旅路が最終的にはある一定の種類の成果に到達するものであるという，我々の期待と合致するものである。すなわち，より確かなアイデンティティ，理想的自己へのステップ，自らの真の可能性の実現といった成果である。

　以上のような説明用語は，それに応じて主体の身元を明らかにするようなアイデンティティ・カテゴリー（人種，ジェンダー，性的指向など）の次元で差し出されることが多い。その結果，当の個人は，社会正義を獲得する形式と手段としてのそうしたカテゴリー化を自分たちがいかに経験しているかを語ることになる。人間主体は，権利，正義，声，そしてアイデンティティの所在地として，中心的な役割を果たし，しっかりと安定したままなのである。例えばクリス・マヨ（Mayo, 2000）は，教育研究におけるフーコーの使われ方を論評し，

以下のように論じている。「ナラティヴ手法に基づく研究は，主体化（sub-jectification）についての主体自身の説明そのものを吟味するまでには至っていない傾向がある。つまり，ナラティヴ研究の主体は，自分自身の成り立ちについて説明する際，どのようにして，また，なぜそのように自分が構成されているかを検討することは稀なのである」(Mayo, 2000, p. 105)。この種の批判的反省は，「知ることの一形式としての自己開示，主体をより十全に作り上げることの一形式としての自己開示に矮小化される傾向がある。それは知ることの喜びとは結びついていても，自分の人生を一つの企てとすることがどういうことなのかを再定式化する喜びとは結びついていない」(Mayo, 2000, pp. 110–111)。

　教育研究を支配する社会正義の概念は，しばしば（明示的にではなくても）ネオ・マルクス主義の解放の政治学によって，ゆえに，彼方にあるユートピア的な存在の信奉によって支えられている。声としかるべき承認が与えられれば，いかなる個人も自由に，そして平等に生きられるという信念である。この批評の様式は，啓蒙主義の時代に生まれ，それ以降さまざまな形をとってきた人間進歩に関する特定の見方を前提としている。ラトゥールは，人間存在とその未来に対するこの種の理解の仕方を「時間の中の時間」と結びつけている。「時間の中の時間は……過ぎ去った。これは，前進し続ける大軍隊という奇妙な考え方である。進取の気性に富んだ革新家と思想家がその軍隊を先導し，のろく愚鈍な民衆たちがそれに続いていく。さらにその後衛として，最も因習にとらわれた人々，最も原始的な人々，最も反動的な人々が後れをとって歩んでいる」(Latour, 2010, p. 472, 強調は原文)。進歩についてのこの「戦争風のナラティヴは」，とラトゥールは続ける，「時の流れが必然的で取り消しえない一つの──唯一の──方向性をもつという考えに基づいている」，つまり「進歩の必然的行進」に基づいているのである（ibid., 強調は原文）。

　教育研究は，今なおここで言われているような解放論的衝動にかかずらっている。つまり，ラトゥールやスタンディッシュが指摘するような直線性を保持しているのである。つまり，固定化したアイデンティティ・カテゴリー，望ましい成果として声をものにし，声を上げること，方法論に対する自意識的な関与などの点から，分析を構造化することを通じて達成される直線性である。こうした研究の言語使用の仕方は，対話の統治と同様に，思考の正統性と直線性

を押しつけてくる。このことが突きつける問題は，市民として，研究者として，大学として，どのように応答していけばよいのかということである。自分たちが提起する批評が，ただ単に合意を促進するだけにとどまらないようにするには，いったいどのような言語使用の仕方で，我々は自分たちの声を届ければよいのか。現状に対する応答として我々が明らかにしようとする批評の言語使用の問題に取り組むために，私は再びラトゥールに目を向けることにする。その後，スタンディッシュと彼によるカベルについての議論に戻っていく。

　ラトゥールは以下を宣言する「声明文」(manifesto) を提出する。

　　進歩することの本来の意味，つまり，前進し新たな展望に開かれることという意味に照らして，微妙ながらも根源的な変容を明示的に（つまり顕在的に (manifest)）することである。さらにいっそう先へ，より速く進もうという前衛的な芸術運動家のスローガンとしてではなく，むしろ警告として，注意を促すこととして。今までと同じやり方で未来へとさらに進んでいくことに歯止めをかけるために。……それはあたかも，我々が必然的な進歩という考えから，暫定的で注意深い進行という考えへと移行しなければならないかのようである。そこにも運動はある。何か前へ向かって進んでいるものがやはりある。しかし……その流れのありさまはまったく異なっている。（ibid., p. 473, 強調は原文）

この運動は，ラトゥールが批評の代替案として提示する「コンポジショニズム」[訳注1] と名づけられるものによって企てられている（p. 475）。「確かに，批評は，偏見を暴き出し，国々を啓蒙し，精神を揺さぶるというすばらしい仕事をしてきた。……しかし，それは仮象のベールの裏側にある真の実在世界の発見を前提としているゆえに，もう『息切れしてしまった』」(p. 475)。続けてラトゥールは言う。

　　批評を手に，この創造的破壊の過程を通じて，仮面をはぎ，暴露し，ベールを取り除くことはできるかもしれないが，それはベールの裏側にある実在世界への特権的な接近手段を確保することによってのみ可能なのである。言い方を換えれば，批評は，ユートピアのもつすべての限界を背負っている。つまり批評は，この世界の彼方にある世界の確実性に依拠しているのである。対照的に，コンポジショニズムにとっては，彼方は存在しない。それは，徹頭徹尾，内在的なものである（ibid., 強調は原文）。

第5章　社会正義を求めて　　111

ラトゥールの言は近代に生じた批判的伝統に向けられたものであるが，彼の主張によれば，ポストモダニズムも進歩という想定を捨て損ねている（p. 474）。同じことはさらに，ポスト構造主義が生み出した諸々の研究手法にも当てはまる。ラトゥールの解釈によれば，しかしながら，そういった研究手法（例えば教育研究においては，ライフ・ヒストリーや自伝的研究）の拠りどころとなっている解放の政治学や，そこで求められる超越的でユートピア的な正義の概念は，もはやいかなる批判力ももちあわせていない。事態がどう見えるかと事態が実際にどうであるかの間にある「潜在性の違い」が吹き込んでいた息はもう切れているのだ（p. 475）。

　では我々はいったい，現在，幅を利かせているような時間の確実性や批評実践を抜きにしてどうやって進んでいけばよいのだろうか。コンポジショニストは，とラトゥールは書く，「空間と時間の継続性……をくみたてていかなければならない，ゆっくりと，徐々に前進しつつ。そしてさらに不連続の断片からそれをくみたてなければならない」（p. 484）。ラトゥールが自身の声明文に「コンポジショニズム」という旗印を掲げるのは，「それが，ものごとは異質さを保持しながら，まとめあげられなければならない（ラテン語の *componere*）ことを強調している」（p. 474）からである。彼はまた，コンポジショニズムを落ち着き（composure）と結びつけ，よって芸術，絵画，音楽，演劇，ダンスと結びつける。そして妥協（compromise）と妥協すること（compromising）に結びつけ，さらには堆肥（compost）と分解（decomposition）にも結びつける（p. 474）。このような作業は骨が折れるものであり，我々自身の成り立ちの条件に耳を澄ませなければならない。ラトゥールが見るところによれば，我々が向かい合っているのは未来ではなく，「手にしている課題にしっかりと注意を傾けること」（p. 487）によってくみたてられていくような数々の展望である。「用心し警戒しながら，気を配り，ゆっくりと動く」（p. 487）ことが求められるのだ。ラトゥールは述べる。「我々は，一つの共通世界をくみたてたいと願うなら，もっとずっと日常に根ざした，内在的で，より現実的で，より具体的な，物質世界についての定義をもつ必要がある」（p. 484）。

　けれども，ヨーロッパの政策に見られる「共通言語」が否定されるべきものであるならば，ラトゥールの「共通世界」が魅力的である根拠はどこにあるの

だろうか。ラトゥールのコンポジションという概念は，我々が自分たちの思考，したがって執筆において取りうる，自らの成り立ちの条件に対する態度に注意を向けさせる。その結果，我々は世界の複雑さに対して，またその世界で共に生きてゆく道を模索する自分たちの試みに対して，正当に向き合うことができるようになる。彼の説明は，個人の人生の軌跡に関わる直線的で時間的な物語としてのナラティヴや自伝の理解の仕方や，進歩の問題として見つけ出されるべきものとしての正義の理解の仕方を揺さぶる。これは，ギリシア古典文学の思想に引きつけられるフーコーの著作に見いだされる姿勢とも響き合うものである。すなわち，「倫理は，それ自体としては法律のようないかなる権威体系とも何の関係もなく，また規律の仕組みとも関係のない，実存の強力な構造でありえる」（Foucault, 1986, p. 348; フーコー, 2006, pp. 187-188参照）という思想である。こうした意味で正義という概念を捨てたとしても，倫理を捨てることにはならない。むしろ，倫理こそが，書き，話し，そして実に自らの声を見つけるという実践の中心にあるのだ。そしてスタンディッシュもまた，そうした意味での倫理に注意を喚起しているのである。

　ラトゥールの論の観点から見ると，問題は社会正義についての関心そのものではなく，この関心が表明される際の言語使用の仕方なのである。彼の見解からすると，教育研究における社会正義の言説は，別の時間——時間の中の時間——の条件から導き出されるものとみなしうる。したがって，それらの言説は，今日批判勢力となりえないばかりか，進歩，教育，人間主体についての一直線的で単一言語的な発話様式をいっそう定着させるものである。すなわち，スタンディッシュが警告を発しているように，道徳的に盲目であるかもしれないような様式である。会話と協働の間にカベルがつける区分は，言語使用の仕方の転換がもたらすものを示していると言えよう。すなわち，グローバル化や合意形成的な意味での共通のものから，共通世界へという言語使用の転換である。カベルは協働というものが，「正義の原理を遵守する方向で我々自身を改良しようとする試みの実現という意味で歴史をとらえる際，その結末として見られる現在である」と述べている（Cavell, 2004, pp. 173-174）。協働という考えに対するカベルの嫌悪感は，安易な解決という意味合いだけでなく，歴史的な正義の原理の遵守という意味合いにも向けられる。それに代わり，会話は，我々が

第5章　社会正義を求めて　　　113

共に生きていくことの必要条件としてもち出される。それは，他者に対する傾聴と応答性に基づくものであり，現行の政策に見られるような意味での解決や合意，共通性を含意するものではない。

3. 結　論

　私がここで試みているのは，スタンディッシュとカベルをラトゥールの企てと完全な同一直線上に並べることではない。むしろ，それぞれが，今日の思考ひいては研究を規定している言説からの解放，すなわち，政策の要求や競争力，類似性の要求に応えるという国際的な正統性を作り出す言説からの解放のあり方を提示するありさまを示すことである。スタンディッシュが記しているように，教育研究に行き渡っている正義の言説は，イデオロギー化する可能性がある。社会正義が追求される際のその独特の情熱が，社会正義に異を唱えることを難しくさせている。なんといっても，貧困，迫害，偏見は今でも満ち満ちているのだ。しかし，我々はこの事態に対して何をすべきかをすでにもう決定してしまったかのように見える。そして教育はいつもその解決策の一部なのだ。しかしながら同時に，我々は教育の失敗についても語っている。もはやかつての（近代の）確実性が効力をもちえない時が到来しているように思われる。にもかかわらず，少なくとも教育研究においては，確実性は依然として神聖視されている。

　この意味で，スタンディッシュの論考は助けを差し出すものではない。解決策を示してくれるわけではないのだ。しかし，そこにこそ彼のテキストの批判力がある。テキストは読まれ，耳を傾けられるべきものである。つまり把握という意味での理解の対象であるべきものではない。現在の危機を前にするとき，これは違和感を生むかもしれない。解決策が求められているからである。今すぐに。スタンディッシュのテキストと，カベルとラトゥールの著作が示そうとしているのは，いかに進むかを決めるために，我々は自らの成り立ちの条件に，注意を振り向けなければならないということである。それも，特別なやり方でである。彼らは，進歩を追求する中で既定の社会問題に対する解決策を見つけようとする「主観的」技術，という意味で研究（research）を「する」のでは

なく，むしろ，探しなおすこと（re-search），もう一度見つめなおすことを呼び
かけるのである。

注

1) ヨーロッパ連合（EU）の民主主義，透明性，効率性という原則にとって，対話
はその中心にある。http://europa.eu/lisbon_treaty/glance/index_en.htm

2) これらの政策に関してのより詳細な検討については，Hodgson, 2011, 2012を参
照のこと。

3) http://eacea.ec.europa.eu/citizenship/programme/about_citizenship_en.php

訳注1) コンポジショニズムという新語でラトゥールが意図しているのは，以下に続
く本論でホジソンが解説しているように，普遍主義にも相対主義にも陥らずに，
相容れない断片からある種の共有世界をくみあげていこうという包括的な思考様
式である（Latour, 2010, pp. 473-474）。この命名には，かつてスティーヴ・ウー
ルガー（Steve Woolgar）との共著で自身がその旗振り役と目されていた「社会
構成主義（social constructivism）」との距離感を示す意図が読み取れる。以下に
続く本文でも論じられるように，ラトゥールはラテン語（*componere*）に語源を
もつ "composition" という語に複数の含意をこめており（p. 111），単一の日本語
化を許さないため，訳語はカタカナ表記で「コンポジショニズム」とする。

参考文献

Biesta, G. (2009). "What Kind of Citizenship for European Higher Education?
Beyond the Competent Active Citizen," *European Educational Research
Journal*, 8(2), pp. 146-158.

Cavell, S. (2004). *Cities of Words: Pedagogical Letters on a Register of the Moral
Life*, Cambridge, MA: Belknap Harvard.

Cavell, S. (1990). *Conditions Handsome and Unhandsome: The Constitution of
Emersonian Perfectionism*, Chicago, IL: Chicago University Press.

Council of Europe (2008). *White Paper on Intercultural Dialogue*. Strasbourg:
Council of Europe.

Delanty, G. (2003). "Citizenship as a Learning Process: Disciplinary Citizenship
versus Cultural Citizenship," *International Journal of Lifelong Education*, 22(6),
pp. 597-605.

Europe for Citizens (2010). Consultation Meeting Harvest Letter.

Foucault, M. (1986). "On the Genealogy of Ethics: An Overview of a Work in Progress," in P. Rabinow, (ed.), *The Foucault Reader*, London: Penguin. (フーコー, M. (2006).「倫理の系譜学について——進行中の仕事の概要」『フーコー・コレクション5　性・真理』浜名優美訳, 筑摩書房)

Foucault, M. (1991). "Governmentality," in P. Rabinow, (ed.), *The Foucault Reader*, London: Penguin.

Hodgson, N. (2011). "Dialogue and its Conditions: The Construction of European Citizenship," *Policy Futures in Education* 9(1), pp. 43–56.

Hodgson, N. (2012). "Seeking a Common Language: European Citizenship and the Governance of Dialogue," in T. Besley and M. Peters (eds.), *Interculturalism, Education, and Dialogue*, New York: Peter Lang, pp. 145–163.

Hoskins, B., Jesinghaus, J., Mascherini, M., Munda, G., Nardo, M., Saisana, M., Van Nijlen, D., Vidoni, D., and Villalba, E. (2006). *Measuring Active Citizenship in Europe*. Luxembourg: Office for Official Publications of the European Communities〔Retrieved 03/02/2010 from: http://crell.jrc.ec.europa.eu/〕.

Latour, B. (2010), "An Attempt at a 'Compositionist Manifesto,'" *New Literary History,* 41, pp. 471–490.

Mayo, C. (2000). "The Uses of Foucault," *Educational Theory*, 50(1), pp. 103–116.

OJEU〔*Official Journal of the European Union*〕(2010). "Council Conclusions of 11 May 2010 on Competences Supporting Lifelong Learning and the 'New Skills for New Jobs' Initiative"〔http://eur-lex.europa.eu/LexUriServ/LexUriServ.do?uri=OJ:C:2010:135:0008:0011:EN:PDF〕.

Ranson, S. (2003). "Public Accountability in the Age of Neoliberal Governance," *Journal of Education Policy*, 18(5), pp. 459–480.

Rawls, J. (2005). *A Theory of Justice*, Cambridge, MA: Harvard University Press. (ロールズ, J. (2010).『正義論 改訂版』川本隆史・福間聡・神島裕子訳, 紀伊國屋書店)

Saito, N. (2005). *The Gleam of Light: Moral Perfectionism and Education in Dewey and Emerson*, New York: Fordham University Press.

Sakai, N. (1997). *Translation and Subjectivity: On "Japan" and Cultural Nationalism*, Minneapolis, University of Minnesota Press.

Simons, M. and Masschelein, J. (2008). "From Schools to Learning Environments: The Dark Side of Being Exceptional," *Journal of Philosophy of Education*, 42

(3-4), pp. 687-704.

Simons, M. and Masschelein, J. (2010). "Governmental, Political and Pedagogic Subjectivation: Foucault with Rancière," *Educational Philosophy and Theory*, 42(5/6), pp. 588-605.

第6章

人間存在の社会性と教育哲学の可能性
「社会正義とオクシデント」再考

三澤紘一郎

序

　世の中の多くの社会的，文化的活動と同じように，学問の世界にも流行りがあり廃りがある。古代ギリシア以降，ヨーロッパにおける倫理学の中心的な問いであった「正義とは何か」というテーマは，論理実証主義や言語分析の広がりに伴って20世紀に入り長らく下火であったが，ジョン・ロールズの『正義論』(Rawls, 1971) は，(英米圏の) 倫理学や社会哲学の主要テーマとして，正義についての議論を復権させることに成功した。『正義論』は流行を超えて新たな古典となり，刊行以後40年以上にわたってロールズの正義概念＝「公正としての正義 (justice as fairness)」は何らかのかたちで正義に関わる学術研究の課題設定とその語られ方を大きく規定してきた。個人と社会，選択と平等，多様性と包摂性など，社会正義に不可避的に関わるテーマを論じる教育哲学の言説もまた，当然のようにして，ロールズの正義概念 (とそれに対する批判) の影響を強く受けながら展開することとなった。

　ロールズの「公正としての正義」は思考実験から導かれる。「無知のヴェール」に覆われた「原初状態」において，社会の根本的なあり方についての取り決めをするときに当事者全員が採択するとされる社会契約の条項が，「公正としての正義」の実質をなす。それが正義についての二原理であり，基本的諸自由の権利は全員に平等に分配するという第一原理と，公正な機会均等を確保したうえで，最も不遇な人々の利益の最大化を図ることで社会的・経済的不平等を調整するという第二原理から成る (川本, 2005, pp. 290-291)。自律性を基に自由に政治的・道徳的選択を行うことができる自己を想定するロールズ流リベラリズムに対して，個人が道徳的・政治的行為の主体となることが可能なのは，個人に先立つ共同体の存在があるからだという観点から批判を加えてきたのが，

コミュニタリアン（共同体論者）と総称される人々である。「リベラル–コミュニタリアン論争」は，1980年代から政治哲学や関連分野を席巻し，膨大な量の注釈や二次文献を生み出してきた。

　この論争には——他の多くの論争と同様に——いくつもの誤解や混乱があり，一方の陣営がもう一方を完全にノックアウトするというかたちでの決着がついているわけではない。むしろこの論争の一つの方向性は，両コーナーに截然と別れたまま白黒をつけるのではなく，両陣営の論点を摺り合わせながら「承認の政治学（the politics of recognition）」として収斂してきているとみることもできる。もともと「承認の政治学」は，「リベラル–コミュニタリアン論争」において通常コミュニタリアン側に分類されるチャールズ・テイラーの用語であるが，ここでは，本書の序章に述べられているように，両陣営を跨いでロールズ，マイケル・サンデル，マーサ・ヌスバウムらへと展開されてきている，「多様な価値を承認し他者を尊重して共存することを提唱する政治へのアプローチ」（本書序章, p. 9）を内包した用語として使用する。

　ポール・スタンディッシュの「社会正義とオクシデント」は，しかしながら，この対話的で建設的に見える収束点に満足し̇な̇い̇。スタンディッシュの論考は，ロールズの正義論が敷いた社会正義についての思考様式に沿った研究が，現在の教育システムの不均衡で不健全な部分を明るみの下にさらけ出してきたことを否定するものではない（例えば，教育機会の均等性や配分をめぐる研究）。しかしスタンディッシュは，ロールズが築いた地盤があまりにも関連領域において強固な影響力をもってしまったがゆえに，彼の正義論に賛同するにせよ，それを批判するにせよ，社会正義に関わる研究のあり方，言説の方向性が無自覚に狭められ，ゆがめられてしまっているかもしれない可能性を指摘する。特にスタンディッシュが目を向けるのは，ロールズの問題設定の牢固たる枠組みの中で入り乱れている言説において，社会正義を担い，かつ享受する人間主体が，ある特定の語彙や語り口によってしか語られていないという点である。それゆえ，「社会正義とオクシデント」においてスタンディッシュは次のように言う。

　　私はここで，こうした言説［引用者注：ロールズの正義論が規定してきた思考形式］の一貫性と確かさが，人間主体（human subject）についてのある特定のとらえ方を

補強し，場合によっては異なる思考の道筋を通じた社会正義へのアプローチを排除するかもしれない，という考えを開陳してゆきたい。（スタンディッシュ，本書第1章，p. 25）

このような問題意識のもとでスタンディッシュは，人間存在の根幹には言語，そして広義の翻訳経験があるという代替的な主体性概念の視座を提供する。彼の目的は，ロールズが敷いた思考枠組みの中に埋め込まれている人間存在の条件に対する盲目性から，社会正義や人間の生を語る際の言語や思考を解放し，より豊饒な「社会正義」研究の可能性を切り拓いていくことである。

　本章で私は，スタンディッシュが言語とそこに内在する広義の翻訳経験に焦点を当てることによって描き出している主体性概念を，人間存在の社会性という観点から検討してみたい。まず，「リベラル-コミュニタリアン論争」における「リベラリズムの原子論的な方法論的個人主義は，個人のアイデンティティが社会的に構成されているという点を見落としている」というコミュニタリアン側からの主要な批判の一つを再考する。次に，コミュニタリアンの想定する「個人の社会性」——これが「アイデンティティ・ポリティクス」「承認の政治学」へと連なる——が，なお見損じている人間存在の社会性を考察する。最後に，「社会正義」研究の新たな地平を拓こうとするスタンディッシュの論考から示唆される，教育哲学の可能性について論じることで本章を締めくくる。

1.「リベラル-コミュニタリアン論争」

　個人と社会はどちらが先立つのか——社会は個人の集合の意思決定や合意の構成物であるのか，それとも，個人が社会の構成物であるのか。個人と社会の起源をめぐるこの問いに対する答えとしては，後者に分があるように見える。なぜなら前者の見方においては，その前提上，社会は，社会性というものをまるで欠いた個々人の合意や決定によって成り立っていることになるため，そのような社会と個人の関係の矛盾を指摘することは経験的にも概念的にもそれほど難しいことではないからである。経験的な主張は，例えば，個人の自己理解や自己アイデンティティ，善の構想，そしてより広くその個人の「世界観」と

いったものが，彼または彼女の属する社会のありように大きく依存しているという観察に基づき，概念的な議論は，例えば，社会的な背景を抜きにしては，個人は言語や思考それ自体をもつことさえできないという分析に基づく。

　社会が（その社会を構成する）諸個人に何らかのかたちで先行しているという，コミュニタリアンの間で共有されている見解からみると，ロールズ流リベラリズムの根幹にある原子論的な方法論的個人主義は，「道徳的に貧困，哲学的に単純，そして／あるいは社会学的に無知なもの」（スウィフト，2011, p. 191）に映る。例えば，コミュニタリアンの代表的論客であるサンデルは，リベラリズムの社会構想の背景にある「どのように生きるかを自由に選択することのできる個人」を，非現実的で非社会的な「負荷なき自我」（unencumbered self）と呼んで批判し，人間主体の社会的条件を織り込んだ「居場所を与えられた自我」（situated self）を対置する（サンデル，2009）。

　しかし自我の社会的条件への目配りをもって，「リベラル–コミュニタリアン論争」におけるコミュニタリアン側の勝利を喧伝するのはまだ早い。なぜなら，人間存在の社会的条件に対する無頓着という批判が，善の構想に先立つ手続き的な正しさを重視するリベラリズムの主張の核心を掘り崩すことに直結するわけではないからである（Mulhall and Swift, 1995, pp. 106-107）。錯綜したこの論争に見通しを与えてくれる著作をいくつももつアダム・スウィフトは，リベラリズムに向けられるコミュニタリアン側からの批判を7つにまとめたうえで，それらの批判はすべて，リベラリズムに対する反論としては有効に働かないと言う（スウィフト，2011, p. 194）。その批判の中には次のような2つの批判も含まれている——「リベラルは，個人が，社会的に構成されるというあり方を無視している」「リベラルは，共同的な関係や共有された価値，共通のアイデンティティの意義を理解することができない」（ibid.）[1]。

　たしかに，ロールズが人間存在の社会的条件に気づいていないという断定は素朴に過ぎよう。ロールズはその条件を織り込み済みで，そのうえで個人が帯びる現実的な社会的条件をいったん棚上げし，「原初状態」における契約への参加者としての個人の自由や，分配の正義，その手続きの正しさを論じているのである。なぜなら，個々人はどのような家族のもとに，どのような資質をもって生まれてくるかというようなことに何の責任もないからである。ロールズ

のリベラリズムが最も重視するのは，個々人がどのような善の構想を選びとるかではなく，またその善の構想を選びとるような個々人のアイデンティティ形成に貢献する各文化共同体の特質でもない。最重要視されるのは，善の構想について自ら決定し，それを理性的に練り上げていく自律的な能力（カントの議論に根ざす理性的主体の能力）と，個人がその能力を自由に発揮できることを担保する政治社会の手続きである。言い換えれば，ロールズのカント主義的リベラリズムは，善よりも正しさをリベラルな社会の中心原理とみなす[2]。人間の最も望ましい生き方を導くような国制が理想的だとするアリストテレスの目的論や，善とは快楽や幸福を最大にすることであり，最大幸福実現のための効率性という点から社会秩序を構想する功利主義と異なり，（カントや）ロールズは，善についての考え方から正しさを導き出す正義論に異を唱える（サンデル，2010，p. 282）。つまり，正しさを善に優先させ，好ましい生き方や善についての考え方を先取・断定しないという方針をとる。これに対してコミュニタリアンたちは，善を正しさに優先させる。個人に先行して歴史的に存在する共同体の中で育まれる善についての考えを抜きにしては，正しさを論じることはできないというわけである。

　ここに，テイラーが「すれ違い」（cross-purposes）の連続と呼んだ「リベラル−コミュニタリアン論争」の行き違いを見ることも可能だろう（Taylor, 1995）。テイラーは，社会的条件を人間存在の核に置く存在論的なコミュニタリアンたちの論点が，リベラルたちによって，「自律した個人を前提とした社会か，集団的目標をもつ共同体か」という社会体制の取り決めという論点へとずらされてしまうと主張する（ibid., pp. 181-184）。こういったすれ違いを含みながら，ロールズ流リベラリズムの注釈とそれに対する反論は，政治を，教育を，そして社会正義を論じる際の大きな地殻構造を決定し，学術研究の進路を大きく規定してきた。その共通基盤に流布する用語とは，例えば，「主体」であり，「自律性」であり，「合理性」であり，「差異」であり，「共同」であり，「相互承認」である。教育言説においては，そこに「個性」や「多様性」，「（不）平等」といった用語が加わることが多い。このような背景のもとに，多文化主義やアイデンティティ・ポリティクス，承認の政治学などが語られるようになり，そういった視座が教育言説へもち込まれると，差異と多様性を相互に承認し合いな

がら公共社会に参加する，自律した市民像をモデルとした「市民（性）教育」のような言説が流通することになる。

このような共通基盤から生み出される特定の語り口の狭隘さを問題視するスタンディッシュの「社会正義とオクシデント」は，人間存在の条件を広義の翻訳経験から捉えなおした人間の存在論であると言える。しかし先に見たように，人間存在の社会的条件を言い立てる存在論的な論点は，必ずしも個人の権利を基調とした政治論と矛盾するわけではない。コミュニタリアニズムとは異なる，言語存在としての人間というスタンディッシュの存在論は，「リベラル−コミュニタリアン論争」の枠組みを，そして「承認の政治学」の枠組みを解体して，我々が新たな語彙で，新たな視座で正義を，教育を，そして人間を語っていく方途を示し得ているのだろうか[3]。この問いに答えるために，次節では，スタンディッシュが，原子論的な方法論的個人主義にもコミュニタリアン流の社会的条件に規定された主体像というスペクトルにも収まりきらない人間存在の社会性を，どのように描き出そうとしているかに焦点を当てる。

2. 人間存在の社会性

前節までの議論を振り返ると，社会と個人との関係を考える際には，少なくとも二つのレヴェルの問いが存在していたことがわかる。一つは規範的なレヴェルであり，どのような道徳的義務が社会の構成員である個人を拘束するのか（あるいは社会や共同体に関与せずに，個人は価値や達成感のある人生を送ることができるのか）といった問いである。もう一方は存在論的なレヴェルであり，社会が個人に先立って個人のありようを形成するのか，あるいはその逆かという問いである（Mulhall and Swift, 1995, p. 103）。

存在論的な問いに対しては，コミュニタリアン的視点（社会が時間的に個人に先行し，その社会的文脈を内在化することによって個人は道徳的な存在となり，政治的行為の主体となることが可能になる）の方が，リベラリズム的な視点（個人は道徳的自律を有した存在で，政治的選択においても自己決定をすることができる）よりも，現実社会の人間のあり方に近い個人像を描出しているように見える。しかしここで留意すべきは，個人と社会の関係をめぐるその存在論的なレヴェルでの指

摘が，規範的なレヴェルでの問いに対する答えを必ずしも導くわけではないという点であった。人間存在のある種の社会的条件を指摘しても，そのことをもって個人に優越する価値を国家や集団に対して認めるような政治や道徳のあり方が，個人の自由と自律がその福祉にとって本質的なものであるとする「リベラルな個人主義」よりも優れているという結論を引き出せるわけではない。そしてそのことが「リベラル−コミュニタリアン論争」が設定した土俵を延命させ，教育や社会正義をめぐる語り口を大きく規定してきたと言うことも可能である。

　しかし，人間存在の社会性は，コミュニタリアンが指摘するような類のものに限定されているのだろうか。スタンディッシュは，人間主体の社会性を，個人と社会の関係から捉える上述の枠組みが唯一の定式化ではないという観点から，人間の存在論に対するもう一つの提案を行っているとみることができる。それは，言語と共に存在と倫理が同時に立ち現れることを描き出す，言語を媒介とした人間の存在論である。そしてそれが明らかにする人間存在の社会性は，人間の社会的条件をめぐる「リベラル−コミュニタリアン論争」の枠組みをはるかに凌駕しており，「優先されるべきは共同体や社会集団か，それとも個々人の権利か」という硬直した図式を乗り越える途を拓く可能性を示している。

　とはいえ，スタンディッシュの議論を理解するのは易しいことではない。加えて，人間主体の「社会性」を明らかにしようとする研究はさまざまな分野で活発に行われている。そのような雑然としたテーマの中で，スタンディッシュの議論の方向性についての見通しを得るために，ここでは『社会的自我』(*The Social Self*, 1995) というアンソロジーを編んだデイヴィド・バクハーストとクリスティン・シプノウィチの哲学者夫妻の分類にしたがって，人間主体の「社会性」をめぐる議論を「弱い議論／強い議論」そして「実在論的／非実在論的」という二つの軸に沿って整理してみたい[4]。「分析哲学と大陸哲学の間の創造的な緊張関係に独創的な視点を投じる」（スタンディッシュ (2012) への推薦文）と評されるスタンディッシュの論考を，分析哲学における議論でしばしば使われるカテゴリーに押し込めることは，スタンディッシュが乗り越えようとしている当の議論の枠組みそのものをもち込んでいるという批判を招くかもしれない。しかし，このようなカテゴリーが便宜的なものに過ぎないことを認め

たうえで，あえてこの「図式」をスタンディッシュ論理解の出発点とすること
は可能だろう。なぜなら，よほど極端な例を除くと，いかなる哲学者や思想家
も「図式化」や「一般化」などできないのであり，それにもかかわらず，それ
ぞれの論者のもつある種の傾向性を，彼らが好んで依拠したり，あるいは異を
唱えたりする人々との位置関係から概観しておくことは，より深い理解へ至る
ための有用な一歩であると思われるからである。例えば，一部のウィトゲンシ
ュタインの信奉者は，彼を哲学史上に位置づけることや彼の哲学を定式化する
ことを極端に嫌悪するが，A. C. グレーリングの言うように，それは「見通し
を得る」という段階では必ずしも建設的な態度とは言えない（Grayling, 2001,
preface）。

　まず前者の分類における「弱い議論」によれば，我々のアイデンティティは
社会的，文化的な影響を大きく受けており，社会的な文脈の中で個々人の気質
や性向が形づくられていく。教育や社会化を通して，我々は社会の価値や規範
を内在化し，そのことによって現に今あるような我々になる。一方の「強い議
論」は，「弱い議論」の主張を含み込みながら，それだけでなく，我々が人間
として考えたり行動したりといったより根源的な能力そのものが，そもそも社
会性が織り込まれた環境においてのみ，つくり上げられ得ることを主張する。
この議論によれば，我々のアイデンティティが社会的につくり上げられるとい
うよりは，アイデンティティを生成する能力そのものが，すでに社会性が織り
なす空間の中でのみ発揮され得るということになる。そして後者の分類におけ
る「実在論的」立場とは，社会的に構成されている人間主体の側面——原子論
的個人主義が捉えきれていない側面——こそが人間存在に関する本来の事態の
ありさまなのだと考える。他方，「非実在論的」な立場は，主体という用語（あ
るいは「自我」や「人格」といった代替語）で抽出される存在の，単一的な実在性
自体を疑問視する。

　人間の存在論的な側面についてのこれらの分類を活用してみると，コミュニ
タリアンが提唱している「個人の社会性」は「弱い議論」かつ「実在論」の象
限のどこかに位置すると考えられる。なぜなら，コミュニタリアンの論点は，
個人に歴史的に先行する社会・文化・共同体における伝統や慣習が個人のアイ
デンティティ形成に色濃く反映されるというものであり，彼らの主張は，そこ

第6章　人間存在の社会性と教育哲学の可能性　　125

で特定されるアイデンティティの差異を認め合うこと（＝「承認の政治学」）を
主眼としているからである。一方，スタンディッシュの議論は「強い議論」と
「非実在論的」立場に親和的だとみることが可能だろう（バクハーストとシプノ
ウィチは，自己を近代ディスコースのフィクションと捉える「非実在論的」な視座をも
つ代表者として，ミシェル・フーコー，そしてジュディス・バトラーなどの「ポストモ
ダン」フェミニストを挙げている（Bakhurst and Sypnowich, 1995, p. 8）。ここでスタ
ンディッシュの論を「強い議論」と「非実在論的」立場に親和的だとみなすことによっ
て，ときに彼に向けられる「ポストモダンの亜流」，「相対主義への傾斜」という批判を
助長してしまうことは私の意図ではない。そして，そのような印象を与えかねないこと
が，ここで導入した図式の限界であることは間違いない。しかし，そのような安直な批
判とスタンディッシュの実際の議論との区別に注意を払いながら彼の論考に迫っていく
ことが，彼の議論を理解する一つの建設的な方法であるように私には思われる）。なぜ
なら，スタンディッシュの「翻訳経験」に基づいた主体性の捉え方は，人間の
主体性と自己意識が直線的に結びつくことによってアイデンティティが特定さ
れるという主体概念ではなく，そういった人間の把捉を超える言語の自律性と
それがもたらす揺らぎの受容者としての主体というものだからである。スタン
ディッシュは言う。

> 翻訳者は通常，究極的に満足のいく解決がないような，意味の間の溝に直面する。そ
> の結果，翻訳者は，判断の空間[5]を経験する。それはまさに，翻訳者が直面する困難
> を解決するための規則が存在しないような空間である。（本書第1章, p. 34）

ここでの「翻訳者」は，「英語」や「日本語」，「中国語」といった異なる言
語体系の中で意味を移し替えようとする一般的な意味での「翻訳者」のみを指
すのではない。もちろん，スタンディッシュも認めるように，「異なる言語が
世界を異なるしかたで分け，多様なパターンの概念的つながりや思考の異なる
可能性を生み出すという，おなじみの指摘」（本書第1章, pp. 29-30）もまた，く
り返し主張されるに足る指摘である。例えば「右」や「左」に相当する言葉を
もたない言語の存在は，あえてそういった「気づき」を促されなければ，母国
語による世界の把握の仕方にどっぷりと浸かったままその盲目性を顧みること
さえ稀な我々人間の思考の硬直化の歯止めとなり，また「伝わればそれで十

分」という公用語としての英語が掬いとれないものごとのあり方に目を向ける
きっかけともなる。しかしスタンディッシュのここでの議論の眼目はむしろ，
この翻訳経験は，母国語の言語経験内においても常に行われているという点に
ある。つまり，「翻訳経験」は言語を用いて生きている我々全員が免れような
く常に経験せざるを得ないものなのである。このような「翻訳経験」を絶えず
くり返しながら生を営んでいる存在という主体像は，「リベラル–コミュニタリ
アン論争」における両陣営が描き出していた固定的な人間像を共通基盤として，
肯定されたり否定されたりする主体観とは大きく異なる。スタンディッシュの
指摘は，英語という「単一言語話者」の言語の限界／思考の限界を明るみに出
すだけでなく，そこで生まれた特定の語り口に乗って世界中を席巻する学術用
語の射程の狭さ，それを用いた学術研究の針路の制約を顕在化させている。

3. 教育哲学の射程

　我々はスタンディッシュの論考から何を受け取ることができるのか。その重
要な一つは，学問的制度化の中で起こりがちな知的怠惰からの解放であるよう
に思える。政治や教育を，そして社会正義を議論する際に最重要視されるべき
は，自律的・合理的選択者としての個人なのか，個人に先行する歴史性を帯び
た社会集団なのかという政治哲学・教育哲学を強く規定してきた枠組み——
（意識的にしろ，無意識的にしろ）そこに足場を置き，そこから自分の立ち位置を
見つけ出すというような「単一言語主義」が確立している前提——から離脱す
ることである。

　スタンディッシュは，硬直化した人間主体像に揺さぶりをかけることで，
「社会正義」という概念をより広い可能性へと解放しようとする。そこには，
現在浸透している「社会正義」ならびに「人間主体」という概念が，英語圏で
流布する言語使用の背後にある，単一言語主義的な言語観に根ざしたものにす
ぎないという分析がある。スタンディッシュは，人間主体を織りなす基礎を，
他性の受容を通じて主体の基礎なるものを崩す「翻訳経験」と不可分な会話の
あり方に見いだす。そうすることで，従来の研究枠組みでは忘却されていた，
他性に開かれた人間存在のありようを最も根源的な意味での「社会性」という

観点から浮かび上がらせようとする。つまり，「契約」や「承認」に基づいた責任ではなく，他性への応答（responsiveness）としての責任（responsibility）と共にある存在である。それゆえ，形而上学的な問いを掘り下げることによって会話を担保している最基底部にたどり着けるという意味での「基礎づけ主義」は放棄しつつも，スタンディッシュは，スタンリー・カベルによるウィトゲンシュタイン解釈やラルフ・ウォルドー・エマソンに見られる思考の解釈に依拠しながら，受容的で応答的な責任とともに我々が生きることを可能にする，いわば別の種類の「基礎づけ」──「基礎づけることとして発見すること」（finding as founding）（齋藤, 2009, p. 208）──を会話の中に希求する。

　つまりスタンディッシュは，「人間主体（human subject）についてのある特定のとらえ方」を掘り崩すことで「ある特定の類の言説の支配」という陥穽を乗り越える道を提示しているのである。酒井直樹の主観と主体に関する論考と，ロールズが「協働」という概念を強調していることに対するカベルによる批判を手がかりにしたうえで，スタンディッシュは「正義についての理解に会話的な次元を取り戻すことが，一層『主体』に根ざした関心事へと正義の概念を開くことの出発点となるかもしれない」（アルシラの表現, 本書第3章, p. 76）と論じる。この論点は次の一節に鮮やかに示されている。

> カベルは，「会話」（conversation）の2番目の音節（"-vers-"── reversal［反転］, diversion［迂回］, averse［忌避する］などを参照）に，思考の転換（turning）が示唆されており，思考は，直線的で体系的な筋をたどる際，もっぱら前進することはできず，多くの点において最良の形では進まないと考える。会話に開かれていること，転換させられることへの覚悟（形づくられ，適合させられ，ときには迂回させられ，ときには拒絶されることへの覚悟）には，私が自分自身のアイデンティティを強化しようとしないことが必要である。むしろ，新しい可能性への覚悟──つまり，なりゆくことへの覚悟──が必要なのである。（スタンディッシュ, 本書第1章, p. 37）

「リベラル–コミュニタリアン論争」とそこから生まれてきた「承認の政治学」においては，正義は個々人が他者へ向かって行う正当化とみなされ，それを社会的に制度や規範としてどのように現実化していくかという観点から，その正当化や承認の手続き自体が定式化されたり，慣習化されたりしてきた。こ

れに対してスタンディッシュは，人間主体の根幹に非直線的で，ときに非継続的ですらある思考（会話）＝「翻訳経験」を見てとり，そこから正義概念の新たな可能性を拓いていこうとする。彼の正義についての議論は，ロールズの正義論の影響を強く受けて展開してきた，英米圏の教育哲学に見られる主体性概念と正義論のディスコースが覆い隠してしまっている人間の生のありよう，つまり，他者への受容と応答の絶え間ない過程と共にある人間主体を浮かび上がらせることから始まる。

　1960〜70年代にイギリスで教育哲学が学問分野として体系化され確立された時期に，その中心的指導者だったリチャード・ピーターズ，ポール・ハースト，ロバート・ディアデンらが目指したのは，「リベラル・エデュケーションの哲学」であったとスタンディッシュは『自己を超えて』で論じている（スタンディッシュ, 2012, pp. 11–16）。当時，英米圏において支配的であった分析哲学の影響下にあったため「分析的教育哲学」と呼ばれることの多い「リベラル・エデュケーションの哲学」は，ルソーやジョン・デューイの思想のもと権勢を誇っていた進歩主義教育，子ども中心主義に対する懸念から生まれた（アメリカでは，同時期に同様の役割をイズラエル・シェフラーが果たしたと言える）。子ども中心主義が教育方法に重点を置いていたのに対して，リベラル・エデュケーションの哲学はより教育内容に力点を置いた。つまり，前者が子どもを初めから自由な存在と捉え，その自由を社会環境に歪曲されずに十全に伸ばしていくことを志向した一方で，後者は自由を「教育を通じて，すなわち精神の漸進的な発達を通じて達成されるべき状態であると理解」（ibid., p. 14, 強調は原文）し，知的伝統へ子どもをいざなうことを目標としていた。本書の序章においてもスタンディッシュらは述べている。

　　教育内容への力点は，心［原文：mind］の概念に関連している。人間の心は身体の
　　一器官としてのみ理解されるべきではなく，むしろ文化的手ほどきを通じて形成され
　　るようなものである。（本書序章, p. 6）

　ここからわかるのは，教育哲学を体系化したリベラル・エデュケーションの哲学者たちとスタンディッシュは，前節で私が「人間存在の社会性」と呼んだ論点を，ある程度まで共有しているということである。そこで導入した分類観

第6章　人間存在の社会性と教育哲学の可能性　　129

点からすると，おそらくリベラル・エデュケーションの主唱者たちが主張していたのは，（彼らをコミュニタリアンと括ってしまうことは必ずしも正しくないにせよ）「弱い議論」と「実在論」の組み合わせに近いものであっただろう。それゆえ，スタンディッシュはこの「リベラル・エデュケーションの哲学」に全面的に賛同するわけではない。しかし，「リベラル・エデュケーションの哲学」にはたしかに人間の生の条件に対する感度が見られ，スタンディッシュもそれを「豊かな思想」（本書序論）と呼ぶことにやぶさかではない。スタンディッシュが批判の矛先を向けるのは，その「リベラル・エデュケーションの哲学」を継承していると自負する人々——ジョン・ホワイト，ハリー・ブリックハウス，イーモン・カレンなど——であり，スタンディッシュはこれらの人々の思想潮流を「リベラル・エデュケーションの哲学」から区別し，「リベラルな教育哲学」と呼ぶ（スタンディッシュ, 2012, p. 15）。

　「リベラルな教育哲学」は，「リベラル・エデュケーションの哲学」に顕わになっていた二つの自由のうち，一方を極端なかたちで強調することにより，政治や教育をめぐる言説の思考様式を矮小化してきたとスタンディッシュは批判する。二つの自由のうち一方は，自然状態に留まったままでは惑わされてしまう幻影からの解放というプラトンの洞窟の比喩以来の自由概念であり，リベラル・エデュケーションの哲学者たちはその系譜を，より直近にはマイケル・オークショットから受け取った。もう一方は，ジョン・スチュワート・ミルとイマヌエル・カントの政治的リベラリズムに起源を求めることのできる自由，すなわち「自らが自分自身で合理的に行った選択に従って行為するための自由」（ibid.）である。スタンディッシュの診断によれば，現今の教育哲学の主流をなす「リベラルな教育哲学」者たちが後者に偏向した自由概念を「リベラル・エデュケーションの哲学」から継承することによって，「……最近の教育哲学では，プラトンとオークショットからの継承は徐々に否定され，自律性の問題と選択の促進が，一層のこと前面に出るようになっている」（ibid.）という。このことは，カント主義的なロールズのリベラリズムが近年の教育哲学で絶大な影響力をもち，教育をめぐる言説の思考様式を大きく規定してきたことと符合している。

　従来の形而上学的な問いを捨て去った後に創造していくべき基礎を会話——

その担い手は自律的で不動のアイデンティティを備えた主体ではなく，常に変遷の途上にありつつ崩され続ける主体，言語共同体の実践の中で試され続ける主体である——の中にみるというスタンディッシュの描図の重要性を認めることは，もちろん，より具体的で巨視的な観点から社会的な問いを立てることがもうその使命を終えたということを意味するわけではない。ロールズの「無知のヴェール」は思考実験であって，実際には，人々は自分たちの資質や社会内での位置，（自分にとっての）よい生き方に関する見通しといったもの——人々を今ある状態へと位置づけている現実的な文脈——をかなり敏感に感じ取っている。つまり，各人の当座の主体性——たとえそれが狭隘な主体性概念に基づくものだとしても——は，各人が携わる会話のスタートラインを大きく決定する基礎的な（社会的，政治的，経済的，教育的……）構造に埋め込まれており，そうした観点からの主体性をめぐる問いは決して捨て去られるべきでない。にもかかわらず，そうした研究のディスコースが唯一の研究の言語であるという「単一言語主義」に絡めとられてしまってはならない。

　人間存在の，いわばもうひとつの社会的条件としての「翻訳経験」に着目し，言語との関わりを通じて翻訳され続ける主体性概念から社会正義を汲み上げていくという作業には終わりがない（そしてその終わりのなさこそが，固定化や膠着化を許さない最も広い意味での「教育」プロセスが人間の生の根幹にあることを示している）。その終わりのなさにめげず，倦むことなく探求し続けていくことのできる強靱かつ誠実な知的態度こそが，英語圏で流通している政治言説とそれに準じる教育言説の硬直的な枠組みから学術研究を解放し，言語存在としての人間のあり方についての考察から教育を，社会正義を語ることを可能にする。このことは，教育哲学を学問的に組織立てることに大きく寄与した「リベラル・エデュケーションの哲学」を正当に引き継ぐというだけにとどまらない。いくつもの場でスタンディッシュが展開しているように（Standish, 1999; 2007; 2011; Saito and Standish, 2012），従来の（純）哲学の議論の問題設定（例えば知識や善さをめぐる議論）を，広義の「教育」という視点から捉えかえしてみることの必要性と重要性を示している。この意味での「教育哲学」には，「リベラルな教育哲学」はもとより，「リベラル・エデュケーションの哲学」をもはるかに超える学問的意義と領域が広がっている。その道を押し拡げていくことは，「社

会正義とオクシデント」から投げかけられる問いを引き受けて思考する，我々の責務であろう[6]。

注

1)　その他の五つの批判は以下のとおりである。リベラルたちは，「人々が，利己的——あるいは，エゴイスティック——であると想定している」「最小国家を推奨している」「義務——あるいは，責任——よりも権利を強調している」「価値は，主観的——あるいは，相対的——であると信じている」「誤って，国家は中立的でありうるし，そうあるべきだと考えている」（スウィフト，2011, p. 194）。

2)　テイラーが指摘しているように，「人間主体が第一義的には自己決定的ないしは自己表現的な選択を行う主体であるというこの見方」を「強い力と知性によって主張してきたのはアメリカ合衆国の自由主義思想家たち」（テイラー，1996, p. 79）であるという点も示唆的である。

3)　例えば，コミュニタリアン論者として位置づけられるテイラーも『自我の源泉』（1989）をはじめとした著作で，言語存在としての人間という主張を提示している。

4)　これらの分類のどこに人間存在の「社会性」を位置づけるかによって，論者によっては，subject ＝主体という表現ではなく，self ＝自己／自我や person ＝人格，individual ＝個人，agent ＝行為者などを代替語として用いる。しかし，バクハーストとシプノウィチも指摘しているように，これらの代替語によって「人間主体」の本質が明確になっているとは言い難い（Bakhurst and Sypnowich, 1995, p. 7）。

5)　「ひとつの言語，ひとつの世界——教育を測る共通尺度，教育が測る共通性」（本書第7章）においては，同様の趣旨で「責任と判断［審判］の空間（the space of responsibility and judgment）」という表現も使われている（本書 p. 145）。

6)　この点は特に「教育哲学」研究者に，自分（たち）の研究の役割と貢献先に関しての再検討を迫る。教育に関する哲学研究を本義とする教育哲学研究は，教育研究の中ではきわめて強い学問志向をもちながら，大学組織の編成においては教育学部や教育学科で研究・教授されることが多いため，他の哲学研究者からは実践志向の応用哲学の一分野とみなされることが多い。このような学問としての宙づり状態に対して，教育哲学研究者たちが確固とした独立専門領域としての「教育哲学」を築き上げてきたことは，専門学術誌の拡張や国際学会の充実などの点からみると明らかである。しかし，教育哲学研究者たちは，教育哲学界においての

み群生し，安住する存在であってはならない。教育に関する哲学研究である教育哲学は，少なくとも三つの分野──（1）教育界（2）哲学界（3）教育哲学界──に貢献し得る。教育哲学者が（1）教育界と（2）哲学界から遊離して（3）教育哲学界に内向することを押しとどめるその道筋の一端を，スタンディッシュの論考は示していると言えるだろう。

この注で触れた諸点については拙論（Misawa, 2016）で詳しく論じた。

参考文献

アルシラ，R. V.（2018）.「社会正義とその否定の諸形態」［本書第 3 章に所収］.

Bakhurst, D. and Sypnowich, C.（1995）. "Introduction: Problems of the Social Self," in D. Bakhurst and C. Sypnowich（eds.）, *The Social Self*, London: Sage Publications, pp. 1–17.

Grayling, A. C.（2001）. *Wittgenstein: A Very Short Introduction*, Oxford: Oxford University Press.

飯塚智（2002）.「チャールズ・テイラーの人間存在論」『人文論究』52(3), pp. 115–126.

門脇俊介（1998）.「多文化主義の時代における合理性の擁護」『新・哲学講義──①ロゴス　その死と再生』野家啓一ら編，岩波書店.

川本隆史（2005）.『ロールズ──正義の原理』講談社.

Misawa, K.（2016）. "No Need to Worry: Multiple Profiles of Philosophy of Education in, and in Relation to, the World of Education and the World of Philosophy," *Philosophical Inquiry in Education: The Journal of the Canadian Philosophy of Education Society*, 23(2), pp. 203–211.

Mullhall, S. and Swift A.（1995）. "The Social Self in Political Theory: The Communitarian Critique of the Liberal Subject," in D. Bakhurst and C. Sypnowich（eds.）, *The Social Self*, London: Sage Publications, pp. 103–122.

Rawls, J.（1971）. *A Theory of Justice*, Cambridge, Mass: Harvard University Press.

齋藤直子（2009）.『〈内なる光〉と教育』法政大学出版局.

サンデル，M.（2009）.『リベラリズムと正義の限界』（原著第二版）菊池理夫訳，勁草書房.

サンデル，M.（2010）.『これからの「正義」の話をしよう──いまを生き延びるための哲学』鬼澤忍訳，早川書房.

Saito, N. and Standish, P.（2012）. *Stanley Cavell and the Education of Grownups*, New York: Fordham University Press.

Standish, P. (1999). "Education without Aims?" in R. Marples (ed.), *The Aims of Education*, London: Routledge, pp. 35-49.

Standish, P. (2007). "Rival Conceptions of the Philosophy of Education," *Ethics and Education*, 2(2), pp. 159-171.

Standish, P. (2011). "The Philosophy of Education and the Education of Philosophy," *BAJO PALABRA. Revista de Filosofía. II Época, N° 6*, pp. 45-46.

スタンディッシュ，P. (2012).『自己を超えて――ウィトゲンシュタイン，ハイデガー，レヴィナスと言語の限界』齋藤直子訳，法政大学出版局.

スウィフト，A. (2011).『政治哲学への招待――自由や平等のいったい何が問題なのか』有賀誠・武藤功訳，風行社.

Taylor, C. (1989). *Sources of the Self: The Making of the Modern Identity*, Cambridge, Mass: Harvard University Press.

Taylor, C. (1995). "Cross-Purposes: The Liberal-Communitarian Debate," in C. Taylor, *Philosophical Arguments*, Cambridge, Mass: Harvard University Press, pp. 181-203.

テイラー，C. (1996).「承認をめぐる政治」エイミー・ガットマン編，佐々木毅・辻康夫・向山恭一訳，『マルチカルチュラリズム』岩波書店.

第 2 部

〈翻訳〉のさなかにある社会正義

第 7 章

ひとつの言語，ひとつの世界

教育を測る共通尺度，教育が測る共通性

ポール・スタンディッシュ

齋藤直子 訳

文化の多様性に対して，また文化の多様性が啓蒙主義と対立するという感覚に対して異議を差し挟むのは，「宗教」という概念（これ自体がおそらく西洋独自の概念である）や「歴史」という概念（ここ 2 〜 3 世紀の間に西洋では特別な意味合いをもつに至った概念である）を考えればわかるように，もうそれだけで，狭量にすぎる振る舞いといえる。おそらく，われわれ西洋の人間は，人類の文化的多様性という富について，あまりに狭すぎる意味でとらえてきたのである。そして，おそらくそのせいでいっそうのこと，われわれのなかの一部の人々が安易に思い描いてしまう考えがある。単一の言語，単一の文学，単一の音楽，単一の芸術，単一の政治——要するに，単一の文化——から構成される世界，という考えである。(Putnam, 1994, pp. 182-197)

以上の引用文のもととなる論文の中で，ヒラリー・パトナムは「倫理学は普遍主義的であるべきか，それともむしろ特定の伝統や文化の生活形式に根ざすべきなのか」という問いについて，二つの支配的な思考潮流に即して論じている（ibid., p. 182）。一方でパトナムは，ジョン・ロールズの政治哲学に着目し，彼を当時存命中の最も偉大な社会倫理学者と評価している。ロールズの哲学を普遍主義的なものとして描くことがどの程度適切かが，ロールズ自身の，自分は倫理学の「基礎づけ」について論じているのではなく，フランス革命以来の西洋中産階級の民主主義が直面してきた問題，すなわち平等と自由の葛藤という問題に取り組んでいるのだ，という主張に耳を傾けることによって，明らかにされる。パトナムは，「普遍主義的」な倫理学の理論についてロールズがますます悲観的になっていったと述べている。他方でパトナムは，西洋の諸価値がもはやいかなる生命力ももたないと信じることなどホロコースト[1] の後では不可能であろう，とするジョージ・スタイナーの論にも言及している[2]。この点についてロールズとスタイナーの両方の考え方を一緒にしようとして，パト

ナムはある種の窮地に至る。

> もしロールズが正しいのであれば，倫理学理論は特定の伝統の枠組みを必要とするように思われる。伝統の枠組みは，倫理学理論が投げかける問いを中身のあるものにし，問いを議論するために不可欠な，共有される想定という枠組みを提供する。しかし支配的な西洋の伝統が行き着いた惨状は，ロールズの提案，すなわち，啓蒙主義の基本的諸価値はそのまま前提とした上で，それら諸価値の間の葛藤にどう決着をつけるかについては冷静に議論する，という提案を実行する可能性について，少なくとも一部の人々に疑念を生じさせる。(ibid., p. 183)

パトナムは，啓蒙主義の掲げる自由，平等，友愛といった価値を捨てるつもりはないと断言している。しかし同時に，おなじみの回答——つまり悪いのは価値観ではなくて，単にわれわれによる価値観の遵守の仕方であるという回答——には懐疑的である。この懐疑的主張は，自由，平等，友愛といった価値が何を意味し，どう解釈されるのかがはっきりしないということ——例えば，自由と平等の異なるとらえ方の間の食い違い——を考慮すれば切実なものとなる。したがって，価値の内容とその遵守の仕方を区分するという発想があまりに単純すぎることは明らかである。しかし，彼がさらに強調するのは，多くの人々が啓蒙主義の諸価値に不満足であるという事実から目をそらすべきではないということである。続いてパトナムは，バーナード・ウィリアムズの著作における「距離の相対性」(ibid., pp. 191-192)[3] への転回といわれるものを，プラグマティズムの道徳的な可能性およびコミットメントと比較考量し，ウィリアム・ジェイムズの引用をもって結論とする。

> すべての理想を見通せる人は誰もいない。誰も決してそれらを即座に判断できると思い込むべきではない。他の人々が抱く理想について独断的に断定を下せるというおこがましい思い込みは，多くの人間のなす不正や残虐行為の根源であり，必ずや天使を嘆き悲しませるであろう人間の性向である。[4] (ibid., p. 196)

私はパトナムが提起する大きな問題にあらゆる角度から取り組むつもりはない。むしろ，他の多くの諸側面の要ともいえるこの論文のひとつの小さな側面に的を絞ってみたい。冒頭に引用された，単一の言語，単一の文化という思想

は，パトナムを回顧に向かわせる。彼は，啓蒙主義の思想家の大半がそのような考えを支持すると言うつもりはないが，一部には当てはまると認める。パトナムが思想家として人間としてその器量を評価しているルドルフ・カルナップは，「すべての x について，計画性のある x のほうが，無計画な x より優れている」と強く信じて疑わなかった。パトナムは以下のように続ける。

> したがって，すべての人が（専門的研究のために記号論理学の表記法を使用する科学者は例外として）エスペラント語を話す社会主義的世界という考えを，カルナップは気に入ったであろう。最近私は，単一の言語，単一の文学しか存在しないとすれば，それは悪い考えではなかろう，といたって気軽に口にする学生と話をする機会があった。その学生が言うには，「われわれがそうした状態に慣れれば，それは戦争を未然に防ぐ助けとなるかもしれない。」(ibid., p. 185)

私は，単一の言語・単一の文化，単一の教育という考えの中の何が天使を嘆き悲しませることになるのかについて考えてみたい。そのために，歴史的・逸話的な回り道をすることになるが，なぜこれが正当なやり方であるかを示せばと思う。起源の言語であれ，来るべき言語であれ，単一の言語が存在するかもしれないという思想は，人間と，そしてとりわけ教育についての考えがその影響を受けずにはいられないような，意味の性質についての問いを生み出すことになる。

1. 伝達手段としての言語，名としての言語

1926年，ゲルショム・ショーレムは，フランツ・ローゼンツヴァイク宛に，彼の40歳の誕生日を祝う手紙を書いた。すでにその時ローゼンツヴァイクは病気で体が不自由になり話ができない状態であった。ショーレムは当時のシオニズムと，その運動の一部であった生きた言語としてのヘブライ語の復興に深く傾倒しており，パレスチナに住むためにすでに3年前にベルリンを去っていた。しかし「われわれの言語についての信条告白」(Bekenntnis über unsere Sprache)と題された手紙は，その復興の試みの仕方に対する失望の念を響かせた情熱的な悲嘆の表明であり，特に神聖な言語が「伝達的言語」，すなわちコミュニケ

ーションの言語に成り下がり，ゆえに世俗的なものとなっている状況を嘆くものである。こうした事態が生み出した脅威を伝えることがその手紙の趣旨である。

　以下の二つの要因によって，この手紙にまつわる緊張関係はいっそう拡充する。第一に，ローゼンツヴァイクはシオニズムこそがメシア主義の世俗化であり，したがってそれはドイツのユダヤ民族を内部から改革する必要性に背くものであると見なした。ショーレムはこの見解を十分認識していた。というのも，この問題をめぐる対立は，その何年か前から，二人の間に決定的な決裂をもたらす原因となっていたからである。第二に，ショーレムはローゼンツヴァイクが「快方に向かっている」と思い込んでいたが，実のところ，彼の状態は悪化し，末期に至っていたのである。後にショーレムは述べている。「ローゼンツヴァイクがそのときすでに彼を死に至らしめた病，側索硬化症の第一段階に入っていたと知っていたなら，われわれ双方にそうした［対立］感情をかき立てるような，微妙な話題をもち出すことはなかったであろう」(Scholem, 1980, p. 140)。

　ショーレムは，自らとローゼンツヴァイクを転換期の世代に属する者と見なしており，その手紙には，「われわれの子どもたち」に対する責任意識がみなぎっている。彼らが共に互いに信奉するメシア主義においては，変革が史上命令であったことを考慮することなしにこの責任意識を理解することはできない。手紙の語調は予言的であり，その手紙の終末論的な力が「われわれ」という言葉によって強調されている。いったいそれは何を証言するものなのであろうか。

　言語は［人工的な国際補助語である］ヴォラピューク（Volapück）に，すなわち多目的で最大の効率を上げるコミュニケーションの手段へと堕落した。そこでは固有名の意義が拭い去られている。人々は生じている事態に気がつかず，自らが使っている言葉の平板な空虚さに無頓着である。生き返らされた言語――「魔法にかけられた」「悪魔的な」「魔法使い」[訳注1]――を操るのに巧みな人々は，「深淵」（2ページに5回も使われている語）の上で安泰としている。現行の世代でも，神聖な言語についての素養をもった良心的な人々は，この新たな「思慮なき会話」の凡庸なやりとりの中で，「宗教領域に由来する言葉が，慰めを与えるはずのところでわれわれを恐怖に突き落とす」のを感じて身震いす

る（Scholem, 1926, in Derrida, 2002, pp. 226–227）。新たに世俗化されたこの言語に晒される子どもたちは，その下に横たわる神聖な言語を知らないまま成長していく。彼らはこの新たな「無表情な言語的世界」に飼い馴らされ，そこでは言語の根源的な力が取り除かれてしまう。

　しかし，深淵とはいったい何であろうか。第一に，危険と審判という原型的なイメージを挙げることができようが，これに関連して，第二に，ある種の底なし，あるいは基礎の不在という意味もあり，さらには第三に，未知の暗黒という意味もある。こうした意味合いにとって重要なのは，浸透する理論化とは逆行する言語についての理解のしかたであり，ここにおいてこの新しい「エスペラント」に対する非難はより深遠な様相を帯びることになる。というのも，ショーレムが主張するように「言語は名である［Sprache ist Namen］。名の中に言語の力は封入され，名の中に言語の深淵は封印される」からである。現行の世代は，このことを徐々に否定して生きるようになっているが，神聖なものがもつ力は究極的に抑えられないであろう。なぜなら，名はそれ自身の生命をもつからであり，それなくしては「われわれの子どもたちは……虚無の中に絶望的に見捨てられてしまうであろうからだ」（Scholem, 1926, in Derrida, 2002, p. 227）。

2. 二つの場所の狭間で

　私の議論は，ジャック・デリダが「言語の眼」という謎めいた題の論文の中で行っている，この手紙についての示唆に富む論評に基づいている[訳注2)]。この手紙の原文は，論文の補遺として掲載されている（Derrida, 2002）。デリダの読解は，この個別の歴史的な瞬間を超え，言語と伝統，および世代間の関係をめぐる問いへと広がる形で，手紙の含意を一般化する。デリダは，ヘブライ語の特殊な地位についてよりも，もっと一般的に，言語内部における聖と俗の関係に関心を抱いている。そこでまず，ショーレムが表明する瀆神についての懸念をデリダがいかに描き出しているかについて見てみよう。

　この言語的な悪は，それ自身一カ所にとどまることも，限界を定められることもない。

それは，情報とは完全に区分されるものへと根源的にあるいは本質的に運命づけられている言語を，コミュニケーションの一手段に堕落させてしまうのであり，まさにそれゆえに，コミュニケーションの一手段に影響を及ぼすだけでは収まらない。人は言語を変化させるが，何よりも先に，名を情報媒体へと変化させる。……悪は，シオニスト——自らをシオニストと信じているが，実のところ，そう自称する権力をもっているにすぎず，シオニズムの曲解者であるにすぎない人々——が言語の本質を理解しないという事実に起因する。彼らはこの深淵的な神秘をひとつの問題として取り扱う。悪くすれば，局所的で，特殊で，限定された，言語技術的ないしは政治技術的な問題として取り扱う。こうしたわけで彼らは眠りの状態にあって，ある日，破局的事態の間際に，それどころかそのただ中ですら，目を覚ますことになるのである。神聖な言語が罰として回帰し，亡霊を / 連れ戻す（revenance）。その瞬間に。(Derrida, 2002, pp. 194-195)

　この堕落した言語を用いる人々が陥っている盲目状態は，言語の魔法使いだけの無能力ではない。「盲目の人間が，つまりわれわれのほぼ全員が，この言語を用いて，深淵の上で，生きているのである」(Scholem, 1926)。
　デリダは，この手紙を，「一致なき往復書簡」(correspondence without correspondence)(Derrida, 2002, p. 194) と呼び，ショーレムとローゼンツヴァイクの間の溝を認めている。こうして差異の経験は，「信条告白」のみならず，その読解それ自体をも条件づけることになる差異の経験である。そして，のちにこの差異の経験は，以下に考察するように，中心的な問題をめぐるデリダのショーレムからの差異において増幅されることになる。
　デリダはショーレムの立場を以下のように特徴づけている。「神聖な言語として，ヘブライ語は死語——日常では使われず，使うべきでない言語——であると同時に，一般に生きた言語と呼ばれるもの以上の生命力をもっていた。」しかし，その復興した形態におけるヘブライ語は，「非–言語，記号論の凍り付いた作り笑い，あるいは受肉されざる非肉体（décharnée），固有の場所も固有名ももたない形式的な普遍的交換価値，記号交易における道具，生への偽りの回帰，偽造された復活」へと堕してしまった (ibid., pp. 209-210)。それは「仮面の肉体，エスペランティストを装った身振り手真似，技術的・死体的道具性の操り人形をそれ自身に与えることによって，人が生き返らせたふりをしてい

第7章　ひとつの言語，ひとつの世界　　　143

る言語」なのである（ibid., p. 210）。したがって，その言語を話す人々は二重に
責任を負っている。なぜなら第一に，彼らは例にもれず言語に支配されている
が，そのことを認めておらず，おそらくは認める能力もないからである。第二
に，彼らは言語の遺産への責任に気づいておらず，それについて問うてみたこ
ともないからである。しかし，ショーレムは，この偽りの死体はやがて息を吹
き返し，力を解き放たれて，自らも魔法にかけられたものである悪魔的な魔法
使いに飛びかかる，と警告する。こう述べることは，すでに二つのことを行う
ことを意味する。第一に，言語を話し言葉として，しかも従者ではなく創造者
であり起源である何者かの名のもとにある——ショーレムにとっては，神の名
のもとにある——話し言葉としてとらえることである。第二に，言語を基本的
に（少なくとも，概念が形式化・道具化・技術化可能な意味の一般法則として考えられ
るかぎりは）非概念的なものとしてとらえることである。言語は固有名と不可
分なのである。ゆえに，ショーレムは，最初から汚染の可能性を排除すること
になる[訳注3]。

　デリダは控えめながら皮肉まじりに以下のように述べる。「明らかに，言語
と技術についてのこのような解釈は，少なくとも問題視されるべきである」
（ibid., p. 211）。根源的言語と技術的言語を切り離し，起源の外部は汚染されて
いると見なす以上，これは，精神的なもののある種キリスト教的な内面化，つ
まり話し言葉は内面の最良の表明であり書き言葉は堕落した物質的形式だとす
る考え方と結びつく。こうした解釈は，書き言葉に対する古代以来の疑念を呼
び覚ますと同時に[5]，単なるコミュニケーション・流通・交換にすぎぬものへ
の堕落につながる技術として書き言葉を規定するものである。デリダが示唆し
ているように，これは，ショーレムの友人であったヴァルター・ベンヤミンが
抱いていた記号論に対する疑念と関連しているかもしれない（ibid., p. 223）。そ
れは，「プラトン的な伝統において理解されるものであれ，近代化された形で
理解されるものであれ，「感性的なもの／理性的なもの」「形式／意味」「内容
／形式」「シニフィエ／シニフィアン」といった伝統的な「ブルジョア的」二
項対立に関わる疑念である。神聖な言語に対する盲目はこうした二項対立を持
続させることになる。記号論のみならず哲学自体も，馴染み深いいくつかの側
面において，この二項対立に立脚してきた。これは，言語がたんなる文法やコ

ミュニケーションと指示の体系ではなく，そうしたもの以上に，名指すことであるという事実に対する盲目である。名は，一連の属性に置き換え可能な実名詞ではなく，したがって，フレーゲ，ラッセル，そしてそれに先立つミルの説とは対照的に，「見せかけの限定的記述」ではない。さらに名は，カルナップが言うところの「反形而上学的」論理実証主義によって説明されるべきものではなく，また，根本的にシニフィエに相関するシニフィアンでもない。名とは呼びかけであり，召喚であり，祈願である。これを最も端的に示すものが固有名である。固有名が翻訳不可能なことは多くを物語る。マイケルをミカエルとは言えず，ロンドンをロンドラと言い換えることもできない。

　この名指すことの中には——この言語道断な考えを認めてもらえるなら——いわば言語が幽霊のように出没する。幽霊のような出没が明らかになるのは，われわれの使う言葉，われわれの思考を表わす用語そのものが，デリダが徹底的に示しているように，知りえない起源から，完全には計り知ることができない含意をもってのみ到来する，ということにおいて確かに明らかである。そして，そうした言葉を使うことで，われわれは，自らの制御を超えて広がる，来るべき言葉の解釈，再配置，再連関に捕らえられることになる。言葉はただの道具ではないし，使用のために完全に現前するものでもない。言葉は，その本質においてこうした非−現前に依拠する。言い換えるなら，われわれの言葉——ゆえにわれわれの思考と存在——の幽霊的な側面は，現前と不在の二項対立的な論理に抵抗する。実際，このことの一端が明らかになるのは，究極的に神の名によって幽霊のように出没する，言語の亡霊的な（gespenstisch）特徴へのショーレムの二重の言及においてである。言語を世俗化することによって，われわれは「亡霊と戯れている」（ibid., p. 214）。

　しかしショーレムの手紙にはパラドクスがある。一方において，神聖な言語の言葉は，そこにあふれる起源の意味を空にされてしまうことなど不可能であり，ゆえに世俗化は不可能である。結局のところ世俗化という語は「ものの言いよう（façon de parler）」であり，常套句の流通にすぎない。だが他方で，世俗化は実際に生じているのである。このことについて論じたステファン・モーゼス（Stéphane Mosès）は——こうした考えを言語道断であるとみなしがちなわれわれの性癖に言及しつつ——精神分析的な読解を行い，世俗化の「不可能

第7章　ひとつの言語，ひとつの世界　　145

性」を抑圧と回帰の象徴ととらえている。亡霊は繰り返し戻ってくるもの
(revenant) だというのである。これは，世俗化の条件の下で生きる人々が「集
団的神経症」(Mosès, in Derrida, 2002, p. 225) を患っているととらえるものであ
る。ショーレムはその信条告白の中で，生じてしまった事態を嘆くと同時に，
そのつけが支払われることになるだろうと警告している。われわれは深淵の上
に立っており，その深淵には火山が潜んでいる。言語は今にも爆発しそうな火
山であり，ゆくゆくは噴火するに違いない。火山の内部の火は，起源の純粋さ
を，名の権威を，正義の源を表象する。火山の外部には，ただ技術的汚染，記
号の道具的な流通があるにすぎない。世俗化された言語は，その計画性，体系
化，規則の成文化によってわれわれに支配力と世界の秩序を与えるが，これに
挑みかける力に対してわれわれは目を向けねばならない。

　しかしここで，デリダの思考はきわめて明瞭に，ショーレムから離反する。
そしてその結果，神聖な言語と神聖でない言語の間の溝が，いかに「縁の経験，
つまり二つの場所の間に口を開けた深淵の縁の経験」(Derrida, 2002, p. 217) を
生み出すことができるかを見せてくれる。そしてまさにこの縁こそが，責任と
判断の空間なのである。

　先に述べたテクストの中で，デリダは——彼が「無能」と呼ぶ立場から——
いかにしてドイツ語の "Verweltlichung"（還俗，世俗化）という語が，あるい
はそのラテン語系の語である "Säkularisierung" という語が，神聖なヘブライ
語に翻訳されうるのか，したがってまたショーレムの説明の根拠である二項対
立が神聖なヘブライ語でいかにして言い表されうるのか，という問いを提起し
ている（ショーレムが "Säkularisierung" という語につける引用符にはある種の言語的
な嫌悪が反映されている。"Verweltlichung" という語が，論議をよぶ普遍主義的志向を
もった18，19世紀のユダヤ啓蒙運動ハスカラー（haskalah）を連想させるがゆえに，彼
はもうすでにその語と苦闘しているように思われる訳注4)）。このことは，デリダが示
すとおり，以下のようなより幅広い問題に開かれている。「精神的なもの／現
世的なもの，神聖なもの／世俗的なものといった対立のユダヤ版」がもし存在
するとすれば，それは何であろうか。人が起源のヘブライ語しかもたないとす
れば，ショーレムが手紙の中で表明しているような考えを抱くことはできるだ
ろうか訳注5)。人は，翻訳が与えてくれる言語間の移動なくして，こうした考え

を，この深淵の経験を，もつことができるのだろうか。"Spirit," "Geist," "esprit"という語の間の関連と断絶に目を向けさえすれば，多様な意味合いが広がることがわかるだろう。これは "revenance"（亡霊／回帰）という語を翻訳することの困難がすでに証言しているとおりである。さらにデリダは，最後に希望を託す考えとして，モーゼスによるこの手紙の読解がどこまで新しい主体性の可能性に，つまりパラドクスに満ちた経験によって特徴づけられるような記号との新たな関係に開かれうるか，ということを思案している。パラドクスは，以下の二つの組み合わせから生じる。一つは，先述したデリダの読解によって修正が加えられるところの，ショーレムの手紙に表明されているような言語への洞察である。もう一つは，モーゼスによる言語の道具主義化についての主題化，および抑圧の正体の精神分析的な特定であり，そうしたもの自体がある種の近代合理主義の産物であり，したがって神聖な言語の外部にある。デリダは，そのようなパラドクスの経験がもつ力によって，「プラトン主義と啓蒙主義の双方から遺贈された記号主義を支配する哲学的二項対立の，脱構築」が可能になるのではないか，という考えに思いをめぐらせている（ibid., p. 217）。

　こうした記号主義の脱構築は，パトナムが心を寄せている啓蒙主義の諸価値を，彼がもち出している問題点にも応じうる形で実現するものだと言えないだろうか。

3. 翻訳の経験

　ここまでの私の議論は翻訳の問題の一端に触れたにすぎない^{訳注6)}。翻訳ならではの，あるいは翻訳でこその経験の諸形式がデリダのテクストの中で語られているとすれば，それは何だろうか。ショーレムの手紙の中では，これは最初から明らかである。彼の問いは，一種の翻訳——意図的な復興と世俗的・伝達的な使用への多少なりとも人工的な転換——をこうむることによるヘブライ語の運命に関わる。ここで問題となっているのは，ある意味「彼自身」の言語ではない。というのも，ショーレムはローゼンツヴァイクに向けて，彼らの共有するドイツ語で書いているからである。しかし，ほとんど本能的ともいえる不快感を示して，ショーレムは，引用符とフランス語に訴えている。つまり，語

第 7 章　ひとつの言語，ひとつの世界　　　147

られるべきものは，それを用いて彼が自分自身を発見するところの言語を超え
ているのである。テクストの中に現れる外国語表現は特別の問題を翻訳者につ
きつける。そのような外国語表現によって達成される外部の感覚は，とりわけ
その外国語が翻訳者の目標言語である場合には，単純に複製するわけにはいか
ないからである。こうした問題に加えて，デリダのテクストが最初に出版され
たのはフランス語ではなく，ギル・アニジャール（Gil Anidjar）の翻訳による
英語だという事情がある。したがって出版された論文全体に，ショーレムとモ
ーゼスの引用の中にデリダが挿入するコメントと，アニジャールが編集上追加
したドイツ語やフランス語の原語の両方が入り込んでいる。これらの追加は，
原語での用語の意味と，おそらくはやむなく翻訳者が選んだ用語の意味との間
に横たわる溝を顕在化させる働きを典型的な形で果たしており，これは埋める
ことができない典型的な溝である。このことはわれわれの慣習的な言語使用の
下に横たわる深淵の経験を読む者にもたらす。それは，純粋な指示としてでは
なく，ある意味，祈願として名が現れるありさまを，いっそう生き生きと賦活
させるような経験である。

　このようなしかたで翻訳が前面に出されることによって，責任と判断の空間
と呼べるようなものがあらわになる。これに対して，イデオロギー的な立場表
明は，通常，様々な種類の単一言語主義によって強化される。世界言語として
の英語は，世界を単一言語的なものとなしうるのであろうか。英語がひとつの
文化，ひとつの教育を実現する潜在的可能性について若干考察することで本論
の結びとしたい。

4.　単一言語主義と教育を測る尺度／教育が施す尺度

　本章では，プラグマティズムと相対主義の哲学的な掛け値を引き上げるよう
な，広く戦慄的な幅をもつ啓蒙主義とホロコーストについてのパトナムの問い
から議論を始めた。本章はさらに，イスラエルへの期待感みなぎるショーレム
の手紙の吟味を通じて言語への関心に焦点を絞り込みこれを強調した。ここで
私は，話を卑近な例に引きずりおろすことの危険は覚悟の上で，そうした重々
しい問題から，日常的でかなり特権的な現代生活のひとこまへと話を転じてみ

たい。しかしある意味でこれは，私があえて冒したいと望んできたような危険なのである。というのも，ここであまりに安易に話のつながりをつけてしまうのは，つながりをつけるのが間違いだという逆の見方からすれば無神経なことと見なされるだろうが，その一方でわれわれは，ブルジョア的で覗き見的な傍観者的態度を，深淵に対する自分自身の盲目の諸形態の中に混入させているからである。つまりわれわれは，翻訳がかくも力強く例証している言語に対する責任を，自分自身に対して免除してしまっているのである。そこで以下では，敢えて焦点を絞り込み，二つのやりかたであからさまに話を日常的なものに転じてゆきたい。

　まず第一に，パトナムのような思想が議論されていると考えられる，世界中で開かれている教育哲学関係の会議を想像してみよう。例えば，⑴日本の教育哲学会と韓国の教育哲学会が共催する会議，⑵ヨーロッパ教育学会の哲学部会，⑶アメリカ教育哲学会の年次大会，などである。すると，英語が共通語になっているというのがどのケースにも言える際立った事実なのであることがわかる。これはもちろん，世界的な英語の支配権の増大をこれでもかと示すもう一つの明らかな証拠であるようにも見える。しかし状況はそれよりもいっそう複雑である。こうした文脈の中で英語を使用することにはそれなりの理由があり，その理由は一様ではない。第一のケース⑴において，英語は，自分たちの母語［日本語や韓国語］がまず議論の余地なく使われているような国々からやってくる人々によって，便宜上採用されている。第二のケース⑵では，英語を外国語として話し，しかもその大半が自分たちの母語が支配的である国の出身であるような大多数の人々がおり，それに加えて，英語を母国語として話すかなりの数の人々が含まれることになるので，事情は幾分異なっている。第三のケース⑶では，支配的な国語［この場合は英語］が話されており，自分の第一言語が英語でないアメリカ人，カナダ人の参加者は，彼ら自身の母語が従属的な立場にある状況の中で育ってきた可能性が高いと言えよう。翻訳に関わる問題ではありがちなことだが，こうした諸々のケースには利得があれば損失もあり，これを見極めるためにわれわれは，いかに耳障りに感じられようとも，本章で論じてきたような観点に目を転じる必要がある。植民地化が問題だということは歴然としているが，この問題は言語の伝達手段化の脅威とともに考える必要があ

第 7 章　ひとつの言語，ひとつの世界　　　149

る。もし差異の経験が，言語の深淵的な性質に気づく上で価値をもつとするなら，自分たちの母語以外の言語を話す人々は，ある意味で優位な立場にあると言えるかもしれない。というのも，彼らは言語と言語の間で思考するよう促されるからである。しかし，その結果が意味の妥協であり，伝わればそれで十分という言語の伝達手段化である場合には，言語の深淵的な性質と名指すことの謎は徐々に覆い隠されてゆく。世界言語が実のところ英語ではなく第二言語としての英語であるとすれば，以下のような決定的な問いを投げかける必要がある。すなわち，そのような言語は伝達手段であることを運命づけられているのか，それとも，それが共通に使用されるようになっていることで，本章で提唱されているような翻訳経験の契機となっているのだろうか。

　ここで論じている問題は，学術的な会議の問題，さらには特殊言語的な問題を，はるかに超えた広がりをもつ。こうして，第二に，もし教育の実践に目を向けるなら，焦点はいくぶんか広げられ，同時に，意味をめぐる厄介な問いがどれほど学校や大学を含めた日常生活全般でくりかえし聞かれるかも明らかになる。ひとつの言語・ひとつの文化というもっともらしい主張は，国際的な成績ランキング（PISA［OECD による生徒の学習到達度調査］），学業遂行の標準化尺度（ボローニャ・プロセス［ヨーロッパにおける大学学位基準の統一化］），研究の質の国際指標（計量書誌学）などの開発を通じて教育において具体化されている。そうなるとますます問う必要があるのは，そうした尺度がどこまで，偽造された復活と魔法にかけられた標準を伴う死体的道具性に転じてしまっているか，ということである。余すところなく明細化された基準がもつご自慢の「客観性」は，文化と教育の究極的な拠り所である責任の空間を覆い隠し判断の実践を妨げる。「教育の尺度」（the measure of education）という言い回しに含まれる「の /of」の二重の意味は，次のような考えにわれわれを誘う。つまり，われわれがいかに教育を測るかということよりも，むしろいかに教育がわれわれ自身を測る尺度であるかということにもっと目を向ける必要があるのではないか，ということである。教育は，その文化的・言語的多様性のもとで，物事の——社会の，そしてわれわれがいかなる存在になりうるのかについての——尺度をわれわれに与えることができるのだろうか。こうした深淵的な思考は，世俗化が不可能であるという考えが教育においていかに現われるかを，しかるべき形

で明らかにする。教育を貫流しているにちがいない言語の根源的な力がせき止められてしまうなら，これは天使を嘆き悲しませるに十分ではなかろうか[訳注7]。

注

1) これについては，スタイナーによって派生的な意味が与えられている。そこには，600万人のユダヤの男女や子供の「処刑」のみならず，1914年に始まり37年間の，戦争，集団殺戮などによる700万人の人々の殺害も含められている。パトナムは単なる「虐殺」と対比されるものとしてのその行為のおぞましい「合法性」を暴露するために「処刑」と書くことを選んでいる（Putnam, 1994, p. 182）。

2) パトナムは，数年前にスタイナーによって，ファン・レア財団（Van Leer Foundation）で行われた講義に言及していると述べている。

3) Putnam (1994), pp. 191–192. パトナムはとりわけ下記に言及している。Williams, B. (1985). *Ethics and the Limits of Philosophy*, Cambridge, MA: Harvard University Press.

4) ここで引用されている下りは下記からの引用である。James, W. (2009). "What Makes a Life Significant?" in *Talks to Teachers on Psychology; and to students on Some Life's Ideals,* Ithaca, NY: Cornell University Library.

5) 『パイドロス』は，こうした疑念について引用がなされる典型的な典拠である。

訳注1) デリダの論文の英訳は "sorcerer"。ショーレムが書いたドイツ語原文ではこれに当たる言葉は "Schöpfer"。"Schöpfer" は「神」の代名詞として使われることもあり，無から有を作り出す「創造者」を意味する。

訳注2) 抄訳「言語の眼——深淵と火山」（鵜飼哲訳，『みすず』no. 518［2004年7月号］pp. 24–35）参照。

訳注3) ショーレムは，一つの言葉が一つの意味に対応するような純粋言語（言語の基礎）を想定し，それを満たすものが固有名であるという考え方に立つ。言語は呼びかけであり召喚である。

訳注4) ここでショーレムは，神聖なものを言い表すのに世俗の言語に頼らなければならない矛盾を引き受けている。

訳注5) ショーレムが手紙で行っているようなことは，彼自身が想定する純粋言語以上のものがなければ意味をなさない。その意味で，ショーレム自身がパラドクスを抱えている。

訳注6) 教育哲学においては最近，翻訳への関心が高まってきている。以下を参照。

第 7 章　ひとつの言語，ひとつの世界　　　151

Bergdahl, L. (2008). "Lost in Translation: On the Untranslatable and its Ethical Implications for Religious Pluralism," *Journal of Philosophy of Education* 42(4), pp. 31-44; Saito, N. (2009). "Ourselves in Translation: Stanley Cavell and Philosophy as Autobiography," *Journal of Philosophy of Education* 43(2), pp. 253-67; Ruitenberg, C. (2009). "Distance and Defamiliarisation: Translation as Philosophical Method," *Journal of Philosophy of Education* 43(3), pp. 421-35; Harris, S. (2009). "Translation, Internationalisation and the University," *London Review of Education* 7(3), pp. 223-23.

訳注7)　本章の英語版は，下記に出版されている．Biesta, G. (ed.) (2011). *Philosophy of Education, 2010*, Urbana-Champaign, IL: Philosophy of Education Society, pp. 360-368.

参考文献

Derrida, J. (2002). "The Eyes of Language," in G. Anidjar (ed. and trans.), *Acts of Religion*, New York: Routledge.

Putnam, H. (1994). "Pragmatism and Relativism: Universal Values and Traditional Ways of Life," in J. Conant (ed.), *Words and Life*, Cambridge, MA: Harvard University Press.

Scholem, G. (1926). "Confession on the Subject of Our Language" [Bekenntnis über unsere Sprache], quoted in J. Derrida (2002).

Scholem, G. (1980). *From Berlin to Jerusalem: Memories of My Youth*, trans. H. Zohn. New York: Schocken Books.

第8章

「教育という尺度」をもとめて
迂回的接近の試み

今井康雄

1. 「深淵」はどこにあるか——スタンディッシュ論文回顧

まずスタンディッシュ論文「ひとつの言語，ひとつの世界——教育を測る共通尺度，教育が測る共通性」を回顧してみよう。スタンディッシュ論文の出発点は，啓蒙主義の普遍主義的傾向に対するパトナムの懸念，普遍主義的傾向が「単一の言語・単一の世界」という単純な理念に帰着することに対する懸念であった。こうした理念がはらむ問題点を浮き彫りにするために，ローゼンツヴァイクに捧げられたショーレムのテクスト「われわれの言語に関する信条告白」と，このテクストについてのデリダの解釈が取り上げられる。ショーレムは，シオニズムにおける聖なるヘブライ語の世俗化・道具化を批判し，人工的に復活させられたヘブライ語が開く「深淵」を警告した。これに対してデリダは，名前の「本来的純粋性」と記号化によるその「汚染」というショーレムの対置図式に疑念を呈する。

> ここで，デリダの思考はきわめて明瞭に，ショーレムから離反する。そしてその結果，神聖な言語と神聖でない言語の間の溝が，いかに「縁の経験，つまり二つの場所の間に口を開けた深淵の縁の経験」［デリダ］を生み出すことができるかを見せてくれる。そしてまさにこの縁こそが，責任と判断の空間なのである。（スタンディッシュ，本書第7章，p. 145）

こうした「縁」の経験は，まさに翻訳において生じる事態である。「翻訳が前面に出されることによって，責任と判断の空間と呼べるようなものがあらわになる」（p. 147）。ところが，英語が国際的な共通語として通用することになると，「単一言語主義」が支配的となり，「責任と判断の空間」もまた閉ざされてまうかもしれない。学問的コミュニケーションにおける英語の優位は，単一

の客観的基準を希求する傾向と軌を一にしている。教育の領域でも，PISA や
ボローニャ・プロセスや計量書誌学に見られるように，「ひとつの言語，ひと
つの世界」という理念が支配的となる傾向にある。そこに共通して見られるの
は「客観性」の崇拝である。「責任と判断の実践」を確保するために，われわ
れは，「いかに教育を測るかということよりも，むしろいかに教育がわれわれ
自身を測る尺度であるかということに，もっと目を向ける必要がある」(p.
149)，というのである。──

　「客観性」を尺度にして教育を測るのでなく，逆に教育を尺度にして「ひと
つの言語，ひとつの世界」へと雪崩を打つわれわれ自身の姿を測るべきだ，と
いう視点の転換は啓発的である。教育の領域においても「説明責任」が「数値
化」とほとんど同義化している現状を考えればこれはなおさらである。しかし，
その場合の，尺度としての「教育」とは，何であろうか。それは，日常言語間
の翻訳をモデルとするような「縁」の経験一般に解消可能だろうか。というの
も，デリダの場合，聖なるヘブライ語を純粋に保つというショーレムの意図か
らは距離をとりつつ，にもかかわらず「聖なる言語と聖ならざる言語の間の
溝」が依然として問題になっている。ところが，スタンディッシュの論考にお
いて深淵の場所は，聖なる言語と聖ならざる言語との間から，世俗的な，今あ
る諸言語の間の空隙へとずらされているようにも見える。「英語が共通語にな
っている」という状況下でのわれわれの言語使用に，最終的には目が向けられ
ているからである。

　もちろん，スタンディッシュ論文の主旨は，翻訳の問題を言語一般と人間と
の関係として問うことであって，英語とそれ以外の言語との関係に，ひいては
多文化主義の問題に，翻訳という問題を解消することではないだろう。とすれ
ばなおさら，翻訳に関する議論は諸言語相互間の水平的レベルでは完結しえな
い。多文化主義をこえて翻訳の問題を扱うためには言語から世界へと向かう意
味論的な次元を考慮に入れることが不可欠になるのではなかろうか。以下本章
では，この意味論的次元が，まさに「教育という尺度」を問う上で核心的な重
要性をもつことを示したい。

2. ライプニッツという逸話的な事例

　問題となっている点を分りやすく示すために，まず逸話的な事例を紹介したい。ライプニッツという事例である。ライプニッツが普遍言語の構築を試みていたことはよく知られている。まさに「ひとつの言語，ひとつの世界」をめざす試みである。ライプニッツはヨーロッパ思想における普遍主義的傾向の最も有力な代表者の一人と言えるだろう。カッシーラーは，ライプニッツを，デカルトと並んで，18世紀の啓蒙主義を準備した中心的な先駆者と見ている（Cassirer, 2003, pp. 22=1997, p. 26）。他方，ライプニッツは，アルファベット中心主義から自由であった稀なヨーロッパの思想家に属する。ライプニッツは中国の書字体系に大きな関心を寄せた。彼の生きた17・18世紀のヨーロッパでは，イエズス会士などがもたらす中国の情報が熱狂をもって迎えられ，自分たちとは異質な中国文化——そのなかには当然漢字という異質な書字体系も含まれる——への関心は一般に高まっていた（Widmaier, 1981, pp. 178f.）。しかし，漢字へのライプニッツの関心は，異文化への好奇心のレベルにとどまらず，普遍言語の構築という彼の中心的プロジェクトにそれが深く食い込んでいたという点で際立っている。A.- M. クリスタンは次のように述べている。

> 　周知のとおり，ライプニッツの思想とその発展においてエクリチュールが果たした役割はきわめて大きい。［……］この哲学者＝外交官は，中国のエクリチュールが，ヘブライ語またはなんらかの「祖語」からの派生体でもなく，エジプトの象形文字の変容体でもなく［……］，意味を図像化したエクリチュールなのだということを理解した，17世紀のヨーロッパにおいてきわめて稀な人物の一人だったのである。つまり［……］このエクリチュールが，純粋に表音的なアルファベットとは異なる性質の基盤のうえに成り立つものであることを，彼は確信していたのである。（Christin, 2007, p. 100=2001, p. 246）

　アルファベット中心主義はおそらく啓蒙主義よりも根が深く，現代においても決して払拭されているわけではない。メディア学者のオング——彼はイエズス会士でもある——は，広く読まれた著書『声の文化と文字の文化』で，もし中国全土の人々が北京官話を身につけたとしたら，「疑いなく，漢字はすぐに

でもローマ字に置き換えられるだろう」と述べている。「たしかに，文学への損害は膨大なものとなるだろう。しかし，四万字以上の文字を使わざるをえない中国語タイプライターから生じる損害ほど膨大ではない。」(Ong, 1982, p. 86=1991, p. 184)——このように，多様な書字体系に通暁した現代の碩学にとってさえ，アルファベットという自らの読み書き能力の大前提を，超える想像力をもつことは容易ではない。アルファベットという前提。それは，文字を音声の表記として捉える言語観であり，デリダによればそうした音声中心主義が西洋形而上学のロゴス中心主義の伝統を根底で支えてきた (cf. 高橋, 1998, pp. 76f.)。ところが，ロゴス中心主義は別としても，少なくとも音声中心主義に関して言えば，ライプニッツはこの強固な伝統を越え出る異文化への想像力をもち得ていたように思われるのである。

　ライプニッツを動かして根本的に異質な言語体系へと彼の想像力を開かせた駆動力がもしあるとすれば，それは何だったのだろうか。ライプニッツは「アダムの言語」の再建を構想しており，言語と世界との非・恣意的な関係を想定していた。再びカッシーラーによれば，「ライプニッツは，この基礎言語，このアダムの言語 (lingua Adamica) ……を，人類のパラダイス的過去に置きもどすのではなく，われわれの認識が客観性と普遍妥当性という目標に到達するために着々と近づいてゆかねばならない一つの純粋な理想概念と考えている」(Cassirer, 1953, p. 73=1989, p. 125)。ライプニッツにとって，中国の書字は概念を直接文字に表現できるという点で理想的であった。ここでの焦点は意味論的な次元に，つまり言語と，言語外の観念や世界との関係にある。そうした意味論的な次元において，言語は自らの領域の外部へと志向することを強いられる。ここに，聖なるもの・超越的なものを引き入れる間隙が生まれるのであろう。いずれにしても，ライプニッツの場合，言語の多様性についての多文化主義的な理解ではなく，「客観性と普遍妥当性という目標」が，異質な文字体系のもつ卓越性の容認へとつながったように思われる。

　普遍主義と他者への開かれた目との，以上のような逆説的な関係は，スタンディッシュ論文が扱っている翻訳論の文脈にも見ることができる。以下，ショーレム，ローゼンツヴァイク，デリダの間の翻訳をめぐる議論に，彼らの議論の隠れた焦点をなしているベンヤミン的視点から，探りを入れてみたい。

3. 翻訳をめぐるショーレム，デリダ，ローゼンツヴァイク，そしてベンヤミン

　デリダも言及しているように，またスタンディッシュ論文でも触れられているように，「信条告白」におけるショーレムの議論は，翻訳論を含む言語についてのベンヤミンの議論と密接に関連している。その一端は彼らの書簡に窺うこともできる。以下に示すのは1925年5月に書かれたショーレム宛のベンヤミンの書簡である。

> ぼくにとって細部まで明瞭というわけではなかったのは，「仮死状態」で伝承された言語が，新しい世代の口のなかで，生命を持ち変身したヘブライ語となって，それを語っている人々に歯向かおうとしている，という君の見解だった。これについてはもう少し説明してもらえないだろうか。(Benjamin, 1997, p. 40)

　ショーレムは，1926年の「信条告白」で表明する彼の考えをベンヤミン宛書簡で開陳していたのである（その内容はベンヤミンにとって完全に納得できるものではなかったようだが）。A. ヘルツォークによれば「ローゼンツヴァイクに対するショーレムの信条告白は，ユダヤ主義の将来に関するショーレムとローゼンツヴァイクとの論争の帰結であるのみならず，ベンヤミンとショーレムの継続的な手紙のやりとりの帰結でもあった」(Herzog, 2009, p. 228)。

3.1　ローゼンツヴァイクとショーレム

　ショーレムとローゼンツヴァイクの間の対立は，ユダヤ主義の将来──ユダヤ文化の再興はドイツ国内において可能なのか，それともパレスチナへの移住を必要とするのか──にかかわるのみならず，翻訳をどう考えるかにかかわるものでもあった。翻訳，とりわけヘブライ語の聖典や詩篇のドイツ語への翻訳は，両者を結びつけた共通の関心事であった。M. ブロッケによれば，両者が偶然同じヘブライ語の詩篇を取り上げてドイツ語に翻訳している場合もあるという。両者を比較すると，その翻訳手法は対照的である。「ショーレムは逐語的な再現においてより厳密であるが，韻律とリズムにおいて弱点を示す。またショーレムはオリジナルの音節数を超過してしまう。ローゼンツヴァイクと原

典との関係はより自由であるが，原典の音節数については厳密に保持している」（Brocke 1986, pp. 137f.）。ローゼンツヴァイクの翻訳は詩篇を実際に声に出して唱えられるようにすることを目的としており，したがって「翻訳であることを忘れさせる」ことをめざしていた。これに対して，ショーレムにとってそうした翻訳手法は原典以外のものを「持ち込む（hinübernehmen）」ことであり許容しえない。ショーレムにとって翻訳は，「ヘブライ語原典の「崇高さ」を彫刻のようにあらわにする」べきものであった（ibid., p. 138）。

こうした翻訳に対する両者の立場の違いはヘブライ語そのものに対しても見られる。ローゼンツヴァイクは，〈ヘブライ語は聖なる言語である〉というのは真理であり，〈特定の民族が話している言語にすぎない〉というのは非真理であるが，現実はこの両方に依拠している，つまり，聖なる言語も，人々によって使用され維持されることによって生命を保ってきた，と見ていた（Brocke 1986, p. 141）。ここには，二者択一的に対立を純化するショーレムに対して，対立を包摂した調和を重視するローゼンツヴァイクの立場がよく表れているだろう。

3.2 ショーレムとベンヤミン

ショーレムが従っているように見える「逐語性」は，1923年にボードレール『パリ風景』翻訳の序文として発表されたエッセイ「翻訳者の使命」で，ベンヤミンが自らの翻訳の原理として導入している概念である。しかし，ショーレムの翻訳実践に対してベンヤミンはかなり厳しい評価を与えている。以下は，時期的には「信条告白」の時点からかなり遡る1917年のショーレム宛書簡の一節。ヘブライ語聖書の一部をなす「雅歌」のショーレムによるドイツ語訳に対するベンヤミンの批評である。

> 君の仕事は護教論的なものにとどまる。なぜならそれは，対象への愛情と尊崇を，その対象の圏域（Sphäre）において表現してはいないからだ。二つの言語が同じ圏域に入るということは不可能ではないだろう。むしろ逆に，そのことが，あらゆる偉大な翻訳を可能にしているのであり，ごくわずかながらわれわれが手にしている偉大な翻訳作品の基盤を作っている。ピンダロスの精神において，ヘルダーリンはドイツ語と

第8章 「教育という尺度」をもとめて   159

ギリシア語に同一の圏域を拓いた。両方の言語に対する彼の愛情は一つになったのだ。
(Benjamin, 1995, pp. 370f.（1917年7月17日付））

　ドイツ語の文法を無視するかのような逐語性ゆえにまともに扱われてこなかっ
たヘルダーリンによるソフォクレスの翻訳を，ベンヤミンは「翻訳者の使命」
において高く評価することになる。ショーレムは，ヘブライ語詩篇のドイツ語
訳において詩篇の韻律の再現を断念しており，翻訳の可能性についてある種の
諦念を有している——その意味で言語と言語の間の「深淵」に意識的である
——といえる。これに対してベンヤミンは，二つの言語を「同じ圏域」へと導
入するような翻訳の可能性を擁護しているのである。
　異なる言語に対して同じ「圏域」を拓くような翻訳はいかにして可能になる
のだろうか。ベンヤミンは「翻訳者の使命」で器の破片というメタファーを用
いてこれを説明している。ここには翻訳に関するベンヤミンの独特の思想が集
約的に表現されている。

> 一つの器のかけらを組み合わせるためには，それらのかけらは最も微細な部分に至る
> まで互いに合致しなければならないが，だからといって同じ形である必要はないよう
> に，翻訳は，原作の意味にみずからを似せるのではなくて，むしろ愛をもって細部に
> 至るまで，原作のもっている志向する仕方を己れの言語のなかに形成しなければなら
> ない。そうすることによって原作と翻訳は，ちょうどあのかけらがひとつの器の破片
> と認められるように，ひとつのより大いなる言語の破片として認識されうるようにな
> るのである。(Benjamin, 1980(1923), p. 18=1996, pp. 404f.)

ここでイメージされている「器」とは何であろうか。それは，デリダによれば，
「ライプニッツ的な意味での普遍言語ではな」く，むしろ「言語が言語である
こと，言葉ないし言語そのもの」を意味する（Derrida, 2002, p. 131=1989, p. 53）。
この点についてはのちに立ち返ることにしたい。

3.3　ベンヤミンとデリダ

　デリダ自身は，翻訳の背後にこのような「言語そのもの」を想定することに

ついて，またベンヤミン的な意味での翻訳の可能性について，明らかに懐疑的である。ベンヤミンが「翻訳」として考えているものは，上の「器」のメタファーからも明瞭に読み取れるように，原典の意味を他の言語において再現する，という意味での通常の翻訳の概念からは根本的に隔たっている。そこには，共通の意味といったものには回収できない言語間の差異に対する，ベンヤミンの鋭敏な感覚が表れているだろう。しかし，にもかかわらず彼は翻訳は可能だと考えていたのであった。ところがデリダは，ベンヤミンの「翻訳者の使命」を詳細に解釈したエッセイ「バベルの塔」において，翻訳の可能性から不可能性へと明らかに重心を移動させている。デリダによれば，聖なるテクストの「純粋な訳出可能性（transferability）」は，それが「翻訳可能（translatable）」であることを意味しない。「訳出可能性の度合いがそこ［聖なるテクスト］以上に強いところはほかにない。しかし，意味と逐語性とがこのように区別されていないために，純粋な訳出可能性はおのれを告知し，おのれを与え，おのれを現前化し，翻訳不可能なものとしておのれを訳されるにまかせうるのである。」(Derrida, 2002, p. 132=1989, pp. 55f.)

　デリダは，ベンヤミンの「翻訳可能性」を否定神学的に解釈し直しているといえるかもしれない。聖なるテクストにおいてはシニフィアン（「逐語性」）とシニフィエ（「意味」）とが分離不可能な形で結びついている。したがってその翻訳，つまりシニフィアンの変更は必然的に意味を瓦解させずにはいない。聖なるテクストは，翻訳を命じることによって逆に自らの翻訳不可能性を明示するのである。「あなた方に極限を示すと同時に隠すことによって，あなた方に翻訳を命じると同時に禁じもする神の名によって課せられた掟，これがバベルなのである。」(Derrida, 2002, pp. 132f.=1989, p. 56)――こうしたデリダの解釈とは対照的に，ベンヤミンは，彼のエッセイの最後の部分で聖なるテクストの翻訳可能性を強調している。ここに，デリダが想定するような否定神学的なひねりが効いているとは思えないのである。

　　テクストが直接，意味による媒介なしに，その逐語性において真の言語，真理，あるいは教義に属するとき，そのテクストはまさしく完全に翻訳可能なのである。
　　(Benjamin, 1980(1923), p. 21=1996, p. 410)

第8章 「教育という尺度」をもとめて　　161

　両者のこうした齟齬は，もちろんベンヤミンに関するデリダの誤解といった
ことではなく，両者の言語観の根深い差異に由来するように思われる。「ハイ
デッガー，クワイン，デリダにとって，諸言語の間の根本的な差異は，あらゆ
る翻訳がそこに規準と限界を見出す直接的な事実を構成する」。ベンヤミンに
とっては逆である。「諸言語の間の類縁性が翻訳についての彼の議論の結節環
をなす」(Krämer, 2008, p. 177)。このように，言語の間の類縁性や翻訳可能性と
いった——現代の多文化主義の趨勢を考えればなおさら——反時代的な想定を
ベンヤミンに可能にさせたものは何だったのだろうか。以下ではベンヤミンが
言語なるものをどのように捉えていたのかを概観してみたい。

4. 言語をめぐるベンヤミンの議論

　「諸言語の間の類縁性」を構想可能にしたのは，言語をその根源において
「名」と捉える独特の言語観であった。1916年に書かれた「言語一般および人
間の言語について」は彼のその後の思想発展全体の基盤を作った重要なエッセ
イである。このエッセイのなかで，ベンヤミンは異なる諸言語の共通の根源と
して「名称言語（Namensprache）」を想定している。「言葉によって人間は事物
の言語と結ばれている。人間の言葉は事物の名なのである」(Benjamin, 1980
(1916), p. 150＝1995, p. 25)。スタンディッシュ論文でも触れられているとおり，
ショーレムの「信条告白」にもこうした名称言語の考えが浮上していた。
　ベンヤミンの名称言語の考え方の背後には，神が言葉によって世界を創造し
たという『創世記』の神話がある。1916年の言語論で，ベンヤミンはこの神話
を前提にしている。

> 神は［……］創造の媒質として彼に仕えてきた言語を，自身のうちから人間のなかに
> 解き放ったのだ。［……］人間のすべての言語は，名のうちにあるこの言葉の反映に
> すぎない。(ibid., p. 149＝1995, pp. 23f.)

『創世記』神話へのベンヤミンのこうした明示的な依拠のなかに，言語と世界
との関係に関するある種の基本了解を見ることができるかもしれない。つまり，
言語と世界の間には断絶が存在し，世界への言語の指示的な関係は言語の内部

では説明しえない，という了解である。こうした了解は，たとえばニーチェやウィトゲンシュタインにも共有されており，それが言語と世界を架橋する働きとしての「教育」を彼らの哲学的探究の核心部分に導き入れる動因となったと考えられる（今井, 2009）。ベンヤミンの場合，神話へのあからさまな依拠のなかに，同様の断絶の認識が逆説的に表れていると言えるだろう。言語と世界との間の断絶は神話という超越的なものに依拠することなしには架橋できない。言語と世界との関係という意味論的な次元に，聖なるものは現れることになる。ベンヤミンによれば，人間の言語は名前であり，人間は名前を通して事物に結びついている。これは，人間が，名前という形で，世界を創造した神の語を共有しているからである。

　ところが，言語と世界との間の断絶はベンヤミンが依拠する神話そのものの内部でも浮上する。名称言語に保存された言語と世界との関係は，原罪およびバベルにおける言語混乱によって失われるからである。言語が単なる記号や道具となることで，深淵が人間のコミュニケーションのただなかに口を開ける。言語はもはや，言語を世界へと結びつけるはずの名前という基盤をもたない。こうした状況に直面して「堕罪のうちから，堕罪において傷つけられた名の直接性の回復として，新しい直接性が生ずる。それが判断の魔術である」（Benjamin, 1980, p. 153=1995, p. 31）。「判断の魔術」。それは，判断する人間の言葉によって現実を作り出し，そのことで言語と世界とを一体化させる試みだといってよいだろう。しかしこの「魔術」も決して深淵から自由ではない。それは名前に体現された言語と世界との関係を，そうした関係を欠いたところで取り繕おうとするものであり，それ自身が深淵であるような「お喋り」となってしまう。

> 抽象の伝達可能性がもつ直接性は［……］裁きの判断のうちにある。抽象の伝達におけるこの直接性は裁きつつ始まったのだが，それは，堕罪のなかで人間が具象的なものの伝達における直接性を——つまり名を——離れ去って，すべての伝達が間接的なものとなる深淵，手段と化した言葉の，むなしい言葉の深淵，つまりお喋りの深淵に陥ったときだった。（ibid., p. 154=1995, p. 31）

　直接性を再建するための，「判断の魔術」とは対極的なもうひとつの方策が

ある。「言葉そのものが事柄の本質だ」とする「神秘的言語理論」（ibid., p. 150＝1995, p. 25）である。しかしベンヤミンはこの方策をも斥ける。それは，「ある事物の精神的本質はまさにその事物の言語のうちに存しているという見解」であるが，この理論は「すべての言語理論がいまにも陥らんとする大きな深淵」なのである（ibid., p. 141＝1995, pp. 10f.）。ベンヤミンは，バベル以後の言語的状況を正当化するにすぎない「ブルジョア的言語理論」を拒否する。しかし他方で，「神秘的な言語理論によってブルジョア的な言語理論を斥けることも，ひとを過らせる」（ibid., p. 150＝1995, p. 25）というのである。神秘的言語理論は，実際には言語と世界の間の断絶しか存在しないところに両者の一体性を幻視するため，それに依拠しようとする者は深淵に飲み込まれる他はない。

5. 翻訳の使命

　「バベル以後」の言語の窮状のなかで，翻訳は，ベンヤミンにとって，この窮状からの可能な脱出口を提供するものであった。言語の記号化を受容し，判断する言葉によって言語と世界の関係を人為的に構築することも（「判断の魔術」），その前提を欠いたところで言語と世界の一体性を想定することも（「神秘的言語理論」），ともに言語を世界へとつなぐことにはならず，人を深淵へと導くことになる。こうした袋小路状態において，翻訳は，言語から世界への架橋という意味論の垂直的次元をいったん断念し，他言語との相互関係という平面的次元に集中する。これは，先に引用したあの器の破片というメタファーが雄弁に述べていたとおりである。「翻訳は，何かを伝達しようという意図を，意味を，極力度外視しなければならない」（Benjamin, 1980(1923), p. 18＝1996, p. 405）とベンヤミンは言う。しかし，翻訳が脱出口となるのは，むしろ諸言語間の平面的次元でそれが完結しないがゆえ，だと言わねばならない。陶片を組み合わせることに意味があるのは，その背後にそれらの陶片を包摂する器の存在が想定されるからだ。翻訳が意味論的次元を断念して言語間の相互関係に徹することで，「言語の補完への大いなる憧れが語り出る」（ibid.）ことになる。こうした「補完」への連鎖的運動——ベンヤミンはこれを「言語運動」と呼ぶ——こそ，あの窮状からの脱出口を指し示すものであった。

164 　第 2 部　〈翻訳〉のさなかにある社会正義

「言語運動」が志向する，かつて存在していたはずの器。これは，ベンヤミンが1916年の言語論で考えた名称言語——「名という純粋な言語」(Benjamin, 1980(1916), p. 153=1995, p. 30) —— に 対 応 す る と 見 て ま ず 間 違 い な い (cf. Menninghaus 1978, pp. 56f.)。「純粋言語を言語運動の形成力を通して取り戻すこと，それが翻訳のもつ強力な，しかも唯一の力」(Benjamin, 1980(1923), p. 19=1996, p. 407) だとベンヤミンは言う。「多数の言語をあの一つの真なる言語へと統合するという壮大なモチーフが，彼［翻訳者］の仕事を満たしている」(ibid., p. 16=1996, pp. 401f.)。言語がしっかりと世界に結びつけられているような名称言語を再獲得するために，われわれは翻訳を必要とするのであり，したがって他の言語を必要とする。翻訳はたしかに言語間の水平的な関係に自らを限定し，そこでは言語相互間の共約不可能な差異が浮かび上がる。しかしこのように差異を浮かび上がらせることが意味をもつのは，名称言語において可能となる世界との意味論的な結合が遠い射程に入っているからなのである。

　以上のように捉えるなら，一方における言語の複数性，他方における言語と世界との関係に関して，ベンヤミンとライプニッツに相似た構図が見出されるだろう。ベンヤミンの言う真の（純粋な）言語は，われわれが人工的・意図的に構築できるようなものではなく，「言語運動」の志向対象として想定されるにすぎない。この意味では，それは，デリダが述べていたとおり，ライプニッツ的な意味での普遍言語とは根本的に異なる。しかし，ベンヤミンにおいても，言語間の共約不可能な差異が「図」として際立ってくるのは，言語から世界への意味論的な架橋という課題が「地」としてその背景を構成しているからだ。ベンヤミンにおいてもライプニッツにおいても，意味論の垂直的次元の不可欠性が言語内部で知覚されることと，他の言語の異他性を真剣に受け取ることとの間に，相補的な関係が見られるのである。

6.　教育という尺度

　以上の長い迂回的考察を経て，あらためて教育をめぐるわれわれの現状——スタンディッシュの論考が説得的に描き出しているような——を顧みるなら，そこに見出されるのは，ライプニッツやベンヤミンの場合とはまさに対照的な，

多文化主義と単一言語主義との奇妙な共存であろう。ライプニッツとベンヤミンに共通に見られたのは，言語と世界の意味論的関係を確保しようとする普遍主義と，異他的な言語の価値を認める多言語主義との逆説的な関係であった。これに対して，PISA に象徴される現代の教育論・教育政策論の基調をなすのは意味論的次元からの撤退である。PISA 調査において，「リテラシー」は，「自らの目標を達成し，自らの知識と可能性を発展させ，効果的に社会に参加するために，書かれたテキストを理解し，利用し，省察する能力」（OECD, 2001, p. 21）と定義されている。語用論（pragmatics）の次元へのこのような限定によって，言語は個々人が保持すべき「能力」にもっぱら結びつけられることになる。教育の焦点も，その背後に意味論（semantics＝意味世界）を引きずった対象レベルでの知識から，そうした知識を情報として選択・活用するメタレベルの能力——変化する時代に即応した「情報活用能力」——へと移動する（今井, 2006, pp. 99f.）。こうしたメタレベルの能力は，個々人の間の意味世界の違いを超えてコミュニケーションを可能にし，多文化主義的な状況に対応した有能さを個々人に発揮させるはずなのである。

　意味論的次元からの撤退は，一方では多文化主義的状況への対応を可能にするが，他方では「客観性」の信奉という形態での単一言語主義を呼び込むことになる。異文化間のスムースなコミュニケーションのために，そうしたコミュニケーションを統御する共通の，誰もがそれに同意せざるをえないという意味で「客観的」な規則が要請される。意味世界の間の架橋不可能な深淵は，そうした規則の客観性によって見かけ上塞がれる。客観性を志向しようとしない人は，端的に「不合理」で「理不尽」な存在として現れることになろう。すべての言語がわずか数十文字のアルファベットの組み合わせで表記可能であり，その共通の土俵の上で異文化間の建設的なコミュニケーションの可能性が開かれるのだとすれば，何百何千という文字の暗記を強いる「漢字」などという理不尽な書字システムにいかなる存在理由があるのか？——こうした主張の背後に「音声中心主義」という特定の意味論的構想があることは，普通気づかれないままなのである。このように，「客観性」の理想は，意味世界の間に存在する深淵を見かけ上覆い隠しているにすぎない。単一言語主義もまた，背後に特定の意味世界を引きずっているのである。

166　　　第2部　〈翻訳〉のさなかにある社会正義

　教育というコミュニケーションは，こうした意味世界の間の差異を露呈させる可能性をもつ。現代ドイツの教育学者モレンハウアーが言うように，教育は私たち自身の生活世界を子供たちに対して提示（präsentieren）することから始まる他はない（Mollenhauer, 1983, p. 32=1987, p. 34）。提示されるのは，常に特定の，したがってまた背後に特定の意味世界を伴った生活世界である（私たちは「生活形式一般」を提示するわけにはいかないだろう）。学校でのように教育が生活形式の直接的提示から切り離され代表的な提示（repräsentieren＝表象）が中心になる場合でも，特定の意味世界が子供たちに示されるという点は変わらない。メタレベルの能力への焦点移動によって，提示・表象の事実に目が向きにくくなってはいる。しかしそのことによって教育というコミュニケーションの核心にあるこの事実そのものが消え去るわけではない（今井, 2009: 238）。また，学校制度のなかで一斉になされる生活世界・意味世界の表象も，様々に偏差をもった個々の子供の生活世界・意味世界によってそれが受けとめられることではじめて完結するのである。そこでも，意味世界の差異は多かれ少なかれ露呈せざるをえないであろう。

　本章の出発点の問いは，スタンディッシュ論文の言う「教育の（＝という）尺度」をどのように理解すべきか，であった。われわれはそれを，以上のような意味世界とその差異の，露呈に見ることができるかもしれない。教育というコミュニケーションにおいて，われわれは自らの生活世界を，したがってまたその背後にある意味世界を，他者に開示せざるをえない。また，そのように開示された生活世界・意味世界の理解を他者に託さざるをえない（cf. 中田, 2011, p. 269）。意味世界の間の深淵は様々な局面で——託す側のわれわれの間で，託される側の他者同士の間で，そしてもちろん託すわれわれと託される他者との間で——口を開けることになる。深淵は，異なる言語の間，というよりも，異なる意味世界の間で生じるのである。意味論的次元においては，メタレベルの共通規則に遡及することで深淵を架橋するという戦略は通用しない（上にも示したとおり，「共通」とされる規則自体が特定の意味世界を背後に引きずっているのである）。責任と判断は，翻訳の「底なし」的性格をあらわにするこうした意味論的次元における深淵の縁でこそ，真価を試され活性化されることになるのではなかろうか。

参考文献

Benjamin, W. (1980 (1916)). Über Sprache überhaupt und über die Sprache des Menschen, *Gesammelte Schriften*. Vol. 2, Frankfurt a. M.: Suhrkamp, pp. 140-157. ((1995).「言語一般および人間の言語について」『ベンヤミン・コレクション』I, 浅井健二郎訳, 筑摩書房, pp. 7-36)

Benjamin, W. (1980 (1923)). Die Aufgabe des Übersetzers, *Gesammelte Schriften*. Vol. 4, Frankfurt a. M.: Suhrkamp, pp. 9-21. ((1996).「翻訳者の使命」『ベンヤミン・コレクション』2, 内村博信訳, 筑摩書房, pp. 387-411)

Benjamin, W. (1995). *Gesammelte Briefe*, Vol. 1, 1910-1918, Frankfurt a. M.: Suhrkamp ((1975).『ヴァルター・ベンヤミン著作集』14 (書簡 I, 1910-1928), 野村修訳, 晶文社)

Benjamin, W. (1997). *Gesammelte Briefe*, Vol. 3, 1925-1930, Frankfurt a. M.: Suhrkamp. ((1975).『ヴァルター・ベンヤミン著作集』14 (書簡 I, 1910-1928), 野村修訳, 晶文社)

Brocke, M. (1986). Franz Rosenzweig und Gerhard Gershom Scholem, in: Grab, W./ Schoeps, J. H., (Hrsg.) *Juden in der Weimarer Republik*, Stuttgart/ Bonn: Burg, pp. 127-152.

Cassirer, E. (1953). *Philosophie der symbolischen Formen. Erster Teil. Die Sprache*, Darmstadt: Wissenschaftliche Buchgesellschaft. ((1989).『シンボル形式の哲学 第一巻　言語』生松敬三・木田元訳, 岩波書店)

Cassirer, E. (2003). *Die Philosophie der Aufklärung*, Hamburg: Meiner. ((1997).『啓蒙主義の哲学』中野好之訳, 紀伊国屋書店)

Christin, A. M. (2007). Idéogramme et utopie : l'écriture universelle selon Leibniz, in: Simon-Oikawa, Marianne (ed.), *Écriture réinventée – Formes visuelles de l'écrit en Occident et en Extrême-Orient*, Paris: Indes savantes, pp. 95-106. ((2001).「表意文字とユートピア——ライプニッツによる普遍エクリチュール」青柳悦子訳,『思想』(930), pp. 229-243)

Derrida, J. (2002). "Des Tours de Babel," *Acts of Religion*, New York: Routledge, pp. 102-134. ((1989).「バベルの塔」『他者の言語——デリダの日本講演』高橋允昭訳, 法政大学出版局, pp. 1-58)

Herzog, A. (2009). "Monolingualism" or the Language of God: Scholem and Derrida on Hebrew and Politics, *Modern Judaism. A Journal of Jewish Ideas and Experience*, 29(2), pp. 226-238.

今井康雄 (2006).「情報化時代の力の行方——ウィトゲンシュタインの後期哲学をて

がかりとして」『教育学研究』, 73(2), pp. 98-109.

今井康雄 (2009). 「言語はなぜ教育の問題になるのか」『教育哲学研究』(100号記念特別号), pp. 221-242.

Krämer, S. (2008). *Medium, Bote, Übertragung. Kleine Metaphysik der Medialität*, Frankfurt a. M.: Suhrkamp.

Menninghaus, W. (1978). *Walter Benjamins Theorie der Sprachmagie*, Frankfurt a. M.: Suhrkamp.

Mollenhauer, K. (1983). *Vergessene Zusammenhänge. Über Kultur und Erziehung*, München: Juventa. ((1987).『忘れられた連関──〈教える-学ぶ〉とは何か』, 今井康雄訳, みすず書房)

中田基昭 (2011).『表情の感受性──日常生活の現象学への誘い』東京大学出版会.

OECD (ed.)(2001). *Knowledge and Skills for Life. First Results from the OECD Programme for International Student Assessment (PISA) 2000*, Paris: OECD Publications.

Ong, W. J. (1982). *Orality and Literacy : The Technologizing of the Word*, London/New York: Methuen. ((1991).『声の文化と文字の文化』桜井直文・林正寛・糟谷啓介訳, 藤原書店)

高橋哲哉 (1998).『デリダ──脱構築』講談社.

Widmaier, R. (1981). Die Rolle der chinesischen Schriften in Leibniz' Zeichentheorie, *Studia Leibnitiana* (13), pp. 278-298.

第9章

超越性としての正義

朱　燁

正義それ自体はというと，もしそのようなものが現実に存在するならば，法／権利[1]
の外または法／権利のかなたにあり，そのために脱構築しえない。(デリダ，1999, p.
34)

　正義とは何かという問いは，人間の歴史を通して問われ続けてきた。時には
小さな論争で，時には大きな戦争で，その答えについて争われてきたが，その
最終的な結論がいまだに得られてはいない。あたかも正義についての問いが続
くかぎり人間の歴史が更新されつづけるかのようであり，もしくは，その逆で
あるかのようである。あるいは，正義とは何かという問いについての最終的な
結論が得られた時に，人間の社会が歴史を刻むのをやめ，ついに「歴史の終わ
り」に到達してしまうかのようでもある。しかしながら，歴史に終止符を打ち，
ある種の絶対的な安定さを人間の社会にもたらすものとして正義を考えること
は，果たして正義にかなっているといえるであろうか。もし，そうでないとす
るなら，正義にかなうような正義についての別の思考とはどのような仕方のも
のであろうか。この問いが本章の取り組む中心的な問いである。
　この問いに答えていくために，さしあたり，正義をより具体的な形で，すな
わち，通常正義の実現とみなされている法／権利の存在意味という観点から考
える必要がある。そのために，正義そのものではないが，正義と緊密な関係に
ある法／権利が存在するのはなぜかと問う必要がある。言い換えれば，まず純
粋な正義があって，その正義を実現するための手段として，あるいは，正義の
表現として法や権利があるのか，それとも，法や権利が正義を本質的に構成し，
したがって法／権利に歴史があるように，正義にとっても歴史が本質的である
のか。デリダはその著書『法の力』(デリダ，1999)においてこのことを再考す
るように我々に促している。冒頭の引用において，「正義それ自体」に対して，

「もしそのようなものが現実に存在するならば」という譲歩のレトリックが使用されていることには，以上のような正義と法／権利との関係をめぐる根本的な問いが隠されている。

　結論を先取りするが，デリダにとって，歴史の終焉としての正義は，個別なるものを抑圧し排除する全体主義的なものであって，むしろ彼が思考しているもうひとつの正義に反するものである。なぜならば，歴史の終焉としての正義は，歴史の終焉において，法／権利と一体化し，法／権利が修正される余地がなくなる。これこそが，全体主義の悪夢であり，デリダが脱構築によって抵抗しようとしてきたものである。この抵抗は，正義に個別なるもの，すなわち，単独性（sigularité）という視点を導入することによってなされる。ここに西洋の哲学を貫いてきた一つの問題系の捉え直し，すなわち，相互に還元不可能な二項としての単独性と普遍性の関係の捉え直しがなされている。法／権利が普遍性を要求するものであるのに対して，デリダの考えるもうひとつの正義はそれに加えて単独性も要求するものである。ここに導入される単独性という視座こそが，冒頭の引用において，正義そのものが法／権利の「かなた」もしくは「外」といわれる所以である。本章はこのことをデリダのテクストに沿って描き出してゆく。

　デリダによれば，単独性と普遍性とは原則的に両立不可能なものである。あるものだけに当てはまる性質は，同時に他のすべてのものにも当てはまることができないということである。したがって，単独性と普遍性の両方を同時に要求する正義も必然的に不可能なものである。これは一見すると正義そのものの否定に見えるが，まさにこの不可能性から出発してこそ，正義を歴史の終焉としてではなく，別の仕方で思考することが可能になる。このようにデリダは正義を不可能の可能性という逆説において思考する。その思考において，人間の言語活動が単独性と普遍性という両立不可能なものを媒介する重要な契機として見いだされる。言語活動そのものが，単独性と普遍性の両立不可能なものの差異の経験であり，その意味において常にすでに，不可能の可能性の経験そのものである。アガンベンがその著書の『言葉と死』（アガンベン，2009）で捉えたように，人間の言語活動は，単独的な〈このもの〉と，一般的なものとの間に生ずるものであるからである。そしてこの言語活動は，デリダが「翻訳」と

第 9 章　超越性としての正義　　171

呼ぶものと呼応する。本章は，このようなデリダの翻訳概念を読み解き，その
翻訳の経験を通じて，歴史の終焉を超えるものとして，正義を思考することを
目指し，言語活動が人間の超越論的な条件であるように，正義を超越性として
位置づけたい。そこで，まず次節では，上で正義と法／権利との関係について
提起した問題についてデリダのテクストを手がかりにして考えていくこととし
よう。

1.　計算可能なものとしての法／権利と計算不可能なものとしての正義

法／権利とは計算の作用する場であり，法／権利がいくらかでもあることは正義にか
なっている。けれども正義とは，それを計算することの不可能なものである。正義は，
計算不可能なものについて計算するよう要求する。そしてアポリアを含んだ経験とは
正義の経験である。正義の経験とはつまり，正義にかなうものかそれとも正義にかな
わないものかの決断に規則が何の保証も与えることのできないさまざまな瞬間におけ
る避けて通れない，けれどもとてもありそうにない経験である。(デリダ 1999: 39)

　デリダは，法／権利と正義の関係を計算可能性と計算不可能性という区分を
立てて考えている。ここでの計算可能であるということは，単に数字として演
算することが可能であるということにとどまらず，予測や計画等においてその
根幹をなすような一般法則に基づく思考様式を示している。計算可能なものだ
けを思考するなら，未来はプログラム化された現在の延長であり，他者は共約
可能な性質の集合体でしかない。そのような意味での正義の到来は，未来や他
者のような，本質的には予期，計画することができないようなもの，言い換え
れば，人間の支配することのできないものの消滅でしかない。しかし，このこ
とは計算可能性の排除を意味しておらず，正義が法／権利の純粋な反対物であ
るということをも意味しない。それゆえに，「法／権利がいくらでもあること
は正義にかなっている」わけである。
　デリダが，正義を計算することのできないものだと考えるのは，彼が法／権
利という普遍性の次元では排除されてしまう単独性の次元を正義に見いだすか
らである。この単独性という概念を理解するために，次のような極端な事例を

想定してみよう。ある医者のところに，瀕死の病人が同時に2人運び込まれて，一人しか助けることができないとしよう。この場合，医者がどのような選択をしても，一人に犠牲を強いることになり，最適解をもとめるということによってこの窮地を切り抜けることができないという状態に陥る。ここで医者を助けるような一般法則の限界，すなわち計算可能性の限界が露呈され，彼は彼自身のみで決断をしなければならなくなる。このような決断の瞬間において，彼は自分が自分独りであり，誰もが代替できない自分であること，すなわち自らの単独性を経験し，誰もが肩代わりすることのできない単独な責任を引き受けることになる。このように計算することの不可能な限界においてこそ，デリダは歴史の終焉を超える正義の可能性を見いだす。

　計算可能なものにのみ従うことは，確かに判断に保証や正当性を付与するが，それと同時に原理的に人からその単独性を奪うことにもなる。原則に従って判断することにより，誰もが同じ結論に至るならば，判断する人間はもはや必要とされないし，単独な責任――デリダに言わせれば，単独な責任ではないような責任はもはや責任とは呼べないが――も存在しない。そのような意味で計算可能なもののみに従うような正義の実現は，人間を疎外した全体主義という形をとるほかない。このことについてデリダは次のように指摘している。

> 技術文明は，責任ある自己という，神秘的でかけがえのない単独性＝特異性（サンギュラリテ）を「平板化」し，中和してしまうからだ。この技術文明の個人主義は，人格の個人主義ではない。別の言葉を使うならば，仮面ないしはペルソナの個人主義，人物（ペルソナージュ）の個人主義であって，人格の個人主義ではないということもできるだろう。［……］個人主義は社会主義や集団主義となり，単独性の倫理や政治を模倣する。自由主義は社会主義に合流し，民主主義は全体主義に合流する。（デリダ, 2009, pp. 76-77）

　計算可能性という基礎の上で作られた技術文明において，人格としての個人が疎外，抑圧されるという姿がここで述べられている。技術文明における計算可能性にのみ従う正義に対するデリダの抵抗は，正義そのものへの問い直しであると同時に，技術文明そのものに対する抵抗をも形成することになる。しかし，このことは，計算を放棄してただ決断するだけでよいと言っているわけで

はない。本節の冒頭の引用において，「正義は，計算不可能なものについて計算するよう要求する」という，一見して矛盾した言い方がなされているのもそのためである。これが意味するのは，デリダのいう「正義」がどこまでも，計算可能性を保持し，要求するが，それにとどまることなく，それを超える，ある種の余剰を要求するものであるということである。

このような正義のアポリアは，「決断」という計算可能の限界での出来事に最も顕著に現れる。

> ある決断が正義にかなうものでありかつ責任／応答可能なものであるためには，その決断はそれに固有な瞬間において——このような瞬間があるとして——，規則されながら同時に規則なしにあるのでなければならない。すなわち，それぞれのケースにおいて掟を再発明せねばならないほどに，それを正義にかなうようにし直さねばならないほどに，自由にそれにまったく新しい確証を与える，という形で掟を再発明せねばならなくほどに，掟を破壊したり宙吊りしたりする必要がある。（デリダ, 1999, p. 56）

ここでデリダが「決断」の出来事に見いだそうとしているのは，安定した規則に生じるある種の間隙，ズレ，不連続性である。規則に従う人は，常に未聞な新しい状況に直面させられ，そのたびごとにその新しい状況に即して規則を考案しなおしているとデリダが捉えている。その際に人は，「かけがえのない単独性」を経験し，肩代わりできない責任を負い，決断を行う。規則に生じるズレや不連続性を不安定性として捉え，それを排除することで安定性をもたらすという常識に逆らって，デリダはこうした隙間やズレにこそ，歴史を完全に否定することのない正義の可能性を見いだす。このとき歴史とは，そうした隙間やズレという不連続の出来事によって構成されている。それは，「さまざまな規則やプログラムや予測等々をことごとく超出するような，出来事」の出現によって条件づけられている（デリダ 1999, p. 73）。

決断について留意すべき点が二つある。一つは「決断」という言葉がもつ能動的な含意とは逆に，「決断」は主体の無力化の状態でしか起こりえないという受動的な側面を必ず伴うということである。「主体は決して何も決断しえない」というデリダが述べているのはこのことである（デリダ 1999, p. 60）。前述

の医者の例でもそうであるように，決断するときは，頼りとなる規則も原理も無力である，言い換えれば，主体と呼ばれるものの支配力はすでに奪われている状態である。しかし，人は切迫した状況下で，これ以上の熟考や遅延は許されず，主体の支配力が時間によって回復するのを待つことなく，決断を下されなければならない。もう一つは，決断の時間は常に瞬間であり，これ以上分解して何かのプロセスに還元することのできないものである。この還元不可能なものの不可視性こそがデリダが謎や秘密と呼び，現前の形而上学[2]という西洋哲学の支配的な伝統と彼が呼ぶものに抵抗するために重要視した要素である。

　このような「決断」が劇的な形で現れるのは，旧約聖書に出てくるアブラハムのイサク奉献の物語であり，デリダはその著書の『死を与える』(2009) において，この場面を分析している。そこで次にはこの分析を見ることを通して，「決断」と言語との関わりを明らかにしていきたい。

2. 決断の場としての沈黙

　アブラハムのイサク奉献の物語は，旧約聖書に出てくる物語である。長年子息がいなかったアブラハムには，晩年イサクという息子が授かる。しかし，ある日神からイサクを祭壇に捧げよとの命令をうけて，苦悩の末祭壇に捧げようとしたところで，天使に手をとめられて，無事信仰の試練をくぐり抜けるという物語である。決断が現れるのは，アブラハムが祭壇に横たわる息子に手を下すという瞬間においてである。

　アブラハムは神との単独で非対称な関係において，神から息子のイサクを捧げよと命令を受けて，神への信仰心を証明しようとするならば，この命令を実行するほかないが，息子を殺すという倫理に相反することをなぜ神が命令するのかは一切説明されない。ここにある種の根源的な受動性が現れている。神からはいかなる道理も根拠も与えられないことによって，アブラハムはその主体性も，計算する能力も奪われ，無力化される。そのうえ，アブラハムはこの命令を息子のイサクにすら最後の瞬間まで隠していた。なぜなら，神からの命令を口外するということは，これから行うことに関する自己の意志の否定，すなわち自己弁護であり，自分の責任の放棄であり，最終的には信仰心の証明の失

敗であるとデリダは考えている。

　ここでデリダは単独性と言語とが対立するような瞬間を示唆する。

　　だが口を開いてしまった瞬間，つまり言語という場に入り込んでしまった瞬間に，ひ
　　とは単独性を失う。そして決断する可能性や権利を失う。結局のところ，およそ決断
　　というものはすべて，孤独であり秘密であると同時に，沈黙したものにとどまるべき
　　なのだろう。語ることは私たちの心をなぐさめる，なぜならそれは〔私を〕普遍的な
　　ものへと「翻訳」してくれるから，とキルケゴールは記している（デリダ, 2009, p.
　　125）。

言語は，反復可能性によって特徴づけられるもので，反復のできない１回限り
の単独性とは対照的である。言語の場とは反復可能なものの場であり，反復で
きないものは必然的にこの場からは排除される。しかしながら，沈黙において
決断することは言語活動を断念することを意味するものでない。このことは
『法と力』でデリダが沈黙について語っている箇所において確認できる。

　　この（正義にかなうようにする）言説はここで自分の限界に突き当たる。それはこの
　　言説それ自体の限界，この言説の行為遂行的権力そのもののなかにある限界である。
　　私はここでは神秘的なものと呼ぶことにしたらどうか——そのためにはその構造を少
　　しずらして一般化すればよいのだ——と思う。ここにあるのは，基礎づけをなす現実
　　的行為の暴力的構造のつくる壁で囲い込まれた沈黙である。壁で囲い込まれる，壁で
　　閉じ込められるという言い方をするのは，この沈黙が言語活動の外側にあるものでは
　　ないからである。（デリダ, 1999, p. 32, 傍点は引用者）

デリダはここで，モンテーニュが提起した「権威の神秘的基礎」の問題を再解
釈しつつ，掟を作り出すという行為遂行的な言説の限界に「沈黙」という「神
秘的なもの」を見いだす。掟をつくることとは，何が正当で何が不当かを設定
することである。そうした設定を行う行為遂行的な言説に限界があるというこ
とは，そうした言説自身が一種の力の行使であり，その力の行使が正当である
かどうかを行為遂行的な言説によって説明しつくすことが決してできないとい
うことを意味する。この説明を超えるところにこそ，「沈黙」は見いだされる
のである。

しかし，なぜ沈黙が言語活動の外側にないのか，言い換えれば，沈黙によってなぜ人は言語活動の外側に出るわけではないのかという問題は依然として残り続ける。この問いに対する一つの応答の方向性を示唆してくれるものが，デリダの哲学と密接な関わりをもつアガンベンによる言語活動の解釈である。アガンベンは，『言葉と死』（アガンベン，2009）において，言語活動が生起する場所についての思索を進めていく過程で，単独的なものと反復可能なものとの間にその場所を発見する。彼はヘーゲル，ハイデガーらの多くの哲学者から言語活動の場所というテーマを引き出しているが，ここですべてを取り上げるわけにはいかないので，一例だけを示すことに留める。

　『言葉と死』の付記1において，アガンベンはアリストテレスの存在のカテゴリー論を取り上げている。アガンベンによると，アリストテレスの第一的実体と第二的実体の区分は，代名詞および指示行為と，普通名詞および意味表現行為との区別に相当する（アガンベン 2009, p. 53）。代名詞と指示行為は，常にその度毎に対象との関係を築き直すために指示しなおさなければならず，それゆえ反復されえない。一方普通名詞と意味表現行為は，単独的な対象との関係をもたずに，それ自体反復可能である。言語活動はまさにこの二者の間で生起する。この言語活動の場所は，音声の除去と意味の出現のあいだにあって，〈声〉はもはや音声でないとなおも意味でないという身分をもつような否定的な次元である（ibid. p. 93）。そこにおいて人間は指示すべき対象も表現すべき内容ももっていないので，必然的に沈黙せざるをえない。

　このようにしてアガンベンが差し出す構図をもとに，デリダの引用の中の「口を開いてしまった」という記述を解釈し直してみると，それは言語活動がすでに生起した後，意味が表現されてしまったというありさまを描き出すものであることがわかる。しかし，沈黙の場所は決して指示行為の場所と同一ではない。それどころか，沈黙の場所は指示行為や意味表現行為の場所よりもいっそう根源的なもので，それは，指示行為と意味表現行為の分節を，それらが生じる手前で構成する場所なのである。こうしたことから考えれば，前節で述べたような単独性と普遍性の両方を要求する決断が行われる場所もまた，まさに沈黙のうちで言語活動が生起するような場所である。

　さらに，前節で決断は主体的な出来事ではないというデリダの主張を述べた

わけであるが，言語活動が生起するというのは主体的な出来事なのではないかという疑問が当然生じてくるであろう。この点についてアガンベンは，実は言語活動の生起もまた主体的な出来事ではないと主張している。アガンベンはハイデガーの『存在と時間』における不安の規定と言語活動を結びつけて次のように述べている。

> ダーザインは自らの声によって運ばれていくことなしに言語活動の場所の中に自分が居るのを見いだすのであり，言語活動はすでにつねにダーザインに先立って展開されているのである。というのも，ダーザインは〈声をもたないまま〉言語活動の場所のなかに置かれているのである。(アガンベン, 2009, p. 134)（強調は原文）

ダーザイン（現存在）はハイデガーの『存在と時間』における人間の存在論的な定義であり，ここでは人間として理解することができる。つまり，上の引用で言わんとしているのは，言語活動の場所に人間は自分の場所を見いだすのであって，決して人間が自ら言語活動の場所の中へ入り込んだのではないということである。したがって，自己や主体は言語活動の場の中にすでにつねにいてしまっていて，言語活動それ自体は決して純粋に能動性によってのみ規定できないものである。単独性と普遍性に関連付けなおすならば，単独性や普遍性は言語活動が生起することによって生じるものであり，それ自体は言語活動そのものから独立に存在しえないものである。それどころか，単独性と普遍性は言語活動によって構成されており，その諸効果ですらあるのだ。このような見方をするなら，決断の出来事を中心に据えたデリダの正義への問いもまた，単純に計算可能な普遍性の次元に，計算不可能な単独性を付け加えるということに留まりえなくなり，その両者が生起する手前へと我々を連れ戻すものであることが明らかになる。デリダのいうところの「不可能な可能性」としての正義の経験もまた，こうした観点から理解可能になる。次節では，このような正義の経験の様相をさらに開示すべく，「翻訳」という言語活動との結びつきからもうひとつの正義の意味を考察してゆくことにしよう。

3. 他者の言語と翻訳としての正義

デリダは『法と力』の冒頭で，翻訳の問題をこれから話すことの中心をなすと宣言する。

> あなたがたと私，つまりわれわれは，最初はフランス語で書かれた私のテクストの翻訳をほとんど同じ仕方で理解しなければならない。ただし，どんなに優れたものであろうと，それはやはり必然的に翻訳のままである。すなわちそれは，いつでも成立しうるがいつでも不完全な，二つの固有言語（イディオム）の間の妥協なのである。
> この言語や固有言語をめぐる問いはおそらく，私があなたがたに議論していただきたいとおもっていることの中心をなすであろう。（デリダ 1999, p. 10）

引用部分の少し前のところで，脱構築と正義の関係について言及した後に，デリダは「私はあなたがたに英語で私を送り届けなければならない」ということを強調して，翻訳の問題を提起する（ibid., p. 8）。この強調は「正義への権利について／法（＝権利）から正義へ」というタイトルから考えれば，一見すると本題から外れているようであり，奇妙に映るかもしれない。しかし，引用の中での「中心をなす」という表現は，デリダが翻訳の問題を正義への問いとは切り離すことのできない問題だと考えていることを暗示している。

「英語で私を送り届けなければならない」ということは，少なくとも，その場の支配的な言語である英語を使用するという暗黙の掟に従う義務と，英語という言語の規則に従う義務という二重の意味において，「私の左右できない状況においてある種の象徴的な力または掟」（ibid., p. 8）に従うことを意味している。前節で論じたことから考えれば，この他者の掟に従うことが正義の経験の根本をなしている。それゆえ，「英語で私を送り届けなければならない」という宣言は，アブラハムが神の命令に従うような，「決断」の証しにほかならない。

言語と他者の法との関係について，デリダは『たった一つの，私のものではない言葉——他者の単一言語使用』（2001）において，次のように語っている。

> 他者の単一言語使用［monolinguism］とは，なるほど，何よりもまずこの主権性，他

処からやってきた法のことであるだろうが，しかしそれは同時にそして何よりもまず，〈法〉の言語そのものであるだろう。そして，それは〈言語〉としての〈法〉であるだろう。その経験は，見たところ自律的なものであるだろう。なぜなら，私はそれを，すなわちこの法を語らねばならず，あたかもそれを自分自身でみずからに与えているかのようにして，この法を理解するべく自己固有化しなければならないからだ。しかし，この法は必然的に──拾のところあらゆる法の本質がそう望んでいるように──他律的なままにとどまる。法の狂気は，みずからの可能性をこのような自律─他律性の炉の中心に，永久に住み着かせるのである。（デリダ, 2001, p. 75）

言語活動において，我々はあらゆる明示的な規則に先立って，言語という他者の法に従っている。言語活動自体は一見して自律的であるように見えるが，言語活動が可能であるために与えられた法はどこまでも他律的なものにとどまってしまう。こうしたことがここで述べられている。ここでは自律性と他律性を妥協させようとしたり，または自律性を否定しようとしたりしているわけではない。むしろ自律性と他律性という両者の，通常想定されているよりもはるかに複雑で根源的な関係が描かれている。言語活動を行うということそれ自体が，他者に対する応答の可能性にすでに開かれているということ／責任をもつことができる（responsablité）ということを承認しているということである。「私」という単独的な主体は，このような他者の呼びかけに応じることとしての言語活動の中で生起するということである。

　しかし，人が他者の法を自己固有化＝所有（appropriation）することで，自らの言語，つまり母語をもつに至る時，言語の他律性は忘れ去られる。翻訳の経験が重要であるのは，二つの「固有言語」の間でそれらの固有性が宙吊りにされることで，我々が言語活動の他律性にさらされるためである。すなわち，翻訳の経験において，我々は単独化され，言語活動を通じて到来する他者の声を聞くことが可能になる。デリダにとって翻訳の問題が超越性としての正義の経験と不可分であるのは，まさにこの点においてである。

　以上のようにデリダのもうひとつの正義の経験の地平を開く，言語活動そのものの性質としての翻訳に比する時，今井康雄が「「教育という尺度」をもとめて──迂回的接近の試み」における翻訳の解釈とのずれが鮮明なものになる。今井はベンヤミンの翻訳論に言及にしながら，翻訳の使命を，言語がしっかり

と世界にむすびつけられているような名称言語を再獲得することであるとして
いる。

> 翻訳はたしかに言語間の水平的な関係に自らを限定し，そこでは言語相互間の共約不
> 可能な差異が浮かび上がる。しかしこのように差異が浮かび上がらせることが意味を
> もつのは，名称言語において可能となる世界との意味論的な結合が遠い射程に入って
> いるからなのである。(今井，本書第8章, p. 164)

　ここで「結合」と対置される言語と世界との「乖離」状態は，今井がこの乖離
を危機として捉え，これを根本的に解決する方策として翻訳を位置づけている
ことを示唆するものである。しかし，本章でのこれまでの議論を踏まえれば，
言語と世界との乖離という危機的状況は別の仕方で——解決すべき問題として
ではない形で——捉え直すことができよう。すなわち，デリダが翻訳を通じて
提示するものは，言語活動の結果としてすでに言われてしまったものとしての
シニフィアンとしての言語に回収されえない，それを超えてある言語の余剰と
して，そのシニフィアンが予見する，来るべき世界の到来なのである。このと
き翻訳は，常にその来るべき世界の誕生に伴う危機とともにあり，危機からの
再生という転換の時に立ち会う経験である。このように翻訳概念を捉え直すな
ら，ポール・スタンディッシュが本書の「ひとつの言語，ひとつの世界——教
育を測る共通尺度，教育が測る共通性」(本書第7章) において語っている，「わ
れわれの慣習的な言語使用の下に横たわる深淵の経験」は，今井が案ずるよう
な「底なし」経験というよりもむしろ，危機を機会へと転ずる，他なるものの
到来によって揺さぶられる翻訳経験として捉えるにふさわしいものであること
がわかる。「深淵の経験」としての翻訳は，今井が批判したような文化相対主
義に陥るものでは決してなく，むしろ，言語活動の他律性と超越性を受容する
思考枠組みの転換にほかならない。スタンディッシュがデリダを引きながら捉
えるように，神聖な言語と神聖でないものとの溝は責任と判断の空間をまさに
開く二つの場所の間の縁，深淵の縁の経験をもたらす (デリダ, 2002, スタンディ
ッシュ, 本書第7章, p. 145を参照)。この深淵を生き抜き，思考し続けることが超
越性としての正義の経験である。

第9章 超越性としての正義　　181

　ここで我々は翻訳としての正義という途方もないようなものを考えている。
それは出来事において，あらゆるまっすぐな道を中断し，折り曲げるという意
味おいて，途方もない。しかし，それにもかかわらず，それは常に到来しつづ
けるものであり，我々が予想だにしなかったような仕方において到来するとい
う意味で途方もない。法／権利が歴史的な展開の契機としての曲がり角におい
て，我々は正義の到来を，翻訳と同様な仕方で到来させ，到来するがままにさ
せるのである。

注

1)　フランス語の "droit" の訳語であり，法，規則と権利，義務という二つの意味が
　　込められている。

2)　現前の形而上学という用語は，デリダがその著書『根源の彼方に』(1976) の中
　　で用いており，その中で彼は今，ここという現前性を中心に据える西洋の形而上
　　学をロゴス中心主義といって批判している。この場合のロゴスとは，論理や理性
　　を超えて，ハイデガーがその著書『存在と時間』(2003) で言及しているように，
　　「見えるようにさせる」ものという意味をもつ。これに対して，デリダは秘密や
　　謎といった不可視の現象の排除不可能性を繰り返し強調することで，現前の形而
　　上学に抵抗していると筆者は解釈している。

参考文献

アガンベン，J. (2009).『言葉と死』上村忠男訳，筑摩書房.

デリダ，J. (1976).『根源の彼方に――グラマトロジーについて』上下，足立和浩訳，
　　現代思潮社.

デリダ，J. (1999).『法の力』堅田研一訳，法政大学出版局.

デリダ，J. (2001).『たった一つの，私のものではない言葉――他者の単一言語使用』
　　守中高明訳，岩波書店.

Derrida, J. (2002). "The Eyes of Language," in Act of Religion, G. Anidjar (ed. and
　　trans.), New York and London: Routledge.

デリダ，J. (2009).『死を与える』廣瀬浩司・林好雄訳，筑摩書房.

ハイデガー，M. (2003).『存在と時間』原佑・渡邊二郎訳，中央公論新社.

第 **10** 章

グローバル・リスク社会における正義
戦争と放射線被曝をめぐる生-政治

嘉指信雄

1. 共同体主義と討議民主主義──サンデルにおける「共同体」の両義性

　マイケル・サンデルは，基本的には，共同体主義者として知られており，『これからの「正義」の話をしよう』(サンデル, 2010, 以下，『正義』と略。原題は *Justice: What's the Right Thing to Do*) においても，その立場は一貫しているように見える──少なくとも，功利主義，リバタリアニズム，普遍的規範主義の問題・限界を浮かび上がらせてゆく行論を見るかぎりは，そうである。しかしながら，これらの競合的立場が，最終的に，彼の共同体主義とどのような関係に立つのか，必ずしも明快ではない。実際，最終章では，「公正な社会は，ただ効用を最大化したり選択の自由を保証したりするだけでは，達成できない。公正な社会を達成するためには，善良な生活の意味をわれわれがともに考え，避けられない不一致を受け入れられる公共の文化をつくりださなくてはいけない」(ibid., p. 335, 傍点筆者)[1] と述べられている。サンデルは，『正義』における一貫した批判的取り扱いにもかかわらず，実際は，他の競合的理論の妥当性を制限付きではあるが認めており，サンデルが提唱しているのは，むしろ，「良き生活」を求める共同体主義的関心が中心的役割を担う討議民主主義なのだといえよう。実際，最終章は，「公正な社会が善良な生活についてともに判断することで成り立つとすれば，われわれをこの方向に向かわせるのはどんな種類の政治的言説か，という問いが残る」と述べ，「共通善に基づく新たな政治」への道筋を示唆することで終わっている。

　つまり，サンデルの議論は，実際は，「所与としての共同体」と「創り出さるべき共同体」という，方向性の異なる二つの「共同体」概念を両輪として駆動している──つまり，「共同体のメンバーは，自らが選択したのではない紐帯によって共同体と結びつけられている」という，狭義における共同体主義的

理解を基盤としつつも，「公的討議のための場として共同体」概念，あるいは，「共同体とは，公的討議を通じて創り出されるべきもの」という討議民主主義的理念によって，未来志向的な創造的ダイナミズムを与えられている。日本においては社会的現象ともなったサンデルの『正義』の人気は，その狭義の共同体主義的立場への共感によるものというよりは，むしろ，討議民主主義の醍醐味と可能性をメディアを通じて見事に示してみせた教育的実践の成功によるものではないか。しかしながら，サンデルの『正義』を評価するにあたり，その狭義の共同体主義的前提はあまり重要ではないということではない——『正義』の枠組みそのものを規定している共同体主義的基盤がはらんでいる問題は，討議民主主義的実践の鮮やかさによって後景へと押しやられてしまっているがゆえに，見えにくくなってしまっているにすぎない。

2. サンデルに見る「壁の影」——戦争と道徳的ジレンマ

　『正義』の特徴のひとつは——サンデルがアメリカの哲学者であるから或る意味で自然なことではあるが——考察の対象となっている具体的ケースの多くはアメリカ社会に関わるものであることだ。しかしながら，その共同体主義的スタンスが具体的にはアメリカ社会に根ざしたものであり，それゆえに，限定された「生の様式」と「関心の地平」に規定されているという事実は，方法としての，あるいは理念として掲げられた討議民主主義の方向やグローバルな射程を考慮するにあたり，決定的意味をもってくる。

> プラトンの『国家』のなかで，ソクラテスは一般市民を洞窟に閉じ込められた囚人になぞらえている。囚人には壁に揺らぐ影，つまり彼らが感知できない対象の反射したものしか見えない。この話では，哲学者だけが洞窟から明るい陽光のなかに出ていき，そこで現実に存在する物を見ることができるとされる。……
> 　プラトンが言いたいのは，正義の意味や善良な生活の本質を把握するには，先入観や決まりきった日常生活を乗り越えなければならないということだ。プラトンは正しいと思うが，それは一部にすぎない。洞窟の比喩には聞くべきところもある。道徳をめぐる考察が弁証法的プロセスを踏む——つまり具体的状況における判断と，そうした判断の土台となる原則の間を行ったり来たりする——なら，いかに偏っていて素朴

なものだろうと，たたき台としての意見や信念が必要となる。壁の影を無視する哲学
は，不毛のユートピアを生み出すにすぎない。(ibid., p. 42)

『正義』の第1章「正しいことをする」結語近くでの言葉である。しかしな
がら，この著作を通読する時，多くの人は，サンデル自身の議論そのものが，
小さからぬ「壁の影」に覆われているのを感じるのではないか。サンデルにお
ける最も大きな「影」の一つは，イラクやアフガニスタンにおける戦争に関連
したケースの論じ方にかかっているといえよう。確かに，「パープルハート勲
章にふさわしい戦傷とは？」や「アフガニスタンにおける羊飼い」といったセ
クションにおける分析自体は明晰なものであり，戦場で直面する「道徳的ジレ
ンマ」や，「心理的トラウマも名誉の戦傷と見なされるべきか」をめぐる論争
に含まれる複雑かつ微妙なポイントを鮮やかに描き出している。しかし人は，
そうした分析が明晰であればあるほど，「こうした戦争そのものの道義的性格
はどうなのだ？」と問わざるをえないのではないか[2]。少なくともこの著作に
おいて，「アメリカの戦争」そのものの道義性・正義は問題にされておらず，
不問に付されているか，明示的ではないにせよ，事実として当然視されてしま
っているように見える。いったん，戦争が始まり，戦場に送り出されれば，兵
士は戦わざるをえず，様々な深刻きわまりない道徳的ジレンマに直面すること
となろう。しかし，「テロとの戦い」の名のもと，「イラクによる大量破壊兵器
保有」という正当化のものに強行された「アメリカの戦争」に「正義」はあっ
たのか。まさにそこにこそ，問題の根幹はある。しかし，その根幹はサンデル
自身の影によって覆われ，視野の外に置かれてしまっている。こうした点があ
まり問題とされることなく，『正義』がベストセラーとなったという事実その
ものに大きな問題がはらまれているといわざるをえないだろう。こうした問題
は，根本においては，攻撃を受苦する側の現実に十分な注意が向けられていな
いことに由来するものといえよう。これこそがサンデルの共同体主義的問いの
枠組みそのものがはらむ限界，その「影」であるといえよう。

3. 行為と受苦の断絶[3]

「経験」は行為と受苦の連関として初めて成立するものならば[4]，戦闘行為，特に，近現代の武器システムによる攻撃行為においては，逆に，できるかぎり自らは影響・被害をこうむることなく対象に打撃を及ぼすこと，つまり，行為と受苦のあいだに断絶を保つことこそが肝要であるという意味において，「経験」が成立しないことこそが目指されているといえる。

短いながらもスペイン市民戦争に参加し，少年兵でさえ銃を手にしたとき，たちまちにして権力的な振る舞い方をし始めることを目撃したシモーヌ・ヴェーユは，異なる文脈ではあるが，次のように書いている——

> 人間と人間自身，人間と事物のあいだに均衡を探し求めること。
> すべての均衡が損なわれている。例えば，労働とその結果のあいだ。投機は間接的に農民層まで腐敗させてしまった……。
> もはや行動と行動の結果とのあいだに，感じ取ることができる関係は存在しない。……（ヴェーユ，1998, p. 115）

これは，武器を媒介とした他者関係である戦闘行為，とりわけ，軍事的目的には釣り合わない過度な被害を引き起こしてしまう「非人道的」兵器の使用にこそあてはまる観察である。戦争における攻撃において，多くの場合，被害をこうむる側，受苦を強いられる側の現実は過小評価されるか，隠蔽されてしまう[5]。行為の帰結は，軍事的意味にのみ縮減されてしまいがちだ。必要なのは，「軍事的意味に縮減されてしまう経験の意味」を，受苦する者の立場から捉え直すこと——さらには，そうした試みによっても容易には架橋しがたい断絶，つまり，攻撃する者とその行為の帰結である「受苦の経験」の間に広がる断絶にこそ注意を向け続けることであろう。残念ながら，サンデルの『正義』にこうした視点を見出すことはあまりできない。

しかし，いかなるものであれ共同体主義的議論は，その本質からして，自らの他者に対して盲目となる危険性が強い，あるいは，そうした自らの盲目性に対する反省への契機が弱いといえよう。なぜなら，そもそも共同体主義的立場において問題とされるのは，主として，特定の共同体において重視される価

第10章　グローバル・リスク社会における正義　　　187

値・理念と，そのメンバーの生・行為との関係であり，共同体の外部・他者は，おのずから，その関心の地平の彼方に位置づけられる。関心の中心へと前景化することがあったとしても，それは多くの場合，紛争・問題状況における「共同体の敵」としてである。もちろん，共同体主義的立場は，自らの外部・他者への開かれた眼差しを決してもちえないということではない。しかし，そのためには，「共同体」概念そのものの拡大・変容，あるいは，自らの「共同体」概念を対象化する批判的視座の組み込みが必要となろう。

4.　グローバル・リスク社会の到来──「富の追求」から「安全の確保」へ

　また，『正義』において示唆された「共通善に基づく新たな政治」の展望において主題化されていない最大の問題の一つは，「グローバル・リスク社会」における社会正義の変容であろう。

　1986年に起きたチェルノブイリ原発事故直後に出版された『リスク社会──新しい近代への道』[6]において，ウルリッヒ・ベックは，国民国家を枠組みとする「第一の近代」においては，富の分配の「平等」が社会正義の理想とされるが，科学技術の飛躍的発展，国境を越えた資本・商品・人の移動によって駆動された「第二の近代」においては，不可避的に生み出されるグローバル・リスクのもと，「安全」をいかに確保しうるかが，社会正義の中心的関心となると指摘した。

　　公式化して言えば，貧困は階級的で，スモッグは民主的である。近代化に伴うリスクの拡大によって，自然，健康，食生活などが脅かされることで，社会的格差や区別は相対的なものとなる。このことからさらに，様々な結論が導き出される。とはいえ，客観的に見て，リスクは，それが及ぶ範囲内で平等に作用し，その影響を受ける人々を平等化する。リスクのもつ新しいタイプの政治的な力は，まさにここにある。
　　この意味では，リスク社会は決して階級社会などではなく，そのリスク状態を階級の状況として捉えることはできない。リスクの対立を階級の対立として捉えることもできない。（ベック，1986, p. 51, 強調引用者）

　リスクを政治としてどう表現すべきかまだ定まっていなくても，リスクのもつ政治的

な帰結が多義的であるとしても，社会が階級社会からリスク社会へと移行するとき，共同体の質も変わり始める。図式化すると，近代におけるこの二つの社会には，それぞれ全く異なった二つの価値体系が見られる。階級社会の発展力は，平等という理想とつねに関わっている。……しかし，リスク社会においては，このような価値体系を見られない。リスク社会の基礎となり，社会を動かしている規範的な対立概念は，安全性である。リスク社会には，「不平等」社会の価値体系に代わって，「不安」社会の価値体系が現れる。平等というユートピアには，社会を変革するという，内容的にも積極的な目標が多い。一方，安全というユートピアは消極的で防御的である。ここでは，「良いもの」を獲得することは，もはや本質的な問題ではない。最悪の事態を避けることだけが関心事となる。(ibid., p. 75, 強調引用者)

　しばしば指摘されるように，「リスク」という言葉の源となっているラテン語の動詞 "riscare" は，船乗りたちが，利益をもたらす可能性のある航路を拓り開くため，危うい岩礁の多い難所を敢えて通過しよう試みることを意味していた。したがって語源的に「リスク」という言葉は，ただ単に「危険」を意味するのではなく，危険が伴うことを十二分に承知したうえで，利益を得んがため，ある仕方で「敢えて行為する」ことを意味する[7]。この意味において，原子力発電は，まさに比類なき「リスク」である。しかし，それに伴う危険はあまりに大きく，地球にとって，人類にとって，文字どおり取り返しのつかないものとなりうることに，人々は東電福島第一原発事故によって改めて思い知らされた。

　ベックが挑発的に対比して見せたように，そして，日本全国が破局の悪夢に包まれた，原発事故直後の危機的状況が際立たせたように，グローバル・リスク社会においては，「共同体」の規模・性格とともに，人々にとっての最も差し迫った関心事や価値の布置も大きく変容するが，依然として「第一の近代」も「第二の近代」と同時並行的に，複雑に絡み合った形で存在するため，「富の追求」と「安全の確保」という異なる価値・目標のあいだの調整が焦眉の課題となる[8]。最近の事例でいえば，「われわれは99パーセントだ」というスローガンのもと，格差拡大への不満が爆発した「占拠（occupy）運動」が示しているように，「第一の近代」の主要問題は，グローバル・リスクによって特徴づけられる「第二の近代」においても軽減・解消されるどころか，いっそう深

第10章　グローバル・リスク社会における正義　　189

刻なものとなりつつあるし，グローバルな温暖化の原因とされる二酸化炭素の排出規制をめぐる先進国と他の国とのあいだの確執が示しているように，「第一の近代」と「第二の近代」の並存・絡み合いこそが，それぞれの問題の解決をいっそう困難なものとしている。

　また，原発事故によって引き起こされる放射能汚染は，大気や土壌，それに食物連鎖を通じて，最終的には地球上のあらゆる人間・生物が曝されることになるが，他方，発展と豊かさを追求した「第一の近代」が生み出した最たるものといえる原子力発電は，よく指摘されるように，「電力を享受する都会」と「原発が立地する地方」のあいだの地域格差，あるいは，現場で過度の被曝を強いられる原発労働者の存在が象徴する重層的差別の構造によってこそ成り立っている（高橋，2012）。ベックは，「第一の近代」から「第二の近代」への移行における中心的価値の変容を「平等から安全へ」と特徴づけているが，グローバル・リスク社会においても——「持続可能な発展」という標語が象徴するように——「富の追求」という目標が消え去ったわけでもなく，また，「安全・保存」がグローバルな共通の価値となったからといって「差別・格差」の問題が軽減されたわけでもない。私たちは，「富の分配における平等」と「安全における平等」をいかにしてともに実現しうるかという，新たな複合的課題に直面しているのだ。しかし，リスク社会における正義は，リスク社会を生み出した「第一の近代」，つまり，富と発展の追求を目標とした文明のあり方を，第二の近代が新たに突きつける危機の視点から抜本的に捉え直し，変革することなしには達成できないであろう。

5.　放射線リスクをめぐる生−政治

　ミッシェル・フーコーが，近代における監獄，病院，学校などの諸制度の分析を通じて鮮やかに示した「生−権力」概念は，社会的空間における可視的身体の配置・規律・管理に照準したものであったが，晩年に提示された「生−政治」概念は，個人の身体ではなく，統計的にのみ対象化しうる「人口」動態——出生率，死亡率，疾病率などの変化——と不可分な諸問題の「統治性」を主題化するものであった。それは，例えば，天候に左右される食料需給問題や，

検疫網も役に立たないウイルス感染病問題に代表されるように，「生命的」身体が，集団として，自然環境のただ中で直面するリスクを統計的に考慮に入れ，「安全（セキュリティ）」をできるかぎり確保することを目指すさまざまな「統治の技法」を，法的支配とも規律権力とも異なる，近代国家における「国家理性」の実質として際立たせるものである。しかし重要なのは，こうした「統治の技法」は，根本的には予測不可能な自然，つまり，最終的には「統治しきれないもの」を対象としており，完全に成功することはないものと了解されていることだ（フーコー，2007）。

　いうまでもなく，こうした「生-政治」概念は，少子高齢化問題のみならず，東日本大震災以降，改めて焦点となった「防災から減災へ」といった問題意識も先取ったものとなっている。フーコーの理解によれば，「生-政治」は，ともに「統治しきれないもの」である自然環境と身体との関係に関わるものであるが，水や空気，土壌といった自然環境全体を汚染してしまうとともに，生命的身体の自己産出能力を支える遺伝子を傷つけてしまう放射能のリスクをめぐる問題は，現代における「統治性」をめぐる問題，その矛盾の中核に位置づけられよう。以下，「生命的身体の安全としての正義」の観点から，「核時代の生-政治」の具体的有りように光をあててみたい。

　非可視・非可感の放射線をめぐる諸問題，とりわけ放射線被曝安全基準をめぐる問題は，「非可視の現実の統計学的構築」および「健康へのリスクの解釈」をめぐる問題であるが，フーコーの「生-政治」概念とも連なるような形で「リスク」概念に光をあてたベックは，チェルノブイリ事故直後の状況を回顧して次のように語っている——

　　五感は役に立たなかったし，第六感などというものはありませんでした。最初のショックの核心は，こうした文化的盲目にあったと思います。私たちは，突如，肉体的には知覚できず，媒介されて初めて，つまりメディアを通じてのみ経験されうる危険に曝されたのですが，それは，相互に矛盾する専門家の発言を通じて，ということを意味しました。……私たちは，絶えずお互いに反駁し合っている専門家や諸組織の糸につながれた操り人形のように感じました。（Beck and Johannes Willms, 2004, p. 117, 強調引用者）

リスク・コンフリクトの真っただ中で聞かされるのは，競合し合う理論なのです——それらの多くは，ずっと前から存在していて，危険を警告してきたものの無視されてきたものです。その結果，例えば，因果的連鎖はいかなるものかとか，影響を受けるのは誰なのか，といったリスクの定義をめぐって闘いが生じます。(ibid., p. 124)

　これはまさに，東電福島第一原発事故以降，日本で起きていることである——あたかもベックは，現在の日本の状況についてコメントしているかのようだ。リスク社会が引き起こす「価値の重心の移行」とともに，「生命的身体の安全」という観点から社会正義を再考・翻訳することが不可欠となるが，ポスト・ヒロシマ時代においてそれは，放射線リスクに特有な「見えにくい受苦の経験」を基軸として現実の構造を根底から捉え直すことの必要性を意味する。そしてそれは，ベックが指摘するように，「放射線リスクの定義」をめぐる政治的・科学的闘いに市民社会が巻き込まれざるをえないことを意味する。

6.「ポスト・ヒロシマ時代」という制度[9)]

……われわれが制度化ということで考えているのは，ある経験に，それとの連関で一連の他の諸経験が意味をもつようになり思考可能な一系列つまりは一つの歴史をかたちづくることになる，そうした持続的な諸次元を与えるような出来事——ないしは，私のうちに残存物とか残滓としてではなく，ある後続への呼びかけ，ある未来の希求としての一つの意味を沈殿させるような出来事——のことである。(メルロ=ポンティ，1979, p. 44)

　後期メルロ=ポンティの哲学で中心的な役割を演じる，こうした「制度／制度化」(institution) 概念を援用するならば，広島・長崎への原爆投下という歴史的出来事は，それ以降の出来事や営みの多く，ひいては人間と生世界の在り方が，無意識的にせよ，それとの関連において意味を帯びることとなる「基点」として機能しているという意味において，ポスト・ヒロシマ時代という「制度」の基点となっているといえよう。
　しかしながら，この「基点」の出来事がはらむ歴史的意味の全幅は，それほ

ど見えやすいものではない。原爆投下という出来事が「表象の限界」にあるだけではなく，広く「ピカ・ドン」の表現で知られる，凄まじい放射線や熱風による殺戮・破壊だけでなく，いわゆる残留放射能や内部被曝による被害を長期間にわたって引き起こすこととなったからである。しかし，こうした低線量被曝による影響は，原爆症認定集団訴訟においてもずっと過小評価あるいは無視されてきた。

　いわゆる「被爆者援護法」によれば，たとえ被爆者ががんのような重い病にかかっていても，特別な医療支援を受けるためには，厚生労働省から「原爆症」だと認定される必要があり，2003年までに，こうした原爆症認定を受けた人は2200人ほどにすぎなかった。原爆投下直後における外部被爆の推定線量に基づいて認定基準が設定されていたからだが，ついに2003年，こうした状況に憤った被爆者たちが，日本政府を相手取って提訴。原告の数は306名に上り，17の都市で集団訴訟が開始された。2009年5月までに結審したすべての訴訟において国が敗れ，197名が「原爆症認定」を勝ち取った。そのため政府は，残留放射能や内部被曝も考慮に入れるべく認定基準を緩和せざるをえなくなった。具体的には，爆心地から半径3.5キロ以内で被爆した人たちや，投下後100時間以内に半径2キロの地域に入った，いわゆる「入市ヒバクシャ」の人たちにも，原爆症認定の可能性が開かれたのだ。

　こうした基準の緩和は一定の前進とはいえるが，実際には期待されたほどの結果をもたらしていないようだ。実際には，改定後，認定率は下がっており（大野，2010），熊本県の被爆者7名が申請却下処分の取り消しを求めた訴訟の口頭弁論（2011年11月19日）において，「国側は被爆者の内部被曝の影響は重視する程度のものではないと主張。これに対し原告側は「内部被曝の影響を無視した原爆症認定審査は相当でない」とした2009年5月の東京高裁判決を示し「たとえ通らなくても同じ主張を繰り返すのは（現在進行形の）福島第一原発で働く労働者や周辺住民が受ける健康被害への賠償を最小限に抑えたいがためではないか」と反論した」と報じられている（澤本，2011）。

7. 国際的な原子力ムラ

　チェルノブイリ原発事故に関しても，低レベル放射線・内部被曝による被害は，WHO（国際保健機関）やIAEA（国際原子力機関）によって甚だしく過小評価されてきている。2005年に両機関が共同で発表した報告書によれば，チェルノブイリ事故が直接の原因となった死者は43名で，がん死亡者も4000名ほどにすぎないことになっている。こうした過小評価は，いわゆる「原子力の平和利用」を推進するためには，できるかぎり，放射線リスクを「見えない」ようにしておく必要から由来するものだ。しかしながら，ヘレン・カルディコット博士などによって指摘されているように，かつてはWHOも，放射線の有害な影響についてもっと直截に警告を発していたものだった。しかし，1959年，WHOとIAEAのあいだに協定が締結され，WHOは，原発関連の健康問題については，IAEAから事前に了解を得ることなしに独自に調査・研究ができないことになってしまったのだ（Caldicott, 2004）。

　こうしたIAEA-WHO協定（Agreement WHA 12-40）に放射能被害問題の一つの元凶を認めたヨーロッパのNGOが集まって，「For Independence of WHO（WHOの独立のために）」という名のNGO連合体が結成され，2007年以来，ジュネーブのWHO本部前での抗議行動などに取り組んできているが[10]，彼らは，福島原発事故から間もない2011年5月，WHOのマーガレット・チャン事務局長と面談することに成功し，「IAEA-WHO協定」の撤廃などの組織改革を求めた。チャン事務局長は，問題の「協定」がWHOの束縛となっているとは認めなかったが，「チェルノブイリ事故による直接的犠牲者の数が，IAEA-WHO報告が言うように50名ほどにすぎないとは信じていない」と述べた[11]。さらに，現在，ジュネーブのWHO本部には，放射線被害に関する専門職員は1人しかおらず，予算削減などの理由で部局復活の予定もないということが明らかとなった[12]。もともと，WHO本部の放射線健康局には数名の専門科学者しか配属されていなかったのだが，2009年に，「産業界との癒着が疑われた局長が退任した後，組織自体が解体された」とのこと。「IAEA-WHO協定」による制約云々の前に，そもそも，放射線被害問題に取り組むことのできる人的・組織的態勢がWHOにはないということになる。まさに驚くべき事実であ

るが，IAEA に働いている核問題専門家の数と対比すると，私たちが生きている核・原子力体制の在り方を象徴するものといえよう——私たちは，原子力発電促進には熱心だが，放射線リスクに対しては無防備な国際社会に生かされているのだ。

8. 放射性廃棄物の軍事利用——劣化ウラン兵器と「出生」への脅威

　核サイクルは，ウラン採掘から核兵器製造・原子力発電，そして放射性廃棄物処理に至る，その全過程が甚大なリスクを伴うものであるが，放射性廃棄物の軍事利用である劣化ウラン兵器は，核サイクルがはらむ無理と矛盾の帰結の一つといえよう。

　いわゆる劣化ウラン（DU）は，核兵器や原発に必要な濃縮ウランを作ったあとに残る放射性廃棄物である。すでに世界全体では150万トンを超すといわれる途方もない量の核廃棄物を，どう処理したらよいかが大問題となっているのは周知のところだ。アメリカでは1950年代から研究が始められ，考案された一つの用途が兵器への利用である。DU は大変硬くて重いため，対戦車砲弾の先端に用いる貫通体として「理想的」だと見なされたのだ。しかも廃棄物であり，軍需産業は事実上無償で入手できる。

　しかし DU は衝突すると自然燃焼して，かなりの部分が微粒子となって大気中に拡散する。化学的毒性も高く，放射能も天然ウランの約60％を有し，その半減期は45億年。DU 粒子が様々な細胞の中に入り込んでしまうと，周囲の細胞はアルファ線を浴びせ続けられ，内部被曝を受ける。また不発弾は腐食して大地を汚染する。アメリカ軍は，湾岸戦争では，約300グラムの DU を含む30ミリ砲弾を約80万発使用し，計300トンを超える DU が環境中に撒き散らされた。アメリカは，NATO 軍として参加した旧ユーゴ戦争において，さらにはイラク戦争でも国際世論の非難にもかかわらず劣化ウラン弾を投入しているが，このような，取り返しのつかない環境破壊や健康被害を引き起こしうる兵器を使用した戦争が，どうして，「イラクの人々のための戦争」と正当化できようか。劣化ウラン問題を視野に入れる時，サンデルの共同体主義的議論の枠組みは，「アメリカの他者」の受苦の経験に対してはおおむね盲目であるという意

味において，いかに大きな倫理的問題をはらんでいるか，改めて浮き彫りになろう。

　DU弾が使用された戦場のみならず，世界各地の演習場周辺，米国内の製造工場周辺からは，がんや先天性異常などの増加が報告されており，DU弾は無差別的な被害を人体や環境に及ぼしうる非人道的兵器として論争の的となってきている。しかし，DU問題に関しては，国連総会決議が2007年に初めて採択され，2008年以降も2年おきに計6回の決議が圧倒的多数で採択されてきているが，その内容は，端的に禁止を求めるものではなく，基本的には，加盟各国および関連機関に当該問題に関する意見をもとめるとともに，今までに使用された地域における除染作業などの必要性を訴えるに留まっている。"非人道的"兵器という国際人道法上の概念には，戦争を違法化できないとしても，少なくとも戦争で使用できる兵器は限定しようとする国際社会の総意，あるいは「正義の臨界」が表われているが，環境中に大量の放射線廃棄物を拡散することなど言語道断であるといった常識，あるいは，取り返しのつかない害を及ぼすリスクがある場合は使用を差し控えるべきであるとする「予防原則」が，国際政治の現場では簡単に受け入れられないのである。放射線リスクを軽視しようとする態勢は，劣化ウラン兵器問題においても貫徹されているといわざるをえない[13]。

9. 「不必要な放射線被曝なしに生きる権利」

　2011年の3.11以降，反核運動に携わってきた人々の多くは，核兵器問題に焦点を絞ってきたスタンスを再検討し，改めて，ウラン採掘現場から放射性廃棄物へと至る「核利用のプロセス」全体を問い直す必要を痛感させられた。そうした根本的な自己批判的反省を踏まえた取り組みのひとつとして，2015年11月，「世界核被害者フォーラム」が広島で開催された。広島や長崎，チェルノブイリや福島，アメリカ西部や南太平洋の旧核実験場周辺，アメリカ・オーストリア・インドなどのウラン採掘現場周辺の被害者たちに加え，科学者，法律専門家，運動家など，50名ほどの関係者が報告し，「グローバル・ヒバクシャ」の実態や，放射能の人体への影響に関する最新の科学的知見を共有し，今後の国

際的ネットワーク形成の促進に向けて熱のこもった討論が交わされた。そして，3日間にわたった会議の最後では，「不必要な放射線被曝なしに生きる権利」という新たな人権概念の確立を訴えた「世界核被害者の権利憲章」要綱草案を盛り込んだ「広島宣言」が採択された[14]。

　また，2017年7月には国連において，核兵器禁止条約が，122か国・地域の賛成多数により採択され，同年10月には，同禁止条約への貢献を評価された「核兵器廃絶国際キャンペーン（ICAN）」がノーベル平和賞を受賞した。しかしながら，核保有国や，アメリカの傘のもとにある日本，韓国，カナダ，ドイツ，オーストラリアなどは同条約に参加しておらず，核保有国と非保有国のあいだの対立が一層際立つ形となっている。原子力発電に関しても，福島原発後，いち早く脱原子力を選択したドイツなどを除いて，インド，中国，アラブ世界などでは新たな原発の計画・建設が押し進められており，正反対の潮流がぶつかり合う形となっている[15]。

　加えて，アメリカ空軍は，シリアにおいて劣化ウラン弾は使用しないと表明していたにもかかわらず，2015年11月，対IS攻撃で劣化ウラン弾を5000発以上使用していたことが，2017年2月報じられた[16]。すでに述べたように，A-10攻撃機が発する30ミリ砲弾には約300グラムの劣化ウランがふくまれている。大量の放射性廃棄物を自然環境中にばらまくこうした愚行，当然のことながら自国領土においては違法行為となる，ダブル・スタンダードの「正義」の使い分け以外の何ものでもないこうした蛮行には，いつになったら終止符が打たれるのだろう。「不必要な放射線被曝なしに生きる権利」が，「人権概念」の遅ればせながらも自然な展開として見なされる日はいつ訪れることだろうか。

　ハンナ・アーレントは，「出生」（natality）の名のもと，この世界に生まれ出てくる一つ一つの生とともに出現する新たな自由，「新たに始める力」を称えたが，核時代の生は，まさに無限の産出性を有するがゆえに最も傷つきやすい「出生」の源において，放射線リスクという目に見えない脅威に曝されている。しかし，アーレントが自由の尽きることなき源をそこに見た「出生という奇蹟」を守るため，「放射線リスクをめぐる生-政治」の実態と矛盾が直視されなければならないだろう。

注

1) なお,「善良な生活」は,原典では "the good life" であり,「良き生活」と訳したほうが適切かと思われる。

2) この違いは,例えば,映画『ソフィーの選択』に描かれた,強制収容所送りに息子と娘のどちらかを選ぶようナチス将校に強いられた母親が経験するジレンマ・トラウマと,ナチス支配そのものの問題性の違いに対応する。

3) 以下,本章は部分的に,嘉指(2010)に基づく。

4) 西田幾多郎の「行為的直観」概念も同じ視点をもつが,現象学とは異なる思潮でも,「行うこと(doing)と被ること(undergoing)の連関としての経験」概念を強調した哲学者にジョン・デューイがいる。

5) しかしながら,攻撃する側が攻撃対象とのあいだにいかに距離を取ろうとしても,多くの場合,戦場での行為は攻撃する者自身の存在を決定的な形で変容させずにはいない。いわゆる PTSD(心的外傷後ストレス障害)をもたらさない場合でも,兵士の多くは,日常の生世界に戻って行く時,様々な困難に直面する(参照シュッツ,1997)。

6) 原題は,*Risikogesellschaft* であり,訳としては,「危険社会」ではなく「リスク社会」が相応しいであろうから,本章においては,『リスク社会』と表記することとする。

7) この意味は,英語の "risk" の動詞形にも保持されている。

8) 山脇(2011)参照。

9) Kazashi(2012)参照。

10) 「WHO の独立のために」は,IPPNW なども含む,主に欧州に拠点を置く約40のNGO の連合体。http://www.independentwho.info/

11) http://www.independentwho.info/Presse_ecrite/11_05_05_IPS_EN.pdf

12) 「WHO:放射線被害の専門部局を廃止」『毎日 jp』2011年9月18日付。

13) 劣化ウラン弾問題および禁止国際キャンペーンについては,(嘉指・森瀧・豊田,2013)および(嘉指・振津ほか,2013)を参照。

14) 筆者も共同代表のひとりとして携わったこの国際フォーラムは,原爆投下70周年に際して,日本国内の多くの NGO や一般市民からなる実行委員会によって企画・組織されたものであり,開催に必要な資金のすべては寄付でまかなわれ,延べ参加者数はおよそ千人にのぼった。プログラムの詳細および「広島宣言」全文(日英)については,次のホームページを参照されたい。http://www.fwrs.info/

15) 資源エネルギー庁の資料「世界における原子力発電の位置づけ」(平成25 [2013] 年8月)は,「世界の原子力平和利用の動向」と題された冒頭のセクションにお

いて，「IEA［国際エネルギー機関］の見通しでは，世界の原子力発電所設備容量は，2035年までに2010年比で約50％増加。100万 kW 級の原子力発電所で換算して，394基から，580基程度に増加」と推計している。
http://www.cas.go.jp/jp/seisaku/genshiryoku_kaigi/dai3/siryou1.pdf

16) 『ワシントンポスト』（オンライン版，2017年2月16日付）の記事を参照。タイトルは次の通り。
"The Pentagon said it wouldn't use depleted uranium rounds against ISIS. Months later, it did — thousands of times." また，より詳細な情報は，ICBUW (International Coalition to Ban Uranium Weapons) のホームページを参照されたい。http://www.bandepleteduranium.org/

参照文献

ヴェーユ，S.（1998）.『カイエ　I』山崎庸一郎・原田佳彦訳，みすず書房.

大野ひろみ（2010）.「原爆症認定率急落　なぜ　基準・判決にも反する却下」,『しんぶん赤旗』10月19日付.

嘉指信雄（2010）.「被曝身体とパワー/ 権力──ポスト・ヒロシマ時代の「見えるものと見えないもの」」,『現代思想（特集：現象学の最前線──間文化性という視座）』Vol. 38-7, 青土社，pp. 174–185.

嘉指信雄・森瀧春子・豊田直巳編（2013）.『終わらないイラク戦争──フクシマから問い直す』勉誠出版.

嘉指信雄・振津かつみ他（2013）.『劣化ウラン弾──軍事利用される放射性廃棄物』岩波書店.

金森修（2010）.『〈生政治〉の哲学』ミネルヴァ書房.

小出裕章（2008）.「DU 兵器が禁止されるべき明確な理由──ウランは毒物である」嘉指信雄・振津かつみ・森瀧春子編，『ウラン兵器なき世界会をめざして──ICBUW の挑戦』合同出版.

澤本麻理子（2011）.「原爆症認定訴訟：原告側，内部被ばくの危険性訴え──地裁/ 熊本」,『毎日新聞』11月19日.

サンデル，M.（2010）.『これからの「正義」の話をしよう──いまを生き延びるための哲学』鬼澤忍訳，早川書房.

シュッツ，A.（1997）.「帰郷者」『現象学的社会学の応用』櫻井厚訳，御茶の水書房，新装版.

高橋哲哉（2012）.『犠牲のシステム　福島・沖縄』集英社.

檜垣立哉（2010）.『フーコー講義』河出書房新社.

フーコー，M.（2007）.『安全・領土・人口』筑摩書房.

ベック，U.（1986）.『危険社会――新しい近代への道』東廉・伊藤美登里訳，法政大学出版局.

メルロ=ポンティ，M.（1979）.『言語と自然――コレージュ・ドゥ・フランス講義録』滝浦静雄・木田元訳，みすず書房.

山脇直司（2011）.『公共哲学からの応答――3.11の衝撃の後で』筑摩書房.

Beck, U. and Johannes W.（2004）. *Conversations with Ulrich Beck*, Polity Press, Cambridge, UK: Polity Press.

Caldicott, H.（2004）. "How nuclear apologists mislead the world over radiation," *The Guardian*, April 11.［http://www.guardian.co.uk/environment/2011/apr/11/nuclear-apologists-radiation］

Kazashi, N.（2012）. "The Invisible 'Internal' Radiation and the Nuclear System: Hiroshima-Iraq-Fukushima," *Ethics, Policy and Environment*, Vol. 15, Issue 1, 2012, Routledge.

謝辞・本章は，嘉指信雄（2018）.「非人道的兵器としての劣化ウラン弾――戦争と放射線被曝をめぐる生-政治」（『平和研究』48号，日本平和学会編）に加筆したバージョンである．転載を許可してくださった日本平和学会編集委員会に対し感謝する．

第11章

翻訳学と脱構築のはざまで考える「社会正義」

ギブソン松井佳子

或る哲学者が哲学者であるとき，彼は何と言うでしょうか。彼はこう言います。大事なのは真理である，または意味である，そして意味は言語以前ないし言語の彼方に存在している，したがって意味は翻訳可能である，と。意味こそがすべてを統御するものなのであり，したがって意味の一義性を定着できるはずである，あるいはいずれにせよ，多義性は制御可能であるはずであり，そしてその多義性が制御可能であるならば，或る意味論的内容を別の記号表現の形態，つまり別の言語へと移し換えることとしての翻訳が可能である，ということになります。そういう意味での翻訳が可能である場合のみ，哲学が存在するのであり，したがって哲学のテーゼとは翻訳可能性にほかなりません。……つまり，哲学の起源とは翻訳であり，翻訳可能性というテーゼであり，しかもそういう意味での翻訳が挫折するところはどこでも，挫折の憂き目にあうのはまさに哲学以外の何ものでもない，ということです。(マクドナルド（編），(1988).『他者の耳——デリダ「ニーチェの耳伝」・自伝・翻訳』, p. 206)

1. はじめに——問題の所在

従来の正義論はリベラリズム，権利論，討議倫理といった文脈で語られ，近代以降の思考パラダイムの命脈は理性的・自律的な主体に依拠する合理主義的・個人主義的な人間観に支えられてきた。近代合理性は公正原理がもたらした平等配分的正義，均衡的正義に基づき理解されてきた。とりわけ学問知がこのような知のあり方を牽引してきたことは間違いない。このようにして知的活動はおおむね合理性，論理性，規範性を基軸として展開されてきたのである。分類・分析による認識方法は抽象化・一般化へと深化・収斂していく。このようなプロセスの中で，正義論にとって普遍原理として措定される規範的基準の探求が究極の目的となっていった。

しかし，現代の世界状況に目を向けるとき，このような正義論の限界が露呈

し始めていることに気づく。そもそも人間が日々生きていく中で感じる不正感覚や意識は抽象化や規範体系と有機的に切り結べるものなのだろうか。近代知は言語を枢軸としてもつが，人間の〈生〉の局面には言語化・象徴化プロセスとどうしてもなじまないものもあるのではないか。言語活動が認識を可能にするロゴスの力であることは確かであるとしても，アルケーとしてのロゴスは言語以前の行動に感応していたはずである。生とことばの切り結び（あるいはその不可能性），非論理性や不条理性，予測不可能性や偶然性，内的亀裂や矛盾などの人間の〈生〉それ自体をもしかすると近代知は取りこぼしてきたのではないだろうか。人間の生の多様性の非共約性，アイデンティティの不完全性や決定不可能性を自律的主体の失敗あるいは不履行として把捉するのではなく，人間存在の根源的条件としての脆弱性，依存性，傷つきやすさをありのまま受け入れることの不可避性から目をそむけるべきではない。ここでは人間が生きるということが一体どういうことなのか，生きる意味とは何なのか，価値の多様性が確保されるために自己−他者関係はいかなるものとして理解されうるのであろうかといった問題意識の動員が要請されざるをえない。近代知がこれまで見て見ぬふりをしてきたものは，知の対象として混沌としすぎているから，言語による合理的な把握を拒むから，全体性や整合性と親和性をもたないからといった理由で，知の〈他者〉として排除し続けてきたのではないか。ここに人間の〈生〉の決定的に重要な局面があるとわかっていながら，リスクを避けて安全策を取ってきた可能性は否めない。この排除を当然視・自然視してきたのは近代的な学問知である。近代の決定的なプロジェクトとしての抽象的かつ原理的な正義論は私たちの現状の問題解決の指標とはなりえていない。私たちの〈生〉の内実と向き合っていないのである。近代は私たちに「強くあれ！」つまり合理的な計算ができる自律的な主体であれという圧力を発動させ，公私二元論の樹立によってそれが周到に実現され〈自然〉なものとなる。このようにして近代の公正原理や平等原理が私たちの正義の準拠点として自然化されてきた。しかしこれは人間が人間としてありのままに生きることを受け止める正義論ではない。普遍を個別へと地滑りさせるような発想法は社会正義を守りきれないのである。

　このような危機意識に基づき，近代の対称的な個人間の平等性という正義の

第11章　翻訳学と脱構築のはざまで考える「社会正義」　　203

前提を根本的に考察することによって，従来不可視化されざるをえなかった側面にまなざしを投じ，自己硬直した近代を相対化し，社会正義のまた別の形を提示したい。近代が自明視する「自己と他者」「自律と他律」「精神と身体」「理論と実践」「能動と受動」「普遍と個別」「哲学と政治」「言語と行為」をはじめとするさまざまな二分法に基づく二項対立図式もラディカルに境界線が問い直されることになる。この検証を進めるにあたり導きの糸として用意したのが翻訳学（翻訳の理論と実践の両方を視野に入れる）と脱構築批評の知見である。この二つの光源は「他者性」という焦点を共有し，「アポリアとしての社会正義」構想に相乗効果的な弾力性を供給することになるが，「他者性」の対極には等価理論がある。異他性と同一性の問題構制である。

　本章ではこれまでの翻訳論・翻訳学の系譜を跡づけながら，翻訳理論を長年牽引してきた「等価」あるいは「同一性」という価値概念を検証し，それから翻訳における「ポスト等価理論」の主軸である「他者性」概念に深く分け入るべくデリダの脱構築の思考法とのすり合わせを行い，理論と実践の両方を視野に入れながら，翻訳者にとっての翻訳プロセスを理性化された思考様式からはみ出ざるをえない〈他者性〉との根源的な向き合いとして捉え，翻訳営為の内実のそのダイナミックな不安定性から決して目をそらさず，その翻訳営為の真っただ中の〈あいだ性（in-between-ness）〉を注視することになる。そしてこの翻訳における〈他者性〉を媒介にした思索法から捉え返される社会正義のかたちを探りたい。それは既存の社会正義と一体どのように違っているのだろうか。〈翻訳・脱構築・社会正義〉という一見ひとつの思考の構図をまとめあげるには整合性に欠けると見られるこれらのプロジェクトの内在的な連接関係性を示唆することで，オールターナティブな社会正義のかたちを提示することが本章の主目的である。

2.　翻訳学の鉱脈──通低音としての「等価概念」

　翻訳・通訳実践は古来，人間の社会において不可欠な役割を果たしてきた。多言語・多文化共生状況の中で，「他者」「差異」「異他性」と向き合い，ともに生きていくためには翻訳・通訳行為はなくてはならないものである。翻訳理

論あるいは翻訳学の歴史は，学問分野として確立はされていなかったとはいえ，キケロにまで遡ることができる（Munday 2009; 2012; Bassnett 2002; Venuti 1995; 2000）。当時は専らギリシャ語からラテン語への翻訳であった。この頃の翻訳論は「直訳」（literal）と「意訳」（free）に二分され，その基本的アプローチは今日に至るまで長年保持されてきた。直訳は〈忠実な〉訳として，意訳は〈自然な〉訳として捉えられてきた。そして翻訳行為は起点言語・テクストから目標言語・テクストへ意味を移動し再現することであると考えられてきたのである。ここで想定されているのは，まさに「等価」あるいは「同一性」概念である。しかしここで確認すべきは，ヨーロッパにおいては中世まで翻訳の等価理論を発想としてもつことがなかったということである。当時は諸言語間にヒエラルキーがあり自明視されていたので，上位の言語を起点言語として下位の言語に翻訳するという下降運動であった。言語の力関係が明確であったので，翻訳における「等価」という平等な価値概念は不在であった。しかしその後，印刷術の発明や近代国家・国家主権の台頭によって，国家間の平等化が認識され始め，「等価」概念は異なるものの交換可能性として，他者性の隠蔽装置として機能するようになる。

　1970年代半ばを分水嶺として翻訳論は大きく二分されるが，まずは翻訳学登場以前の等価理論の代表的理論家の基本図式を見ておこう。ユージン・ナイダ（Eugene Nida）は聖書翻訳を扱うにあたり，起源言語と目標言語の二項は，起源言語に言語的・文化的処理を加えることによって両者間の意味の等価を成立させることができると考えた。そしてこの等価創出プロセスを，①起源言語の意味分析，②目標言語における意味の再構成，の2段階に分け，①では生成文法を用いて起源言語を基本構文に変形し，②では世界における文化的差異を考慮しつつコミュニケーション理論を援用して意味を再構成するのである。そして等価概念を「形式的等価」と「ダイナミックな等価」の2種類に分けたうえでダイナミックな等価にプライオリティを置く。それはナイダが翻訳の重要なファクターとして「自然さ」（naturalness）を挙げていることと関連があることは容易に想像がつく。そしてナイダの聖書翻訳の最終目的は神の意向の伝達であり，目標言語の使用者に届く言説を創出するという絶対命令があったことはファクターとして重要である。いずれにしても，ナイダは起点テクストを目標

テクストに再現するという発想法を堅持した。1960年代から1970年代にかけて黄金期を迎えた等価理論は1980年代に入り構造主義的言語学の枠組みの中で，理論として足早に失速していった。ソシュールの言語論的転回（linguistic turn）を受けて，各々の言語内の差異が異なる意味を生起させる，つまり言語は構造であることが認知され，異なる言語が世界を各々の方法で切り取るわけであるから言語間の翻訳は原理上不可能となる。このように構造主義は理論上の翻訳不可能性を主張したが，現実には自然等価物としての翻訳は産出され続け，等価理論の前提としての「自然な等価物」という概念と併存するすべての言語にはおおむね同一あるいは類似した表現能力が備わっているという幻想が全壊したわけではない。果たしてナイダは等価理論を早急に棄却することの思慮の浅さと危険性について言及し「等価」とは何かを再考する必要性を説いたが，翻訳における「等価」の省察が単線的に行われてきたことを再度検証する必要性の指摘だと捉えることもできよう。

　しかしそもそも翻訳における「等価」とは一体何か。「等価」と呼んできたものの内実を探るべく，近代との関係を見てみることにする。従来翻訳研究は，起点言語から目標言語への移動プロセスの中で，出発点と帰着点に注目し起点テクストと目標テクストの二者間の比較比照分析を行ってきたが，プロセス自体への問題意識がしかるべく動員されていたとはいえまい。そもそも起点言語から目標言語への翻訳可能性はどこに根拠を見つけられるのであろうか。酒井直樹は明言する。翻訳の等価理論を支えているのは，他でもない近代の国民国家単位の思考枠組みである，と。各々の国民国家は民族的・言語的共同体として統一されているという国家単位間の等価性という考え方があるからこそ，国家言語から別の国家言語への翻訳が成立するのである，と（Sakai, 2006; 2009）。ここに見られる反転思想は等価概念の検証にとって決定的な価値をもつものではないだろうか。そしてこれとは全く異なる視座から翻訳における又別の「等価」幻想の指摘がメアリー・スネル＝ホーンビー（Mary Snell-Hornby）によってなされている（Pym, 2010: Chapter 2）。翻訳における等価性の概念自体が，言語間における対称性の幻想を生み出すのだというパラドクシカルな主張であるが，翻って「等価」の無根拠性をあぶり出してもいる。この指摘は翻訳に見られる「等価」という概念自体が世界観に影響を及ぼしうるという証左と受け止

めることができるが，そこからもう一歩踏み込んでみると，翻訳行為それ自体がテクストの解釈上の類似性や同一性という前提をつくり出しているという因果関係の反転にも気づかざるをえない。起点テクストから目標テクストへの翻訳の分析ツールとして等価概念が援用されるはずが，その概念自体が言語間の対称性という前提を〈幻想〉として生産してしまうのである。翻訳行為という事実が先にありきということになる。現世界に厳然として存在する諸々の差異の異質性あるいは非連続性，言語の根源的な他者性，そして言語間の非対称性および通約不可能性が不可視化されて地続きの類似性あるいは同一性として把捉されるという事態は翻訳行為により構築されてきた「幻想」であるという認識は，私たちが今日の社会正義を考える際に，深く顧慮されるべきである。

3. 「ポスト等価理論」の翻訳学

いよいよ1970年代半ばに翻訳学（translation studies）が学問分野として登場しアカデミアにおいて市民権を獲得する。それまで翻訳論は学問世界において周縁的領域だと捉えられ，目標テクストは常に起点テクストより下位に配置されていると考えられていた。しかし翻訳学の設立によって翻訳をめぐる認識に大きなパラダイムシフトが訪れる。重要なことは，翻訳学というアカデミック・ディシプリンは，翻訳における規範として長年流通していた「等価」概念にラディカルな疑義を提出することで立ち上がったということである。むろんその背景にあるポスト構造主義の影響は見逃せない。起点テクストと目標テクストの明確な区分配置が崩壊し，起点テクストに確固とした意味があるという前提も疑問視される。この頃から脱構築批評と翻訳理論は密接な関係を取り結んでいくことになる。人間の知的営為や精神活動にとって言語の根源性がいかに関わっているのかという問題意識を両者が共有していることを鑑みると，相互乗り入れは当然の結果であろう。

1970年代から1980年代にかけての翻訳研究は記述的アプローチが主流であったが，1980年代から少しずつ翻訳研究の磁場に文脈化（contextualization）と内省的転回（self-reflexive turn）の動向が見られるようになる。この文脈化には明らかに社会学，社会言語学等の成果とのコラボレーションが関係している。し

かしこの二つの動向の中で，より決定的な重要性をもつのは，内省的転回である。この転回とは，翻訳者が担う役割が，従来の透明な媒介者的役割（黒子のような自己消去）から翻訳営為における社会的・倫理的なエージェント（行為者）としての自覚的な役割へ変化してきたことを指す。このようにして1980年代以降，特に1990年代から翻訳者の倫理的責任に関する問題意識が先鋭化・本格化されていった。翻訳実践において翻訳者は決定不可能性やジレンマ問題があるにもかかわらず決定を迫られ，起点テクストという他者への応答責任をいかに取るべきかという倫理的な課題に直面する。これは切迫状況であり，他者は気づいたときにはすでに目の前にいるのである。この問題については，アントワーヌ・ベルマン（Antoine Berman）が1980年代にエスノセントリズム（自文化中心主義）を「他者性」概念とリンクさせて考察を開始していた。翻訳問題を他者論として省察する萌芽はすでに生まれていたのである。翻訳者は，長年等価性を生み出す手段すなわち透明な道具と見なされていたが，創造的な役割を担う主体としての主観性が翻訳行為に大いに関わっていることが認知されるようになる。そして翻訳者が経験する翻訳実践には対話的側面すなわち「他者性」が包摂されていることが認識される。

　ここでデリダの他者論と翻訳論を見てみよう。デリダにとってテクストは〈出来事〉であり，〈到来する他者〉である。テクストは単独性を有し，切迫した応答責任が生じる。他者として現れたテクストを理解することも飼いならすこともできない。テクストを解釈し尽くすこともできない。したがってデリダはテクストの安定した意味の解釈可能性に立脚する解釈学を批判するのである（Davis, 2010）。デリダの徹底した他者性尊重の立場は，予期せず到来する他者への開きを責任につなげる「肯定の倫理」である。この「肯定」は言語学的カテゴリーや行為遂行性に先立つイエスであり，肯定と否定の区別に先行するイエスである。自己定立的な「われ思う」のイエスではなく，他者への応答としてのイエスである。このとき自己制御円環は切断される。その裂け目が他者へと開かれるのである。他者到来に応答責任をもつということは自己切開を意味する。デリダの「根源的他性」は目的論批判とつながっている（デリダ, 2001）。

4. 翻訳のアポリア

　これを翻訳の場面に適用し，起点テクストから目標テクストへと同一性／類似性が保たれるはずであるという先在する目的意識をもっていると仮定すると，翻訳は不可能ということになる。つまり他者の他者性を受容して尊重する行為と目的達成に向けての翻訳は両立不可能である。なぜならデリダにとっては原文から訳文への再現はありえないから。だとすれば原理的に起点テクストと目標テクストをつなぐことはできないという共約不可能性・決定不可能性と翻訳（決定）しなければならないという要請のあいだには文字どおりアポリアが厳存する。デリダはアポリアを正義の条件と見なす。翻訳不可能性があるからこそ翻訳可能性が存在する（デリダ，1989/2011，特に「バベルの塔」）。翻訳は翻訳不可能性としてしか存在できないとすれば，誤訳は失敗ではなく本質的な条件である。翻訳は常に他者性を包摂している。西洋哲学・形而上学には起源の神話があり，すべてのものの固定化された中心をマトリックスとして保持している。自己充足的かつ全うな現前性としての本質である。起源は純粋な自己同定的現前性を有した規範であり，派生物は逸脱した不順な堕落と捉えられる。この文脈で解釈されうる起点テクストの優位性という発想は単なる幻想であるとデリダは主張する。起源の純粋性は他者性が抑圧されてきた結果だという見解を示している。起源の消滅が〈痕跡〉である。以下デリダの『根源の彼方に——グラマトロジーについて　上』（原著1972年）を少し見ておこう。

　　痕跡はたんに根源の消失なのではない。それがこの場合意味することは——われわれの有している言説によれば，またわれわれが歩んでいる行程にしたがえば——根源は消失したのでさえなく，それは反対に一つの非＝根源，つまり痕跡によってはじめて構成されたのであって，かくして痕跡は根源の根源となるということである。（デリダ，2002, p. 123）

　　実際，痕跡は意味一般の絶対的根源である。ということは，また意味一般の絶対的根源は存在しないということである。痕跡とは差延作用であって，現れと意味作用とを開始する。それはあらゆる反復とイデア性の根源であり，生物を無生物の上に分節するが，それ自身イデア的でも実在的でも，叡智的でも感覚的でもなく，また透明な意

味作用でも不透明なエネルギーでもない。形而上学のいかなる概念も，それを記述することはできない。(ibid., pp. 128-129)

　この引用からわかるように，主体や自己の意識に現前する根源，純粋な意味や意図はないのであるから，非＝根源から出発して遡及的に〈痕跡〉が構成されるとすると，起点テクストと目標テクストのベクトルは反転可能となる。

　デリダの言語遂行的な言語観によれば，意味は言語の効果であり言語から意味を抽出することはできない。言語の外に存在する超越的意味を否定する。デリダにとって翻訳は意味の伝達・再生産ではなく，原文を変容させる解釈プロセスである。世界は解釈すべきテクストであり〈痕跡〉というエクリチュールである。翻訳者は言語を拡大・成長させる役割を担うのである。〈散種〉である。意味の一義性に抵抗する脱構築批評は変形プロセスとしての翻訳の生き延び作用を肯定的に評価する。言語が無限に意味作用の変容を被っているという言語の構造的な前提は，原作のオリジナリティの無根拠性を露呈させる。脱構築的に捉えた意味は〈散種〉として変形を続行し，〈差延〉としての自己回帰のズラシである。他者の他者性をあくまで尊重することこそが他者への応答責任である。このようにして翻訳はアポリアとしての社会正義のかたちを浮き彫りにする。デリダの言語観は言語の他者性に依拠しているが，そこには言語の機能についての深い洞察がある。世界で起きているすべての現象は〈痕跡〉のエクリチュールとして本体不在のまま残るが，私たちは本体と現象のあいだにある切断面を見ようとはしない。それどころか本体と現象の一致こそが真実であるという認識を決して手放さない。別言すると，私たちはことばが事物の顕現や具体的な体験を基盤としているにもかかわらず，現実世界から引き剝がされ切断されてあたかも自律した存在であるかのような自己参照性の閉鎖性を帯びてしまうこと，そしてどんな抽象的な言説も根底にあるのは具体的な経験であるということを視界から追い出すことで安心を得ているのである。

5.「異化翻訳」の主張

　ここで長年堅持されてきた起点テクストと目標テクストの二分法に基づく等価理論に疑問符を突きつけ，翻訳における「異他性・異なるもの」をより高く

評価する翻訳パラダイム「異化翻訳」を牽引してきた３名の翻訳理論家の考察に目を投じてみよう。

　ドイツの神学者・哲学者・翻訳家であるフリードリッヒ・シュライアーマハー（Friedrich Schleiermacher）は，それまで頻繁に使用されてきたパラフレーズ翻訳法や文学作品の翻案を否定し，著者と読者の間に立つことを提唱する。この両者の「あいだ性（in-between-ness）」に注目したのは，両者各々を個別存在と捉えるのではなく関係性への注視が重要であると考えたからだ。そして原文の尊重を「根源的な他者性（radical alterity）」という観点から考察することの意義を強調した。周知のとおり，シュライアーマハーは翻訳方略として，著者をできるだけそっとしておき読者を著者のほうへ呼び寄せる「異化（foreignizing）」と，読者をできるだけそっとしておき著者を読者のほうへ呼び寄せる方法「同化（domesticating）」の２種類があるとしたうえで，異化翻訳のより高い価値を強く主張した。母語であるドイツ語の保全すなわちサバイバルのためには翻訳を通じて異質なものを導入していくことで，ドイツの言語や文化をより豊かなものにできると考えた。この異質なものを尊重する考え方は，シュライアーマハーの母語肯定の思想と連動している。自分の母語も他者の母語も同じようにかけがえのないものだというこの主張は，日本の翻訳学のパイオニア論客である鳥飼玖美子が持続可能なグローバル社会が求めているのは英語の普遍化ではなくむしろすべての人々が母語を使う権利を確保することであると述べていることと共振する（鳥飼, 2011）。グローバル化は確かに一元化や全体化という同一性原理に収束する傾向を有しているが，人間の生の生き生きとした営みや幸福感覚は，同一目標や均質的な完成形へと切り詰められてしまうものではない。

　そしてここで私たちは理論家としてではなく翻訳実践家としてのシュライアーマハーの内なる声を聞く。翻訳実践場面での二つの方略から一つを選ぶという意思決定は最終的に，原文内容に関わる問題ではなく，翻訳者の主体的決定に委ねられるものであるとシュライアーマハーは結論づける。この決定時に翻訳者は起点テクストと目標テクストの「あいだ」において決定不可能性，方向性をめぐる逡巡，自信のなさや寄る辺なき疎外感や摑もうとして決して摑めない不安感と格闘しながら，あるかなきかの到達点へと取り返しのつかない失敗

のおそれと隣席する決断を下す。言語と知識の不可分性を認識するならば，そもそも翻訳行為は不可能性としてしか存在できない。起源テクストの意味の不確実性は言い換えれば，他者の他者性である。この他者の他者性認識を一時的に鈍化・麻痺化させることによってしか翻訳は成立しない。翻訳問題は大きく捉えると自己−他者問題である。翻訳不可能性と翻訳可能性という相対立する二つの次元をともに引き受けることでしか目標テクストは産出されない。起源テクストなしには決して目標テクストは生まれない。原文が訳文と重なることは断じてない。この関係は常に非対称的である。しかしこの非対称性こそが，デリダ流に言えば「散種」として文化伝播を実現させているのである。私たちが現代のグローバル社会の新自由主義的な潮流に抵抗できる社会正義の発想に，翻訳に関する考察が根源的な洞察を生むに違いないという直感はほとんど確信ですらある。翻訳は原作を別の次元へと移行させるが，同心円状の広がりではない。自己と他者の隙間を架橋するものはない。自己と他者が重なることは決してないし相互理解し尽くすこともない。だとすれば他者の他者性を否認せず人々が各々の差異を抑圧・排除することなく既存の多様な二元論を超克することによって，創造的な活力に満ちた生活の成就と持続に向けての生の営みのゆるやかな豊かさが焦点化されるのではないかと考えられる。

　翻訳理論における「異化翻訳」支持派の２人目は，フランスの翻訳学の代表的な研究者アントワーヌ・ベルマンである。ベルマンはドイツ・ロマン主義の研究と翻訳から出発し，「翻訳批評」の確立をめざし，翻訳の理論と実践をすり合わせながら翻訳論を深化させる必要性があることを指摘した。そして翻訳学は言語学の下位領域に含められるべきものではなく自立した「知」であると主張し，翻訳可能性という幻想に寄りかかりすぎている現況に疑義を呈する。テクストの文字と意味を切り離し，意味を優位に置きそれを不変なものと捉えるいわゆる「翻訳のプラトン主義」を批判する。翻訳において文字と意味は不可分であり，意味は実在するのではなく言語行為の中で生まれる。翻訳とは意味の伝達ではなく，原作が翻訳者という媒介者によって「異化」され変容を来すということであると捉える。翻訳は意味の再現を図りながら，翻訳する言語を翻訳される言語によって異化すること，つまり他者の他者性を受容すること。翻訳における他者性との遭遇をベルマンは「他者の試練」と呼んだ。そして翻

訳における文字への作為の重要性を強調する。その文字への作為によってテクストに内在する言説の記号化を拒否する詩的リズム（ポエジー）が浮き彫りにされる。これは言語の指示性機能から逸脱した言語の根源的な呼びかけである。翻訳は翻訳言語を豊かにする。原作の異質性をまずは受け入れるという受動性・受容性が原作の深遠なる核を出現させる。ベルマンは翻訳を変形（metamorphose）と捉え，作品の「生き延び」に貢献するものであることを強調する。言語の本質が応答性であると述べたハイデガーの形而上学的考察が想起されよう。ベルマンは翻訳者が透明な媒介者にとどまるのではなく，翻訳者としての自己表出・自己顕示の必要性を説く。作品は独自の価値を有するものであるゆえに，翻訳は等価ではありえない。原作と直面し，他者の言語と文化に向き合い格闘し自己変容を経験する。そしてこのプロセスは能動と受動の二分法を解体させ，他者性の理解不可能性の認識を保持しながら，自己の創造性実現として翻訳を実践する。ベルマンは翻訳の本質は，「開き（opening）」「対話（dialogue）」「異種交雑（cross-breeding）」「脱中心化（decentering）」であると述べている。異質かつ不可分なものとして起点テクストと目標テクストを捉え，翻訳を広義の「他者論」の文脈で解釈していることは明らかである。この異質かつ不可分という感覚的認識は，自律した主体概念に依拠する近代的な正義論から私たちを解放してくれる代案としての社会正義を後押しする力になりえるのではないか。

　次に，異化翻訳の力強い支持者であるローレンス・ヴェヌーティ（Lawrence Venuti）に目を向けよう。シュライアーマハーの発想を受け継ぎ，ベルマンの理論からも啓発を受けたヴェヌーティは翻訳研究者そして翻訳家として，同化翻訳は翻訳の事実が不可視化され認識しづらいことを問題視する。同化翻訳は一見原作に寄り添っているように思えるが，実際には原作の他者性を消滅させてしまっていると論破する。ヴェヌーティは現代のグローバル化の流れの中で世界共通語と見なされている英語が文化的ヘゲモニーを構築し，英語から他の多言語への翻訳が夥しい数で流通していることに触れ，この文脈で同化翻訳が進むと英語圏の人々の自己閉塞状況が引き起こされ文化的な孤立化につながりかねないと警鐘を鳴らす。そして翻訳者の不可視化は，翻訳の可能性が幻想にすぎないことを隠蔽することにつながるとしている。ヴェヌーティは翻訳につ

いて考察する際の社会的・政治的・文化的な権力関係との密接な連動性に注目し，「抵抗する翻訳」を提唱するが，その方略を異化する（"defamilializing"），外来化する（"foreignizing"），そして少数派化する（"minoritizing"），だと述べる。ヴェヌーティにとって翻訳の最重要課題は，起点テクストから目標テクストに差異と他者性を注ぎ込むことによって，目標テクストの規範や価値体系に揺さぶりをかけるということであり，差異や他者性の認識の重要性への気づきを促すことなのである。こうしてヴェヌーティは〈差異の倫理（ethics of difference）〉を提示して他者性尊重を主張する。そしてこれを可能にするのは，透明な媒介者としての翻訳者ではなく，批判的思考と創造性を伴った翻訳者である。

　ここで2010年に俯瞰的視座から翻訳理論の総括を『翻訳理論の探求（*Exploring Translation Theories*）』（Pym, 2010）として出版したアンソニー・ピム（Anthony Pym）の見解を見ておこう。翻訳研究分野で最も頻繁に引用される翻訳学研究者であるピムは本書の中で，様々な翻訳方略を「等価」「目的」「記述」「不確定性」「ローカリゼーション」「文化翻訳」といったパラダイムによって整理しているが，あとがきで次のような腹蔵なき明快な意見を述べている。これまで様々な翻訳パラダイムが模索され続けてきたが，究極的に翻訳者は自分の理論を探求し続けなければならない。なぜなら，かけがえのない原作に対面したとき理論的な正当性があるかないかという規範性が問題となるのではなく，翻訳実践プロセスにおいては，いかにリスクがコントロールできるか，問題が解決されるかが最重要課題なのである。ピムは幅広い問題意識の射程をもち，例えば機械翻訳，ポストコロニアル批評的アプローチ，脱構築批評が主導する「意味の不確定性」問題など，様々な視点から翻訳に関する問題提起を続けている。そしてこれまで翻訳プロパーの研究とは見なされてこなかった「文化翻訳」を取り上げ，私たちの生の営みとの密接な連動性に注目しつつ今後の翻訳研究のコアとなるべく異文化コミュニケーションの視座と連動させながら翻訳学が進められるであろうという展望を明らかにしている。

6. 脱構築的「社会正義」

　デリダは脱構築は正義であると断言する。デリダの社会正義はアポリアの可能性としてのそれである。デリダは計算可能性と計算不可能性の〈あいだ〉のアポリアに身を置く。アポリアは調停不可能な溝である。アポリアに面して，これは正しい，あれは正しくないといったいかなる同意の先取りもありえず，意思決定できる〈主体〉は存在しない。主体は常に抑圧によって分割されているので，自己が自分自身に対して十全に現前することはない。デリダは統一された行動主体という概念を批判する。主体の自己規定というカント的な法を他律性の無条件の法に置き換えることはできない。デリダは一切の置換可能性を拒否する。脱構築は知や真理の領域に属するのではなく正義あるいは責任の領域にあることを強調する。脱構築は弱者救済であり，散種であり，二項対立の解除であり，他者の到来を肯定的に受け止め歓待すること，実践的領域において原理上の明証性のすべてに揺らぎをもたらし疑問を呈すること。他者の呼びかけへの応答責任。同一性への徹底的な警戒心である。デリダは計算可能な法と計算不可能な正義を区別する。法は規則の適用という普遍から個別への連続的な移行を遂行するが，単一の規則があるときには正義はありえない。個別具体的なかけがえのなさを決して無視しないことが正義なのである。脱構築は自律性なき自由であり，隷属なき他律性である。そもそも主体は言語を操ることはできない。たとえ人間が言語の指示性の主体になろうとしても，言語記号を指示対象につなぎ止めておくことは決してできない。ポール・ド・マン的に言えば，言語の「機械性」や文字の「物質性」といった言語の非人間性は人間の意思では制御不可能ということになる（de Man, 1979; 1971/1983）。人間的なものへの同化を拒む言語の他者性と人間は常に闘わなければならない。言語の他者性に加えて，自己内部の無意識も抑圧された他者性として存在している。脱構築が主体間の「承認」ではなく他者からの呼びかけへの無条件的な応答責任に価値を置くのは，承認行為が絶対的他者を消去して，人間主体の相互主観性の位相にとどまるからである。

7. 翻訳と脱構築の〈はざま〉

　キルケゴールは「決定の瞬間は狂気である」という言説を残した。デリダは決定の瞬間に熟慮・熟考が終わり，非-知が訪れると述べている。決定時にはロゴスの切断が余儀なくされる。決定は選択の問題ではない。緊急に決定を迫られる事態は起きる。言明のすべてが分割可能であり，それに揺さぶりをかけることが可能であるとすれば決定は不可能である。その決定不可能性の認識は決定／決断という行為のある種の暴力性を露呈させる。この脱構築の思考法は，翻訳論と響き合うと考えられる。翻訳者が翻訳不可能性を認識したうえで翻訳する場合，訳出決定時の暴力性を認めざるをえないからである。決定は主体の自由によるものではなく，他者の到来に際しての他者への応答である。つまり決定は他者に促されるもので，受動的決定にならざるをえない。私に先行して他者がいるのである。他者到来は予測不可能であり到来を計画することもできない。脱構築的他者尊重は倫理的美徳あるいは希求されるべき理念ではなく人間存在のあり方の記述である。自分が他者を受け入れるのではなく他者を歓待・尊重するのでもない。気づくと他者は目の前にいるのである。これは翻訳において原作がすでにここにあるのと同じである。でも他者の他者性ゆえに近づき理解することはできない。しかし他者からの呼びかけがあって自己が立ち上がるのである。翻訳も脱構築も切迫性と忍耐を必要とするが，このアポリアは社会正義にとって有意義な視座をもたらすものである。法哲学者ドゥルシラ・コーネル（Drucilla Cornell）は脱構築の非原理的・非実証的・哲学的思考は政治と法の変容にとって有益であり，あらゆる共同体システムにおいて他者を志向するユートピア倫理学として位置づけられると評価している。また，ラディカル・デモクラシーを提唱するシャンタル・ムフ（Chantal Mouffe）は，様々な敵対関係によって引き裂かれた偶然的言説領域として社会を捉え社会政治理論を構想する際に，脱構築批評は政治的英断とは何かを根源的に掘り下げるうえで決定的な重要性をもつとしている。

8. むすびにかえて

翻訳家であり翻訳論への決定的な貢献を果たしたアントワーヌ・ベルマンは，著書『翻訳の時代』の中で，リルケとベンヤミンの思考法の共通点にも言及しつつ，翻訳者の使命が意味伝達ではないことを，以下のように書いている。

> 詩において言葉は純粋にそれ自身の内で実現される。けれども一つの条件のもとでだ。すなわちもはや何も伝達しないこと，何一つコミュニケートしないこと，究極的にはもはや何も「意味しない」ことである。言葉はそれ自身の内に立っているだけであるからこそ，いっそう完全なものとなる。そしてこの言葉こそ，我々に背を向けその功利的用法に背を向ける言葉こそが，翻訳者の出会うものである。（ベルマン，2013: 55）

そして『他者の耳』に，ジャック・デリダの深い省察が見られる。少し長いが引用しておこう。

> 一個のテクストは，それが生き―延びる場合しか生きてはいない。しかもそのテクストは，それが翻訳可能であると同時に翻訳不可能である場合にしか生き―延びることはない（つねに同時に，つまり *hama'*《同じ》時に，である）。完全に翻訳可能であれば，人が一つの言語であると思っているものの内部ですら，テクストはすぐにも死んでしまう。したがって勝利を収める翻訳とは，テクストの生でも死でもなく，ひたすら，あるいはすでに，テクストの生き―延び［死後の生］なのである。私がエクリチュール，刻印，痕跡，等々と呼ぶものについても同様のことが言われるだろう。それは生きるのでも死ぬのでもなく，生き‐延びるのである。（ドナート，1988, pp. 219-220）

生と知の〈はざま〉で社会正義を再考するに際し，翻訳研究や脱構築の考究方法から様々な洞察が得られた。近代知は全体化，統一化，体系化，規範化という〈同一性〉原理に依拠しているが，翻訳や脱構築の基軸を〈生〉の真っただ中で鍛え直すことでオールターナティヴな形の社会正義を探求する作業は，絶対的他者とパラレルに共存しながら決して立ち去らず相手に自らの刻印を残す受苦的パッションが求められているといえよう。社会正義の検討は不可避的に人間観や世界観の考察の深化に結びつく。言語を枢軸としてもつ近代知は混

沌としたものを圏外に追放することで自己保存を行ってきた。言語活動である翻訳理論を跡づけ検証する作業によって明らかになったことは，言語の他者性と不透明性および〈翻訳不可能性〉であった。そして脱構築批評的アプローチは，知の〈他者〉としての「生」を混沌として，内的矛盾として，言語化を拒むものとして，受け入れる勇気の供給源となり，他者への応答責任による他者受容・他者歓待を社会正義と捉えることで，切り詰められた自己を解放し，自己は非自己化の運動プロセスの中にしか存在できない，つまり他者を無条件で受け入れることによってしか，自己化はありえないことが了解されるに至る。近代知は学術制度に浸透することによって，本来生の経験と有機的につながっているべき知のプロセスが硬直化して体系へと押し込まれる。学問の専門化，細分化，断片化の潮流の中で様々な生の可能性が抑圧され反復と慣行へと落とし込まれていく。人は誰も生きているかぎり人間らしく他者と豊かな感情と経験を共有したいと願っている。〈生としての知〉の復権とともに個別の困難を抱えた目の前にいる他者を見捨てないという無条件の他者受容，他者の単独性に心をくだくこと，自らの中断を受け入れること，これらは計算不可能な慎み深さを保有する社会正義のかたちなきかたちなのかもしれない。

参考文献

Anidjar, G, (ed. and Introduction) (2002/2010). *Jacques Derrida: Acts of Religion*, London and New York: Routledge.

Bassnett, S. (2002). *Translation Studies*, Third Edition. London and New York: Routledge.

ベルマン，アントワーヌ (2013). 『翻訳の時代——ベンヤミン「翻訳者の使命」註解』，岸正樹訳，法政大学出版局.

デリダ，J. (1989/2011).『他者の言語——デリダの日本講演』高橋允昭編訳，法政大学出版局.

デリダ，J. (2001).『パッション』湯浅博雄訳，未來社.

デリダ，J. (2002).『根源の彼方に——グラマトロジーについて　上』足立和浩訳，現代思潮新社.

デリダ，ジャック (2003).『友愛のポリティック　1・2』鵜飼哲・大西雅一郎・松葉祥一訳，みすず書房.

Davis, C. (2010). "Derrida, Hermeneutics and Deconstruction" in *Critical Excess: Overreading in Derrida, Deleuze, Levinas, Zizek and Cavell*, Stanford, California: Stanford University Press.

de Man, P. (1971/1983). Blindness and Insight: Essays in the Rhetoric of Contemporary Criticism, Second Edition, Revised (Introduction by Wlad Godzich), Minneapolis: University of Minnesota Press.（ポール・ド・マン，(2012). 『盲目と洞察──現代批評の修辞学における試論』宮崎裕助・木内久美子訳，月曜社）

de Man, P. (1979). *Allegories of Reading: Figural Language in Rousseau, Nietzsche, Rilke, and Proust.* New Haven and London: Yale University Press.（ポール・ド・マン（2012）『読むことのアレゴリー──ルソー，ニーチェ，リルケ，プルーストにおける比喩的言語』土田知則訳，岩波書店）

ドナート，エウジェーニオ（1988）.「鏡像反射［思弁−投機］の翻訳」，レヴェック，Cl.，マクドナルド，C. V.，（編）『他者の耳──デリダ「ニーチェの耳伝」・自伝・翻訳』，浜名優美・庄田常勝（訳），産業図書．

Munday, J., (ed.) (2009). *The Routledge Companion to Translation Studies*, Revised Edition, London and New York: Routledge.

Munday, J. (2012). *Introducing Translation Studies: Theories and Applications*, London and New York: Routledge.

Pym, A. (2010). "Natural equivalence" (Chapter 2), in Pym, A., *Exploring Translation Theories*, London and New York: Routledge.

Sakai, N. (2006). "Translation," *Theory, Culture & Society*, 23(2–3), pp. 71–86.

Sakai, N. (2009). "How do we count a language? Translation and discontinuity," *Translation Studies*, 2(1), pp. 71–88.

Sebbah, F.-D. (2012). *Testing the Limit: Derrida, Henry, Levinas, and the Phenomenological Tradition*, Stanford, California: Stanford University Press.

鳥飼玖美子（2011）.「持続可能な未来と通訳翻訳学──多様性の視点から」鳥飼玖美子・野田研一・平賀正子・小山亘編『異文化コミュニケーション学への招待』みすず書房，pp. 385–402.

Venuti, L. (1995). *The Translator's Invisibility: A History of Translation*, Second Edition, London and New York: Routledge.

Venuti, L., (ed.) (2000). *The Translation Studies Reader*, Second Edition. London and New York: Routledge.

第12章

正義の会話
アンコモンスクールの政治教育

齋藤直子

1.「生き方としての民主主義」再考

生き方としての民主主義は，他者と日々個人的に共働することに対する個人的信仰に
よって制御される。……差異の表明は他人の権利であるのみならず，自分自身の生活
経験を豊かにする手段であるという信念ゆえに，差異自体を示す機会を差異に与える
ことによって協力することは，民主主義的な個人的生活の仕方に内在的なものである。
(Dewey, 1988, p. 228)

　アメリカの哲学者ジョン・デューイは，個人的な生活の仕方に関わる道徳的
問題として，1920年代のアメリカ民主主義の危機に警鐘を鳴らし，日常人によ
って，進行し続ける成長のさなかで日々追求される営みとして，内側から公共
性を再構築する「創造的民主主義」を呼びかけた。これを達成するための必須
条件は「コミュニケーション」である。コミュニケーションは，「共通理解へ
の参加を保証する」ものであり，「同意はコミュニケーションを必要とする」
(Dewey, 1980, pp. 7, 8)。コミュニケーションを通じて，自己批判の声は「公共
的で開かれた戸外の空気と日の光」の中で社会批判として試され共有され
(Dewey 1983a, p. 9)，道徳的生活は，相互批判と差異からの学び合いの中で「友
人」としての他者と共有される (Dewey, 1984, p. 324)。このコミュニケーショ
ンの思想は，異文化間の次元にもあてはまる。1920年代に中国と日本を訪問し
た後，デューイは，「二つ［の国］が異なっているほど，学習の機会はいっそ
う増える」と述べている (Dewey, 1983b, p. 262)。デューイは，「人々の内的な
精神と実生活」(ibid., p. 267) に届きうるような相互理解のあり方を，「教育の
真の手段，洞察と理解の手段」(ibid., p. 263) として提唱する。彼にとって「生
き方としての民主主義」は教育の営みと不可分である。

コミュニケーションを主軸とする，デューイの生き方としての民主主義の思想は，今日の民主主義と教育をめぐる議論にも妥当性を持ち続けている。日本で生じた「サンデル・ブーム」はその一例であるといえよう。2010年に日本でベストセラーとなったサンデルの著書『これからの正義の話をしよう』(Sandel, 2010; サンデル, 2010) を引き金に，「正義」という言葉が人々の注目を浴びるようになり[1]，政治と民主主義をめぐる哲学的な議論への関心が生み出されることになった。2011年3月の東日本大震災の後，サンデルはNHKで「大震災特別講義」と題する討論式の講演を行った (サンデル, 2011a)。デューイの創造的民主主義の精神を今日に復活させる形で，「サンデル・ブーム」は，我々が公的な存在となり政治生活に参与するとはどういうことか，社会的コミュニケーションとはいかなるものかを再考する機会となった。「道徳により深く関与した公的言説」には「政治的言説を再活性化し，われわれの市民生活を一新しようとするあらゆる試み」が関わる (Sandel, 2010, p. 243; サンデル, 2010, p. 314)。「正義」は道徳的生き方と不可分であり，「公正な社会は，善き生活についてともに理性的に議論することで成り立つ」(Sandel, 2010, p. 261; サンデル, 2010, p. 336)。こうした一連の手続きを「道徳に関与する政治」(Sandel, 2010, p. 269; サンデル, 2010, p. 345) と呼ぶ中で，サンデルは，「道徳的不一致」によって「相互尊重（mutual respect）の基盤」は強まると述べる (Sandel, 2010, p. 268; サンデル, 2010, p. 344)。他著では，民主主義的生活における社会的コミュニケーション，自由な探究と議論の必要性を訴えるデューイの哲学が肯定的に評価されている (Sandel, 2005; サンデル, 2011b)。この意味で『正義』は，デューイ的な参加型民主主義の思想を今日に実践する著であるともいえる。それは，現実的な道徳的ジレンマから生ずる「困難な道徳的問い」(Sandel, 2010, p. 268; サンデル, 2010, p. 344) ――「もし……であったら，あなたはどうするか」――にいかに対応するかという，問題解決型の具体例に満ちている。さらにサンデルはデューイと同様に，グローバルな共同体意識を育むために，文化的，国家的な国境を越えて開放的な議論の場を広げることを提唱する。こうした世界規模の対話において，サンデルは自らの政治哲学が「「論理と理性」と「共感的理解」を分けるものではなく，双方を含んだもの」であると述べている (サンデル, 2011c)。「正義」は，合理性のみならず共感を含む全人的な生き方を巻き込む

第12章　正義の会話 221

ものでもある。

　同様に現代アメリカの政治哲学者マーサ・ヌスバウムも，世界市民性の提唱者としてデューイの「民主主義と教育」の今日的意義を再評価している (Nussbaum, 2010)。ロンドンで2010年に行われた講演会「マーサ・ヌスバウム，21世紀の啓蒙主義を語る」では聴衆との対話的な討議が行われたが，ヌスバウムが聴衆と語り合う情熱的な対話への関与の仕方は，まさにデューイ的な討議的民主主義のコミュニケーションを体現するものであった。同著でヌスバウムは，デューイを「最も影響力をもち理論的に傑出した，アメリカのソクラテス的教育の実践者」であり，「グローバルな市民性のための教育」の実践者であると定義する (ibid., 2010, p. 64)。そしてデューイの教授学は「たんなる知的技術のみならず」「実践的関与の一要素であり，実生活における諸問題への姿勢」を示すものだという (ibid.)。さらに，サンデルと同様，ヌスバウムは，世界規模での民主主義的な対話の重要性を強調する。「世界市民のための教育」の核心にあるものは，「内なるまなざし」(inner eyes)——「他者の内的な生」に向けられる想像的で共感的な目——の滋養である (ibid., pp. 91, 123)。ヌスバウムのコスモポリタニズムの思想において，根源的に異なる他者を理解することは，民主主義的な包摂と相互尊重に基づく政治的関与の核心にある (ibid., p. 141)。

　サンデルとヌスバウムの主張は，政治哲学，ひいては政治生活そのものが，個々人が日々の生活の中で直面する道徳的な問題——危機に直面して各人に試される生き方の指針の問い直し——と不可分なものであるという点で，直接，間接的にデューイの「生き方としての民主主義」の実践哲学の課題を受け継いでいる。さらに両者は，異なる価値を生きる他者の立場に立つ共感的な他者理解こそが公正な社会の創造につながることを提唱する点で，内側から外なる公共性に向けて創造され続ける民主主義というデューイの思想を共有する。ここでもコミュニケーションに従事することは，道徳的な生き方に関わる民主主義と公正な社会創造の必須要件である。東日本大震災後の日本における原発の賛否をめぐる議論についてのインタビューに際して，サンデルは，「私のアドバイスは，思慮深く，丁寧な議論をすること［である］。絶対に議論を避けてはならない。社会が直面する最も困難な課題について，賛否両派が相互に敬意を持って，公然と討議できれば，民主主義は深まる」と述べている（サンデル，

2011c)。同様にヌスバウムも,「個々人の積極的な声」を「説明責任の文化」の育成に向けて参与させることを提言する (Nussbaum, 2010, p. 54)。さらに日本においては,井上達夫がリベラリズムの立場から「共感できない対立者に自己の精神を開き」,「異なった価値観の間の対立を相互批判的な論議によって解決する」ことを提唱する (井上, 1986, p. 200)。リベラリズムかコミュニタリアニズムかという陣営の違いにかかわらず,「公の場で堂々と議論」し (サンデル, 2011c),討議への積極的,批判的参与を促すこれら一連の言説は,正義をめぐる政治哲学の議論の典型的特徴であり,そこで使用される言葉はリベラル,コミュニタリアンの政治論争の構図そのものを成立させている「承認の政治学」(politics of recognition) の共通語彙といってよかろう。そこでの議論のスタイル,言語使用の仕方は,たんなる参加の手法にとどまらず,政治生活に参与するとはどういうことか,そのための教育をいかに構想するかという思想内容と不可分の関係にある。

　本章では,承認の政治学の言語の限界,ひいてはその背後にある人間と言語の捉え方の限界を示すことを通じて,「生き方としての民主主義」に含意される政治性の意味を問い直し,それを実現するための政治教育の代替的な道筋を模索してゆきたい。承認の政治学でいわれる他者への共感的なまなざしと理解,異なる価値との共存と学び合いといった言説それ自体には,疑うべき余地もない道徳的な含意がある。しかしながら,不一致に直面してそれを多様な価値の相互尊重の好機として捉えるという言説においては,不一致として認識される部分があらかじめ線引きされ,その境界を超える不可知な (とされる) 部分についてはあえて問わないような (合理的に問えないとされる) 論理的土壌が設定されている。このことは,正義,民主主義,ひいては政治を語る言語それ自体が,我々の生き方を明瞭に境界づけ,目を向けるべき対象を限定してゆくこと意味する。可視的で「断定的‐合理的な言語」(スタンディッシュ, 2012) を通じて,あいまいな (とされる) 領域は「不‐明瞭」という反対領域に囲われて不問に付される。生き方として民主主義を問うなら言わねばならない政治性の次元,人間の生の側面,それを明るみに出すことが本章の目的である。スタンディッシュによる社会正義の「単一言語主義」の問題提起を引き受け (本書第1章),本章では,言語が人間の使用を通じて生み出す限界の性質を説き明かしながら,

第12章　正義の会話　　　　223

「正義」「平等」「公正さ」が語られる際の言語の一面性，そこで置き去りにされる人間の生の領域に光を当ててゆきたい。そして承認の政治学の言語の限界を超える代替的な政治性を実現するための，「正義の会話」の教育的意義を明らかにできればと思う。

2.　正義の会話

> 哲学的問題は論争的に解決されず，語源的に言うなら，敵味方に分かれることによっては解決されない。……哲学的議論は勝ち取られてはならない（哲学は，犠牲化によって征服することをしない。）政治的議論は敗れるものであってはならない。（正義の会話は敗れるものであってはならない。そうなれば政治的なものは犠牲化の領域になってしまう。）（Cavell, 2004, pp. 185–186）

　アメリカの哲学者カベルによるこの一節は，承認の政治学の論争における言語の限界と，その彼方に広がる代替的な哲学的視座と言語の可能性を示唆するものである。「生き方としての民主主義」を提唱するデューイは，19世紀アメリカの超越主義者エマソンを「民主主義の哲学者」として賞賛するが（Dewey, 1977），カベルもまた，「エマソンの道徳的完成主義」（Emersonian moral perfectionism）という観点から，エマソンをアメリカの哲学者，そして民主主義の哲学者として再評価する（Cavell, 1990）。このエマソンの現代における民主主義の哲学者としての再評価は，カベルの言明の政治的含意と不可分の関係にある。カベルは完成主義の概念を，西洋思想におけるプラトンとアリストテレスに起源をもつ，善き生活の探求としての哲学の系譜として位置づける。それは功利主義やカント主義のような道徳理論における理論的議論というよりもむしろ，ある人の魂の状態に関わる問題として「いかに生きるか」という問いに力点を置くものである。言い換えるなら完成主義は「善さや正しさの問題が道徳的推論を支配するようになる「以前」に問題が生ずる次元」に関わる（Cavell, 1990, pp. 2, 6, 240; 齋藤, 2009, p. 88）。カベルは，完成主義が自己のより善き状態に関わる思想であっても，道徳的判断の自律的（認識）主体として自己を扱うものではないということを含意している（齋藤, 2009, p. 89）。エマソンの

「自己信頼」の思想は，受容性に根ざした「自己超越」の思想としてニーチェ的な「強靱な自己」を提唱するものである。この大枠の中で再解釈されるアメリカ哲学としてのエマソンの道徳的完成主義は，主として以下の三つの独自の特徴をもつ。第一に目的／終わり（end）を固定しない，現在進行形としての完成，基礎を据えない途上性としての完成であること，第二に，民主主義は日々の生活の中で絶えず達成され続けてゆくというアメリカ民主主義の理想と実践であること，第三に，会話と友情を強調し教育に重要な含意をもつこと，である（齋藤, 2009, pp. 90–91）。エマソンの道徳的完成主義は生き方としての民主主義を実現する上で「善さ」の希求を放棄しない。本章で主題化される政治性の問題への示唆を先取りして述べるなら，第一の点は，リベラリズムとコミュニタリアニズムの政治論争で論点とされる善さを問えるか問えないかという問い設定そのものを超える，反基礎づけ主義的な善さの問い方，追求の仕方を提示することを含意する。第二の点は，エマソンの道徳的完成主義が単なる自己実現の思想ではなく，「内側からの民主主義批判」（Cavell, 1990, p. 3）として思考の社会的・政治的役割を放棄しないものであること，内側性に示唆される自己の欲求や偏向性を社会批判に不可欠な条件とするものであることを含意する。そして第三の点は，後に論ずるように，承認の政治学の言語の限界を超える「正義の会話」の思想へとつながることになる。

　これら三つの点は相互に関連しつつ，エマソンの道徳的完成主義を，カベルによるロールズの正義論への応答たらしめるものである。ロールズの『正義論』（1971年）において，完成主義の問題は，第50節で最も明示的に論じられている。ここでロールズは，ニーチェの卓越主義（perfectionism）が本質的にエリート主義の思想であると糾弾する（Rawls, 1999, p. 212／ロールズ, 2010, p. 431）。「規範的正義論」の立場を表明する井上は，「リベラリズムにおいて正義は特別の役割を果たしており，それゆえに正義の探究に最大の関心とエネルギーを注いできたのはリベラリズムである」という立場から，ロールズの「公正としての正義」の理論が個人の偏重性，恣意性，主観性と相容れない思想であることを示している（井上, 1986, pp. 136–138, 238）[2]。こうした正義論の立場から見るなら，ロールズが言うとおり，ニーチェの「偉大なる人間」は，卓越主義の悪しき範例ということになろう。また，ロールズ論者である宮寺晃夫は，リベラリ

ズムの立場から卓越主義を以下のように再定義する。「卓越主義は，個人の自律性の尊重と，個人と個人の結び付きのなかでこそ自律性の陶冶が可能になるとする価値観，還元すれば社会的連帯のなかで個人の自己実現を図ることを求める価値観である」。さらに，ラズの「卓越主義的リベラリズム」を援用して宮寺は以下のように述べる。「他者との関わりを広く志向し，公事に積極的に参加していき，そのためには自己利益をも超えていく養育ができている個人であってはじめて自律的な個人といえるのであり，その自律的個人によって社会関係が取り結ばれることにより卓越性の価値は実現されていく」（宮寺, 2006: 10）。このリベラリズムの立場からの卓越主義の再解釈は，公正としての正義の原則を守りつつ「自律的個人」の卓越性を維持する道筋を示すものであるといえる。しかしこの卓越主義の代替的枠組みにもニーチェとエマソンの完成主義が入り込む余地はないであろう。これに対してカベルが論ずる「完成主義」（perfectionism）は，（ニーチェに実際の思想的影響を与えた）エマソンの完成主義を，民主主義の思想として読み直すことを通じて，リベラリズムの枠組みで規定される「卓越主義」への代替的言語と思考様式を差し出し，リベラリズムと正義論で前提とされる「自律的主体」に基づく人間の捉え方，自己観の限界を示すものである。カベルによれば，「完成主義は本質的にエリート主義か」という問いに対する答えは「否」である（Cavell, 1990, p. 1）。ロールズはニーチェを誤読しているというのである（Cavell, 2004, p. 248）。

　カベルの目指すところは，完成主義の第三の特徴とされるエマソン的な「個人的会話」の「公的重要性」を蘇らせることである（Cavell, 1990, p. 102）。言い換えるなら，エマソンの「自己信頼」と「友情」の思想はたんに個人的，私的な領域に関わるものであって公的領域には適用できない，という批判の筋において想定される，私的なものと公的なものの関係づけ方そのものを覆そうとする試みである。カベルとロールズの主たる違いは，前者にとって民主主義の名のもとでの会話は「[ロールズ的な]正義の会話の終局点，すなわち道徳的正当化が行き詰まり，何かが示されなければならない時点に始まる」ということである（ibid., p. 124）。正当化が終わりに達した後に始まるもう一つの「正義の会話」は，全体に光を投じ，その会話に求められる代替的な思考を条件づける。さもなくば，会話は単なるゲームとして価値を失うことになる。さらには，正

当化の終わりの後に生ずるできごとは、まさに言語の獲得そのものにも光明を投ずるものである。

このカベルのエマソン的な「正義の会話」が、ロールズ的正義の会話といかに異なるものであるか——より正確に言うなら、ロールズ的正義の会話に先立つものであること——を対比的に示すものが、井上が提唱する「会話としての正義」の思想である。井上はリベラリズムと正義論が切り離せないこと、リベラリズムニは、コミュニタリアニズムが批判するような「負荷なき自己」以上の、「自己解釈的存在としての自我」（井上, 1986, p. 239）、「厚い自同性と自律性」（ibid., p. 240）に根ざした「人間学的理論」（ibid., p. 201）があることを主張する[3]。そしてこの自己解釈的存在としての自律的主体どうしが個性を形成し発展させるリベラリズムの「社会的結合様式」として井上が提唱するものが「会話としての正義」である（ibid., p. 240）。それは、「根源的な人間共生の作法」であり、「種々の言語ゲームが前提としている種々の週律的諸規則には還元され得ない」ものである（ibid., p. 256）。そして、「「等しきものは等しく扱うべし」という正義の普遍主義的要請と、この要請が適用さるべき台頭の道徳的人格たる地位の相互承認とを基礎にしている」（ibid., p. 257）。言語遂行の行為としてのコミュニケーションが「情報伝達・意思決定・合意・コンセンサス・相互理解・了解・和解・宥和・交換・交霊・合一・洗脳（？）」に特徴づけられる「行動」であるのに対して、会話は永遠に完結することのない「営為」であり、その目的は「会話自体を続けること」である（ibid., pp. 251, 252）[4]。そうした会話を続けることがリベラリズムの社会様式として重要であるのは、「異質な他者との対話がたとえ充全な相互理解をもたらさないとしても、我々自身の信念体系を再組織化しその地平を拡げる貴重な契機を与えてくれる」からである（ibid., p. 199）。井上のリベラリズムにおける「会話としての正義」が「生き方としての民主主義」の政治性の意味を考える上で興味深いのは、それがまさに井上が言うところの「人間的生の一つの基底的な形式」（ibid., p. 250）という、人の生き様、他者との関わり方、「人間学的」視座を政治性と不可分なものとして捉えられている点にある。井上自身はこれを、「カント義務論」を「人間化」したものとして「人間の現実的な生の形式」に連れ戻すものであると述べている（ibid., pp. 247, 248）。

第12章　正義の会話　　227

　リベラルな社会を実現する様態として井上が提唱する「会話としての正義」
論が，会話を「言語」（言語ゲーム）と切り離しているのに対し，カベルは，オー
スティン，ウィトゲンシュタインの日常言語の哲学を，井上とはきわめて異
なる形で解釈し，それをエマソンの道徳的完成主義から導き出される「正義の
会話」と切り離せないものと位置づけている。このことは一見すると類似する
両者の終わりなき会話の「終わりのなさ」の捉え方の違いに結びつく。この差
異を理解するには，カベルによる日常言語の捉え方と，それと不可分な「人間
学的」視座を明らかにする必要がある。カベルによれば，ソローとカベルのア
メリカ超越主義は日常言語の哲学を裏書きする（Cavell, 1984, p. 32）。「［エマソン
の道徳的］完成主義の道徳的力は，判断に集約されるのではなく，一語一語に
賭される」（Cavell, 1990, p. 32）。言語共同体への参与は政治生活の必須要素であ
り，そこで「ポリス（都市国家）は，そのうちで私が私のアイデンティティを
紡ぎ出す場であり，それは（政治的）自由の創造である」（Cavell, 1979, p. 23）。
同時にそうした営みは，「私」による「我々」（We）の探求において，この
「私」が誰を代表するかを探し求めてゆく過程でもある。ポリスの創造のため
に，ある人の他者との道徳的関係は会話において賭されることになる。発見さ
れていく「我々」という視座は，「知っている人」と「（見）知らない人」をす
でに区分しうる「認知主体」を想定して私と他者の関係を論じる井上の「会話
としての正義」論とはきわめて異なる人間の捉え方である[5]。カベルがここで
問題にしているのは，認知主体としての人間が自立的個人として「知る」「知
らない」を決定づける能力の想定そのものである。

　エマソンの道徳的完成主義において，異なる他者に対する「尊重」を持ち出
すだけでは，不一致という現象の背後にある絶望の源に十分近づくことはでき
ない。この不確定でもろく，先を見通すことができない道徳的生活の領域に入
り込むことこそが，エマソン的な「正義の会話」の出発点である。「私の理性
が行き詰まり，私が自分自身に投げ返され，それまで示されてきた私の性質に
投げ返される時」（Cavell, 1979, p. 124），この分断の瞬間に，「私」が依拠してい
たと思われる地盤は脅かされる。そうした「分岐点」（ibid., p. 19）に立つとき，
「そこで崩壊するものは道徳的議論ではなく，道徳的関係性である」（ibid., p.
326）。ここで切実につきつけられる要求は，他者への対面であり，その他者の

立場を考慮に入れ，その結果を引き受けることである（ibid.）。こうした道徳的関係性をカベルは，知識に基づく承認（recognition）の関係性に対比されるものとして，「承諾」（acknowledgment）の関係性と呼ぶ（ibid., p. 428）。承諾の関係性には「自分自身を自分自身に対する他者とする能力，自分自身を自らがすでに知ってはいないものとして学ぶ能力」が必要とされる（ibid., p. 459）。ゆえにエマソン的な会話の趣旨は，自らの立場を正当化することではなく，その立場を試すために，自らを他者の目に傷つきやすいものとして曝すことにある。自己所有から自己を放ち，自らの足場を揺さぶる関係性としての「友情」の思想は，井上の論じるリベラリズムの社交体における他者の承認関係とも，宮寺が言うような「個々の才能は一人ひとりの統合された人格の一部として個体的な所有に帰しており，「共同資産」の名のもとで社会に供出されたり，共用を強要されたりすることはない」（宮寺, 2006, p. 117）というリベラリズム的な自己所有観とも対極にあるように思われる。

　さらにロールズの正義論が，上位階級の人々と最も不利な社会階層の人々との「格差」を問題にするのに対して，ソローは，19世紀後半のアメリカ，ニューイングランドのコンコードという町に住む「中流階級」の人々に呼びかける。ソローはそうした人々を「静かなる絶望の生活を送る」「大衆」であると呼ぶ（Thoreau, 1992, p. 5）。同様にエマソンは，声を失った大衆を指して，隠された「限界と内なる死の悲劇」を「密かなる憂愁」と記述する（Emerson, 2000, pp. 400–411; Cavell, 2003, pp. 19, 252［no. 12］）。社会格差をなくすという社会の状態の改善と悲惨な現状の関係をめぐる道徳的議論のさなかですら，「並みの環境」（*moderate* circumstances）にある人々は，自己充足的な凡庸さと「公的議論の虚偽性」にいとも簡単に陥ってしまう（Cavell, 2004, p. 189）。これは民主主義の堕落した追従の状態であり，「民主主義への縮小する参与」状態である（Cavell, 1990, p. 51）。この恥ずべき民主主義の条件から人は永遠に罷免されることはない。ここにおいて問われているのは，我々を他者の生に対して盲目にし，ゆえに我々自身に対しても盲目にする人間の傾向性である。カベルは哲学者が「他者を知るようになることの実際的な困難さがいかに現実的なものであるか，我々が他者のまなざしに自らを曝し，それを引き受けうる部分がいかに限られたものであるか」を否定するという（Cavell, 1979, p. 90）。この観点から見るな

第12章　正義の会話　　229

らリベラリズムの「厚い自同性」は，この否定の構図に陥っているということになろう。「相互尊重」への訴えによって会話に終止符が打たれるとき，道徳的感受性を表明する意図をもって使用される言語は，実のところ，人々の自己充足状態を覆い隠す機能を果たしうるのである。宮寺は，人は他者を自己の「思考の枠組みの外部にいる」者として捉え，「他者を私は，「私には理解できない存在」としてしか理解できない」と言い切る（宮寺, 2006, pp. 210, 212）。井上もまた，「会話としての正義」においては，相手も自分も「忖度し難い精神の奥行きをもつ人格として」（井上, 1986, p. 254）「容易に了解し得ぬ深みを湛えた一個の独立せる精神」（ibid., p. 257）として互いを発見し合うが，互いの独白領域は永遠に蓋をされ知りえない，不可侵の領域であるとみなす。カベルの懐疑主義に対する立場から言えば，こうしたリベラル論者による自己の規定の仕方は，認知能力の可否で自己と他者の心の問題を扱う懐疑主義に取り込まれている。つまり，このようにして自己と他者の内部を私秘化することは，「知りえないもの」としての他者の存在を回避することであり，事実上，他者の否認であり，こうした否認の状態を否認することである，というわけである。カベルはこうした否認の構造こそが，人間であることの証であり（Cavell, 1979, p. 207），懐疑主義を認識（知）の問題として論ずる哲学者の言説の背後にあるものであることを明るみに出す。この拒絶の構造の中で「我々は「言語ゲームの外で」話すようになる」（ibid.）。つまり，我々は日常言語の使用によって完全に人間であることができなくなり，他者の生に対して盲目になる危険と絶えず背中合わせであるということである。共通言語の使用を通じて日常生活が固定化されることによって，我々は皮肉なことに人間となりゆくことを拒絶するようになる。このとき人は「私の規準が，たんなる言葉，言葉の抜け殻として死に絶えてしまう」ことを発見する（ibid., p. 84, 強調引用者）。この事実を受け入れることは，「懐疑主義の真実」を生きることである（ibid., p. 241）。他者との道徳的な関係を日常性に取り戻すためは，死語を日常性から救い出し，同時に「日常性を崇高さの場所として」復権させる必要がある（ibid., p. 463）。カベルが描き出すエマソンの完成主義の務めは，喪失，沈黙，盲目性の内から出発して，いかに外なるものに再び参与しうるかという問いを切り出すことにある。「私自身が（誰か他者の同意を代弁し）代表的に語ることの代案は，私的に語る

ことではない。代案は，何も言うことをもたず，無言であるどころか声を失うことである」(ibid., p. 28)。そのためには，私的な領域（内なるもの）と公的な領域（外なるもの）の二元的区分を超越することが求められる。公的なものは，公共性，可視性，説明責任と同一視されることを超える必要があり，内的なものは，私的なもの以上となり，「内側から」(from within) の名に値するものとなる必要がある。「内なるもの」とは，明瞭な境界によって囲まれ，その中に入るか否かを我々が選択できるような領域ではなく，逆により高度な確実性をもって知ることができるような対象でもない。むしろ「雰囲気のように，あるいは心の動きのように，行き渡っているものである」(ibid., p. 99)。他者の声なき呼びかけと，不明瞭ながらも確たる自らの衝動に応答しつつ，言語存在としての人間は，内側と外側，目に見えるものと見えないものの不安定な境界上でもちこたえながら，可能なかぎり最良の表現を探し求め，それを言語共同体の中で試し続けなければならない。自らの中の他者性に気づかずして，外なる「他者」に向かってその他者を尊重するという発話行為には，自らの制御を超えるもの，表現しがたいものに対する恐怖 (ibid., p. 351) に根ざす盲目性が隠されている。そうした盲目性は，善意に満ちたはずの「生き方としての民主主義」をいわば内側から裏切る形で，政治的言語の暴力を意図せずして行使することになるだろう。他者の心に対する哲学者の誤った盲目性——自律性の名のもとに「暗闇を他者に投影すること」——に代わり，カベルは，「目を幸福に閉じつつ懐疑に直面して生きることは，世界を愛するようになること」(ibid., p. 421)，すなわち正しい盲目性を獲得することを提案する。

　カベルの日常言語の哲学において，言語存在としての人間は，足場のなさと途上性を運命づけられている。これは共通善によって支えられる自己の同一性とも，「自己の恣意によって左右できない一定の価値」への志向性に貫かれたリベラリズムの「自我の同一性」(井上, 1986, p. 238) とも異なる。言語と人間の本質的関係は「翻訳としての哲学」という観点から描かれる移民性，変容性，途上性である (Cavell, Forthcoming; Standish and Saito, 2017)。エマソンの正義の会話において，言語との関わりはコミュニケーションの溝を埋めるために用いられるのではなく，目的遂行のための言語行為に還元されるものでもなく，むしろ可視的なものと不可視的なもの，明瞭さと不明瞭さの狭間にあってなおも

第12章　正義の会話　　231

足場を築き続ける（規準を改訂し続ける）ために必要とされる。根源的に異なる他者に遭遇するとき，われわれは表明しえないものを表明し，可能な限り最良の遭遇点を見出すことへの無限の潜在可能性に開かれる。不確実性を引き受け，そこに足を踏み入れることは，理性の否定ではなく，非合理性の混沌に甘んじることでもない。むしろそれは，自らが対面する他者に対する責任を引き受ける「道徳的出会い」（Cavell, 1990, pp. 112, 117; 2004, p. 187）において賭される代替的な理性の主張である（Cavell, 1979, p. 323）。承諾の関係性に支えられるカベルの「道徳的出会い」の思想は，サンデルの「道徳に関与する政治」とも，リベラリズムで構想される自律的個人と個人の間の共生関係ともきわめて異質な──両者に先立つ──道徳性を前提にしている。そこでの道徳的関係性は，意見の一致か不一致かという選択を超えるところですでに始まっている。

3. アンコモンスクールの政治教育

　　会話は円のゲームである。われわれは会話の中で，沈黙の共有地をあらゆるところで囲い込む境界の柱を引き抜く。会話の当事者たちは，彼らがこのペンテコステ（聖霊降臨節）のもとで分かち合い，表明しさえする霊によって判断を下されることはない。彼らは，明日になれば，今ある最高水位から遠のいているであろう。明日には，彼らが古い荷鞍のもとで身をかがめている様子を目にすることになるだろう。それでもなお，裂けた舌のように燃えたぎる炎が周囲の壁を赤々と照らしている間は，それを満喫しようではないか。新しい語り手がひとりひとり新しい光を灯し，最後の語り手の重圧からわれわれを解放して，その新しい語り手自身の偉大さと排他性でわれわれを圧倒し，そして今度は別の救済者へとわれわれを引き渡す時，われわれは自らの権利を回復し，人間となりゆくように思われる。（Emerson, 2000, pp. 256-257）[6]

「社会的プロジェクト」や「個別のプロジェクトに関わる公正の領域」とは異なるものとして（Cavell, 2004, p. 173），カベルはエマソンの拡大する会話の円の思想を，絶えず途上にあり，収束点に落ち着くことのない動きとして特徴づける。エマソンの会話は差異の尊重それ自体を目的としない。むしろ差異の開示は，会話が，円弧の限界を超えてこれから来るべきもの──エマソンの言う「知られざる，分析不可能な残余」（Emerson, 2000, p. 254），あるいはカベルの言

う「協働的なものであろうと敵対的なものであろうと，われわれの相互作用の現在の状態……の曖昧さ，不透明性」（Cavell, 2004, p. 173）——のためのスペースを維持するかぎりにおいて意味をもつ。そうした会話においては，「耳を傾けること，差異への応答性，変化しようという意欲」が徳とされる（ibid., p. 174）。正規化され標準化された平等と公正の尺度の背後にある「自己の平板化状態」（Cavell, 1979, p. 386）に抵抗し，エマソン的な会話は，自分自身の「立脚点」（standpoint）を発見することを求める。エマソンの終わりなき会話における「足場」は，正義の秤で測定される普遍的な平均値（*the* average point）ではなく，「それに対して私が私自身を関連づけ，それに依拠して私が立場を明らかにし，いわば，ひとつの平均的な立場（*an* average stand）を明らかにする」ような，自らの足で立つための立脚点である（ibid., 強調引用者）。この代替的な「平均」の意味合いこそが，エマソンの個人的な会話が示唆する政治的含意である。エマソンの終わりなき会話における終わりのなさは，結果を出さない，合意しない，という意味での終わりのなさではなく，規準をそのつど試し合い改訂し続けてゆく「この私」の関与を求めるものであり，そのつどの収束を求めるものである。これこそが，「束の間の完成」（Flying Perfect）（Emerson, 2000, p. 252）という現在進行形でしか表しえないエマソンの道徳的完成主義の意味するところである。ここでの規準は，「判断をより利便性が高く，より公正で，より合理的で，より私的でないものにすることに関わるものではない。規準はまた，不安定で手に負えない判断を前にして「改訂可能性に開かれる」ものでもない」（Cavell, 1979, p. 31）。むしろ生成の途上にあり続けるものとして理性を捉え直すとき，規準の模索は「完全音高」（Cavell, 1994, pp. 39, 47）に関わる相互調律の問題，すなわち「我々が判断における一致を現になす，その驚くべき度合いについての驚くべき事実」という観点から理解されるような事態である（Cavell, 1979, p. 31）。そこでは，人間の運命的な盲目性に抵抗するためにこそ，我々の言語使用に対する感受性を研ぎすますことが求められることになる。

　カベルが戦おうとしているものは，こうして内を回避し，空洞化し，個を平板化，均質化することで成立するような「公正としての正義」の捉え方である。民主主義が生き方として内側から出発するなら，内を放置することはできない。ここで重要となるのは，「私」が他者に対面する差異に曝されるある種の傷つ

きやすさである。道徳的立ち位置について自らの確信を保証するような既存の尺度は，会話から独立して，普遍的に，あるいは所与のものとしては存在しない。エマソン的な正義の会話は規準を改訂し続けてゆく場，コモンなもの（the common）——共通のもの，見慣れたもの——に関わり直し続けてゆく場であり，「居場所」としてのコモンを逸脱し続けてゆく行為である。我々は限りなく別離状態にあり，差異や不一致の語彙がつかみうる以上に互いに疎遠である。そして，こうした不安定な地盤から，一人一人が相互調律における一つの平均値を獲得してゆくことしかできない。エマソンの終わりなき正義の会話は，参与者が自らの生き方を賭けて試し，善さの意味を問い合う場である。終わりなき善の追求は，所与の共通善に自らを回収する行為ではなく，逆に善の領域を「独白」領域として括弧にくくり不問に付すものでもない。その意味で，エマソンの道徳的完成主義は，リベラリズムとコミュニタリアニズムの政治性を超え，より善さとして途上で問い続けることしかできないような善の地平を政治性に取り戻すものである。

　エマソン的な正義の会話は，全体性に回収されることなくコモンなものを模索し続けてゆく「政治的」営みの必須条件である。とりわけそれは，公正としての正義の言語の背後に潜む「情動的な帝国主義」——「追放者を，その人たちの善について本人自身が相談を必要としないような形で，自分とは異なる存在とみなす」(Cavell, 1979, p. 437) 人道主義的な希求——の危険に抵抗するために必要となる。井上による「会話としての正義」論においては，会話に従事し続ける「自律的主体」が，他者との差異を認識できること，「己れの限界を知る」ことができることが大前提とされる。さらに，他者との会話が自己理解，自己解釈に与える影響を「認知する」のはその個人の「独白」領域——「正義の普遍主義的管轄から外された自己決定の領域」——であるとされる（井上, 1986, p. 261）。つまり，差異を認識できたかどうか，己の限界を知ることができたか，互いに影響を与ええたかどうかは，会話の営為の管轄外であり，当事者にしか知りえない，ということになる。この帰結が含意することは，ゆえに他者に寛容でありえているかどうかを判断するのも，独白領域に閉ざされた自己でしかない，ということである。カベルが「情動的な帝国主義」と呼ぶ盲目性は，こうした（不）可知性を前提とする承認の政治学における自己，他者理解

の仕方が意図せずして生み出す政治的暴力性である。自己を「独白」領域の主体として固定化し，他者を「知りえないもの」として神秘化し，「内なるまなざし」の共感をもち出すことによって，他者の「内」性を括弧にくくりそれ以上踏み込むことをしない「相互尊重」の「人間学的理解」において，皮肉なことに「内なるまなざし」の盲目性は露呈される。こうした盲目性を乗り越えるためにこそ，人は正しい目のつぶり方を学ばねばならない。この意味で，終わりなき正義の会話に従事することは，人間になりゆくという生成の途上を巻き込まざるをえない，教育的なものとしての政治的な課題である。カベルが「我々が言うことへの哲学的訴え，そして，我々が言うことを言う上での根拠としての規準の模索は，共同体への要求である」(Cavell, 1979, p. 20) と述べるように，日常言語の哲学において，政治生活は言語から出発し，限りなく言語との関わりと不可分であり続ける。会話を通じて，一人一人は，自らの声を自分自身のものとして，回復すべき権利として発見してゆく機会を与えられる。これが，政治的議論に先立つ正義の会話の意味するところである。

エマソンの正義の会話の教育的な課題は，喪失とあきらめの内から，話すこと，耳を傾けることを学習し直し，いかにして再び出発し直すかということにある。沈黙は，人が語りたいという欲求を想起するための重要な契機となる。そこでは，道徳的議論における論争を超える代替的な発話の様式——ポレモス (polemos) の言語やそれに付加される共感の言語を超える言語——が求められる。カベルはこの代替的な発話の様式と言語を，憂鬱，シニシズム，アイロニーといった「政治的感情」に応答するような「情熱的言語」と呼ぶ。情熱と欲求は「理性の模索」の源である (ibid.)。世界を再び愛することができるようになるために，エマソン的な正義の会話は，そこに光を灯す当事者たちが会話を通じた転換 (conversion through conversation) の経験をくぐり抜ける中で，自らの限界を超えることを求める。正しく自分自身を所有し直すことができたとき，正しい目のつぶり方を習得するとき，人は「精神は非人格的 (impersonal)」であることを悟る (ibid., p. 361)。これがエマソンの言うところの「大霊」(Over-Soul) の思想であり，「より高度な自己所有」の状態である (Emerson, 2000, p. 241)。正しい自己所有の問題は，「懐疑主義の真実」を生きるとカベルが言う際の，正しい他者（不）理解の仕方と不可分である。正義の会話は，自らにと

第12章　正義の会話　　　235

って決して免責されえないものとしてすでに到来している他者を罪と恥の感覚とともに引き受け続けてゆくことに関わる。自己は他者を「知りえない」と断定することなく，かといって「理解した」，「共感できた」と断定することもないような，中間的な流動領域の中で他者に関わり続けてゆく。こうした他者への関わり方は，「共生」や「共感」の言説を超える道徳的関係性の領域に足を踏み入れることを責務として要求する。それこそが，会話の円の中で「沈黙の共有地をあらゆるところで囲い込む境界の柱を引き抜く」という表現が含意するような道徳性の次元である。その果てに築かれる（築かれ続ける）共同体もまた，たえずその境界を脅かされるような不安定性，過渡性と背中合わせである。コモンなものは揺さぶられ続けてゆく。固定した足場のなさ，不安定さの中でこそ，善の規準を問い合い続ける試みは絶えず求められることになる。これがアメリカ哲学の反基礎づけ主義の「終わりのなさ」が意味するところである。

　人間になりゆくことは，共通の生活，見慣れてありふれたコモンな生活としての日常性の中にアンコモンなものを認められるようになること，我々がこれまでコモンとみなしてきたものから実はすでに逸脱していたもの，そして常に逸脱してゆくものを受け入れるようになることを求める。共同体の内部にあるときにすら，我々はすでに外部にあるかもしれない。アンコモンなものとしての我々自身の他者性は，コモンなものとしての生活から駆逐することはできない。コモンであることは，共通言語の使用のための平均化された能力を伴う凡庸さと同一視することはできない。コモンマンとしての日常人は，「並みの環境」のさなかから目覚めさせられることによって，アンコモンになりゆくことを，生活の中から求められる。これこそが，ソローが，「中流階級の人々」に対して，「パリやオクスフォードではなく，コンコードの空の下」，日常性の中で再創造したいと望んだ「アンコモンスクール」の教育であり「リベラル・エデュケーション」である（Thoreau 1992, p. 74）。エマソンの会話の円において育まれるべき「政治的リテラシー」もまた，承認の政治学のディスコースとは質的に異なる自己-言語-他者の関わりを巻き込むものとなるだろう。

　エマソンは，「自分自身の最も私的で秘密に満ちた予感の中に深く入り込めば入り込むほど，驚くことに，その人はこれが最も意にかなった，最も公で普

遍的に真実であるということに気づく」(Emerson, 2000, pp. 53-54) と述べる。
内側から創造される民主主義において，内から外へと開かれる政治性は言語を
媒介にしつつ，政治的になりゆくプロセス，危機をくぐり抜けて欲求を回復す
る転機を迎えるという意味で，日常性における自己超越と不可分である。エマ
ソンの完成主義の務めは，「内なるもの」という否定しがたい個人的な感覚を
「善の主観化」(井上, 1986, p. 238) として退けることなく，これに徹底して向き
合いつつ，いかにしてコモンなもの，普遍的なもの——共通の人間性——を
「最も外なるもの」(Emmerson, 2000, p. 132) として内側から達成してゆくか，
アプリオリでないコモンをいかにして達成し続けてゆくか，ということにある。
個の偏向性／部分性（partiality）は普遍性の達成にとって不可欠であり，決し
て消え去ることはない。そこで求められる個は，自律的主体の普遍性とも，エ
ゴイズムとして糾弾される自己とも異なる。アンコモンスクールの政治教育に
おいて，最も外なるものは，確実さと正確さの度合いをもとにした「成果」と
しては決して導き出せないものである。むしろ達成の尺度は，「暗闇から光へ」
(Cavell, 1979, p. 102) の転換の瞬間に，喪（mourning）から朝（morning）への転
換の時に存するのである (Cavell, 1984, p. 54)[7]。

注
1) 以下，『正義』と略記し，原典ページを示し拙訳を用いる。
2) 「正義の普遍主義的要請は……エゴイストの行動様式を不正として排除する」(井
   上, 1986: 111)。
3) 「相互理解の困難さ故に緊張を孕んだ対話を粘りづよく営むことを通じて，自己
   の思想の地平を絶えず拡げてゆこうと努める人々の，永続的な探究の情熱から生
   まれる自己批判的な謙抑としての寛容こそが，リベラリズムの規定に脈打つ精神
   なのである」(井上, 1986: 202)。
4) 「リベラリズムとは探究の非終局性を承認するが故に他者との終わりなき対話を
   引き受ける一つの覚悟のことである」(井上, 1986: 203)。
5) 井上が「会話としての正義」の好例として論じる，旅先での見知らぬ他者との会
   話によって意図せぬ自己の地平の広がりが生ずる経験はその一例である。こうし
   た「既知-未知」の他者の区分は，リベラリズムに限られずコミュニタリアニズ
   ムで論じられる共同体の自己-他者関係としての「我々」概念にも共通するもの

第12章　正義の会話　　　237

であると考えられる。

6）　酒本雅之訳『エマソン論文集』（下）岩波書店，1973，54-55参照。

7）　本章は下記の英語論文を参考にしている。Saito, N.（2012）. "Conversation without conversion: Becoming political in uncommon schools," *Philosophy of Education 2012*, 281-289.

参考文献

Cavell, S.（1979）. *The Claim of Reason: Wittgenstein, Skepticism, Morality, and Tragedy*, Oxford: Oxford University Press.

Cavell, S.（1984）. *Themes out of School*, University of Chicago Press.

Cavell, S.（1990）. *Conditions Handsome and Unhandsome: The Constitution of Emersonian Perfectionism*, Chicago: University of Chicago Press.

Cavell, S.（1994）. *A Pitch of Philosophy: Autobiographical Exercises*, Cambridge, MA: Harvard University Press.

Cavell, S.（2003）. *Emerson's Transcendental Etudes*, Stanford: Stanford University Press.

Cavell, S.（2004）. *Cities of Words: Pedagogical Letters of a Register of the Moral Life*, Cambridge, MA: The Belknap Press of Harvard University Press.

Cavell, S., Forthcoming, "Walden in Tokyo," In *Stanley Cavell and the Thought of Other Cultures*, Paul S. and Naoko S., （eds.）.

Dewey, J.（1977）. "Emerson – The Philosopher of Democracy"（1903）, in *The Middle Works of John Dewey*, Vol. 3, Jo Ann Boydston（ed.）, Carbondale: Southern Illinois University Press.

Dewey, J.（1980）. *Democracy and Education*. In *The Middle Works of John Dewey*, Vol. 9, Jo Ann Boydston（ed.）, Carbondale: Southern Illinois University Press.

Dewey, J.（1981）. *Experience and Nature*, in *The Later Works of John Dewey*, Vol. 1, Jo Ann Boydston（ed.）, Carbondale: Southern Illinois University Press.

Dewey, J.（1983a）. *Human Nature and Conduct*. In *The Middle Works of John Dewey*, Vol. 14, Jo Ann Boydston（ed.）, Carbondale: Southern Illinois University Press.

Dewey, J.（1983b）. "Some Factors in Mutual National Understanding," in *The Middle Works of John Dewey*, Vol. 13, Jo Ann Boydston（ed.）, Carbondale: Southern Illinois University Press.

Dewey, J. (1984). *The Public and its Problems*. In *The Later Works of John Dewey*, Vol. 2, Jo Ann Boydston (ed.), Carbondale: Southern Illinois University Press.

Dewey, J. (1988). "Creative Democracy — The Task Before Us." In *The Later Works of John Dewey*, Vol. 14, Jo Ann Boydston (ed.), Carbondale: Southern Illinois University Press.

Emerson, R. W. (2000). *The Essential Writings of Ralph Waldo Emerson*, Modern Library.

Henry, D. T. (1992). *Walden*, in *Walden and Resistance to Civil Government*, ed., William Rossi, New York: W.W. Norton & Company.

井上達夫 (1986). 『共生の作法：会話としての正義』現代自由学芸叢書.

宮寺晃夫 (2006). 『教育の分配論──公正な能力開発とは何か』勁草書房.

Nussbaum, M. C. (2010). *Not For Profit: Why Democracy Needs the Humanities*, Princeton, NJ: Princeton University Press.

Ralph W. E. (2000). *The Essential Writings of Ralph Waldo Emerson*, ed., Brooks Atkinson, New York: The Modern Library, 2000.

Rawls, J. (1999). *Theory of Justice*, Revised Edition, Cambridge, MA: The Belknap Press of Harvard University Press, 1999, ；ロールズ『正義論』（改訂版）川本隆・福間聡・神島裕子訳，紀伊国屋書店，2010年.

齋藤直子 (2009). 『〈内なる光〉と教育──プラグマティズムの再構築』法政大学出版局.

Sandel, M. J. (2010). *Justice: What's the Right Thing to Do?*, London: Penguin Books）（マイケル・サンデル，2010,『これからの「正義」の話をしよう──いまを生き延びるための哲学』鬼澤忍訳，早川書房).

サンデル, M. (2011a).「マイケル・サンデル　東日本大震災特別講義──わたしたちはどう生きるのか」NHK.

Sandel, M. J. (2005). *Public Philosophy: Essays on Morality in Politics*, Cambridge, MA: Harvard University Press.（マイケル・サンデル，2011b,『公共哲学──政治における道徳を考える』鬼澤忍訳，筑摩書房).

サンデル, M. (2011c).「サンデル教授東日本大震災を語る」朝日新聞 2011年4月24日，p. 6 ［国際].

スタンディッシュ, P. (2012).『自己を超えて──ウィトゲンシュタイン，ハイデガー，レヴィナスと言語の限界』齋藤直子訳，法政大学出版局.

Standish, P. and Saito, N. (eds.)(2017). *Stanley Cavell and Philosophy as Translation : The Truth is Translated*. London, Rowman & Littlefield.

Thoreau, H. D. (1992). *Walden* in *Walden and Resistance to Civil Government*, William Rossi (ed.), New York: W.W. Norton & Company.

執筆者紹介

齋藤直子（さいとう・なおこ）［編者，はじめに，序章，第 3 章翻訳，第 7 章翻訳，第12章］京都大学大学院教育学研究科教授．主要著書に『〈内なる光〉と教育——プラグマティズムの再構築』（法政大学出版局，2009年），*Stanley Cavell and Education of Grownups*（共編著，Fordham University Press，2012年），*Philosophy as Translation and the Understanding Other Cultures*（共編著，Routledge，2018），Saito, N. "Dewey, Education, and Bidirectional Internationalization: Translation as Transformation"（*Oxford Handbook of Dewey*, Oxford University Press, 2018），ほか．

ポール・スタンディッシュ（Paul Standish）［編者，序章，第 1 章，第 7 章］University Collage London (UCL), Institute of Education 教授および同哲学センター所長．主要著書に，『自己を超えて——ウィトゲンシュタイン、ハイデガー、レヴィナスと言語の限界』（法政大学出版局，2012年），*Education and the Kyoto School of Philosophy: Pedagogy for Human Transformation*（共編著，Springer，2012 年），*Stanley Cavell and Philosophy as Translation: "The Truth is Translated"*（共編著，Rowman & Littlefield，2017年），*Democracy and Education from Dewey to Cavell*（共著，Wiley-Blackwell，近刊），ほか．

今井康雄（いまい・やすお）［編者，序章，第 4 章，第 8 章］日本女子大学人間社会学部教授，東京大学名誉教授．主要著書に，『メディア・美・教育——現代ドイツ教育思想史の試み』（東京大学出版会，2015年），*Concepts of Aesthetic Education: Japanese and European Perspectives*（共編者，Waxmann，2017年）ほか．

酒井直樹（さかい・なおき）［第 2 章］コーネル大学人文学部教授．主要著書に，『日本思想という問題——翻訳と主体』（岩波書店，1997年／岩波人文書セレクション版，2012年），『希望と憲法——日本国憲法の発話主体と応答』（以文社，2008年），『ひきこもりの国民主義』（岩波書店／2017年）ほか．

ルネ・V・アルシラ（René Vincente Arcilla）［第 3 章］New York University, Steinhardt School of Culture, Education, and Human Development 教授．主要著書に，*Mediumism: A Philosophical Reconstruction of Modernism for Existential Learning*（SUNY Press，2011 年），*For the Love of Perfection: Richard Rorty and Liberal Education*（Routledge, 1995年），ほか．

高柳充利（たかやなぎ・みつとし）［第 3 章翻訳］信州大学学術研究院准教授．主要論文に Takayanagi, M. (2016) "The Perfection of the Teacher Through the

Pursuit of Happiness: Cavell's Reading of J. S. Mill," *Studies in Philosophy and Education*, 35, 17-18; Takayanagi, M. (2014), "Reconsidering an Economy of Teacher Education," *Journal of Philosophy of Education*, 48(1), 165-180, ほか.

ナオミ・ホジソン（Naomi Hodgson）［第 5 章］Liverpool Hope University, Department of Education Studies 講師（Lecturer）. 主要著書に, *Citizenship for the Learning Society: Europe, Subjectivity, and Educational Research*（Wiley, 2016年）, *Manifesto for a Post-Critical Pedagogy*（共 篇 著, Punctum Books, 2017年）, ほか.

三澤紘一郎（みさわ・こういちろう）［第 5 章翻訳, 第 6 章］群馬大学教育学部准教授. 主要論文に, Misawa, K. (2018) "Nature and Nurture." In P. Smeyers (Ed.), *International Handbook of Philosophy of Education* (Springer, 2018), 905-919; Misawa, K. (2017) "Humans, Animals and the World We Inhabit: On and Beyond the Symposium 'Second Nature: *Bildung*, and McDowell — David Bakhurst's *The Formation of Reason*'," *Jounal of Philosophy of Education*, 51(4), 744-759, ほか.

朱　燁（しゅ・よう／Zhu Ye）［第9章］京都大学大学院教育学研究科研究員. 主要論文に「「暴力と形而上学」における他者と言語の問題」『京都大学教育学研究科紀要』62, 2016年, ほか.

嘉指信雄（かざし・のぶお）［第10章］神戸大学大学院人文学研究科教授. 主要著書に『西田哲学選集5・歴史哲学』（編・解説, 燈影舎, 1998年）, 『終わらないイラク戦争——フクシマから問い直す』（共編著, 勉誠出版, 2013年）, 「原点から問い直す反核・平和思想」（『平和研究』45号, 2015年）ほか.

ギブソン松井佳子（ぎぶそん・まつい・けいこ）［第11章］神田外語大学外国語学部教授. 主要論文に Keiko Matsui Gibson (2017) "Re-examining Human Dignity in Literary Texts: In Seeking for a Continuous Dialogue Between the Conceptual and the Empirical Approaches," *Dialog: A Journal of Theology*, Volume 56, Number 1. Spring 2017, 「生死をめぐるモラル・ディレンマ：『私の中のあなた』の物語世界から見えてくる〈自己決定〉の不可能性」（『叢書アレテイア12 自由と自律』所収, 御茶の水書房, 2010年）ほか.

人名索引

あ 行

アーレント，H.　196
アガンベン，G.　170, 176-77
アニジャール，G.　147
アブラハム　174
アリストテレス　176, 223
井上達夫　9, 222, 226-27, 233, 236
ウィトゲンシュタイン，L.　124, 127, 162, 227
ウィリアムズ，B.　138
ウールガー，S.　114
ヴェイユ，S.　16, 186
ウェーバー，M.　74
ヴェヌーティー，L.　212-13
エマソン，R. W.　15, 37-38, 76, 223-27, 229, 231-36
オークショット，M.　7
オースティン，J. L.　227
オング，W. J.　155

か 行

カッシーラー，E.　155-56
カベル，S.　2-3, 15, 36-37, 76, 103, 106, 110, 112-13, 127, 223-25, 227-31, 233-34
カルナップ，R.　139, 144
カレン，E.　8, 129
カント，I.　7-8, 121, 226
キケロ　204
北村透谷　45
キルケゴール，S. A.　215
クリスタン，A. M.　155
グレーリング，A. C.　124
クワイン，W.　161
孔子　38
コーネル，D.　215

さ 行

サイード，E.　11, 75
ザイトマン゠フロイト，T.　92
酒井直樹　i, 2-3, 10, 13, 30-35, 38-39, 71, 74-75, 77-80, 127
サンデル，M.　1, 8-10, 118, 120, 183-86, 194, 220-21
ジェイムズ，W.　138
ジェイムソン，F.　78
シェフラー，I.　5, 7-8, 128
シブノウィチ，C.　123, 125
シュライアーマハー，F.　210, 212
シュルツェ，F.　95
ショーレム，G.　139-42, 144-45, 147, 150, 153, 157, 161
スウィフト，A.　120
鈴木月良　30-31
スタイナー　137, 150
スタンディッシュ，P.　i-ii, 10-12, 14-16, 41-42, 52, 59, 61, 71-80, 83, 101-04, 106-07, 110, 112-13, 118-19, 122-23, 125-26, 128-30, 153, 157, 161, 164, 166, 180, 222
スネル゠ホーンビー，M.　205
ソシュール，F. de　205
ソロー，H. D.　2-3, 227-28, 235

た 行

デアデン，R.　5, 7, 128
テイラー，C.　17, 121, 131
ディランティ，G.　106
デカルト，R.　1
デューイ，J.　78-79, 128, 219-21, 223
デリダ，J.　2-3, 14-15, 39, 83f, 141-42, 144-47, 150, 154, 157, 159, 161, 169f, 207-09, 211, 214, 216

ド・マン，P.　214

な 行

ナイダ，E. A.　204-05
ニーチェ，F. W.　162, 224-25
西周　32
西田幾多郎　74-75
ヌスバウム，M.　9, 118, 221-22
ネグリ＆ハート　87-88

は 行

ハースト，P.　5, 7, 128
ハーマッハー，W.　87-88
ハイデガー，M.　161, 176-77, 181, 212
パトナム，H.　137-38, 146-48, 150, 153
バトラー，J.　87-88, 125
バフチン，M.　39
ピーターズ，R. S.　5-8, 128
ピム，A.　213
フーコー，M.　68, 85, 108, 112, 125,
　189-90
福沢諭吉　45-49, 51, 54-58, 60, 63, 66-67
ブラトン　7, 129, 143, 146, 211, 223
ブリックハウス，H.　8, 129
フレーゲ，G.　144
ヘーゲル，G. W. F.　12, 71, 78, 176
ベック，U.　187-88, 191
ベルマン，A.　207, 211-12, 216
ベンベニスト，E.　66
ベンヤミン，W.　2-3, 14, 83f, 143, 157-59,
　160-61, 163-64, 179, 216
ボードレール，C.　158

ホワイト，J.　8, 129

ま 行

マルクス，K.　31-32, 74
ミル，J. S.　4, 7, 57, 60, 129, 144
ムフ，C.　215
メルロ＝ポンティ，M.　2, 16, 191
モーゼス，S.　144, 146
モレンハウアー，K.　166
モンテーニュ，M. de　175

や 行

安丸良夫　65
ヤルコッツイ，A.　94-95

ら 行

ライプニッツ，G.　155-56, 159, 164
ラッセル，B.　144
ラトゥール，B.　2, 101-02, 107, 109-14
ランソン，S.　106
リクール，P.　39
ルソー，J.-J.　128
レヴィナス，E.　79
ローゼンツヴァイク，F.　139-40, 142,
　146, 153, 157-58
ロールズ，J.　1, 4, 7-10, 15-17, 24-26, 34,
　36, 72, 117-18, 120-21, 130, 137-38,
　224-26, 228

わ 行

和辻哲郎　31, 33, 39, 63, 74-75

事項索引

あ 行

あいだ性　203, 210, 214
アイデンティティ（概念）　17, 33, 39, 44, 53, 55, 101, 106-09, 119, 124-25, 202
アイデンティティ構築　12, 39
アイデンティティーゲーム　12
アイデンティティ・ポリティクス　2-3, 119, 121
アメリカ哲学　2
アンコモンスクール　15, 235-36
異化, 異化翻訳　209-11, 213
生き方としての民主主義　i-iii, 220-22, 230
異言語性の共同性　41
異文化　2, 4, 10, 34-35, 104
移民, 移民性　ii, 65
英語, 英語支配　10, 23, 27-29, 72, 76, 125, 130, 148-49, 153-54, 178, 212
エスペラント　141-42
OECD　149
オクシデント, オクシデンタリズム　i, 3, 10-12, 15, 23f, 41, 71, 76-77, 101, 118, 122
オリエンタリズム　3-4, 11-12, 35, 75-76

か 行

懐疑主義　229, 234
外国語　13-14, 29, 147
会話　17, 36-38, 102-04, 106, 112, 127-30, 224-25, 227, 231-32, 235
会話としての正義　226-27, 229, 233
学校教育　5
カフェ・カンバセーション　105
関係的同一性　55-56, 66
技術的言語　143
規準　232
教育的暴力　91-92, 97-98

教育哲学　128-32, 150
教育の肌理　83, 96, 98
教育の言語　16
教育の尺度, 教育という尺度　149, 153f
共感（的）　221, 235
共通言語　229, 235
共通語（リンガ・フランカ）　148
共通善　9, 187
共同　8
協働　25, 36-37, 83, 107
共同体　25, 235
共同体主義　183, 187, 195, →コミュニタリアン
グローバル化　11, 27, 88, 98, 103-04
グローバル・リスク社会　16, 187
ケア　16
啓蒙主義　137, 146-47
決断　173-74, 215
権威主義　5
言語, 言語論　2-3, 14, 96, 141-44, 148-49, 156, 159, 161-62, 175-76, 179, 217, 222, 227, 229, 235
言語運動　163-64
言語共同体　227
言語ゲーム　227, 229
言語の解放　16
言語の亡霊　143
交換のエコノミー　14
公共性　9, 106
公正さ　24, 72, 80-81, 222
公正としての正義　10, 83, 93, 117, 232
合理性, 合理主義　8, 13, 15, 17, 34, 201
合理的選択者　13
國體　41f
國體の情　57-58, 60, 63
「国民」「民族」　43-44, 54, 58, 60-61, 65-66
心の概念　6

個人主義　1, 48
コスモポリタニズム　221
子ども中心主義　5-6
個別性　9, 34
コミュニケーション　140, 142-43, 219, 226
コミュニタリアン，コミュニタリアニズム
　　1-3, 16, 129, 131
五倫　50-51, 118, 120, 122
根源的言語　143
コンポジショニズム　101-02, 110-12, 114

さ　行

在日特権を許さない市民の会　61-64, 68
サブジェクティヴィティ　23, 32, 35, 44
サブジェクト　10, 13, 30-32, 34-35, 45, 66,
　　74, 77
シオニズム　139-40, 42
自己画定　44-45, 51, 53, 61
自己形成　73
自己実現　225
自己信頼　38
『自己を超えて』　17
自主独立論　47-49, 55
下向きの超越　16
自同性　9, 229
シニフィエ／シンフィアン　143-44
自文化中心主義　4, 35, 207
市民，市民性　9, 103, 106
市民性教育　9, 122
社会（ソーシャル）　23-24
社会性　119-20, 126
社会正義　i-ii, 2-4, 7, 10-11, 13-14, 23f,
　　41f, 71f, 101f, 119, 122, 126, 206, 213, 216,
　　222
赦免／非-解決性　14-15, 34
周縁の声　ii
自由市場経済　5
自由主義　54
自由主義的なヒューマニズム　13
儒学，儒教　44-50, 52-56
主観，主観的　10, 12-13, 32-36, 74-75,
　　77-78, 80-81, 127

主観的テクノロジー（技術）　2-3, 32, 74,
　　77, 108, 113
受苦，受苦する者　16, 186
主体（性），主体性概念　1-2, 8-10, 12-13,
　　15, 17, 30, 32-34, 38, 44, 77-78, 80-81,
　　121, 124-25, 127, 130, 146, 209
主体化　108-09
出生　196
承認の政治学　9-10, 14, 17, 26, 118-19,
　　121-22, 125, 127, 233
承諾　228
植民地化　148
植民地教育学　95
情熱的言語　234
自律性　ii, 1, 7, 13, 16, 38, 117, 121, 179,
　　225-26
自律的主体　4, 13, 223, 226, 233, 236
深淵，深淵の経験　ii, 12-16, 140-41, 145,
　　147, 148-49, 153, 159, 162, 180
人間主体　3, 13, 16
人種主義　61, 63, 68
神聖な言語　139-40, 142, 145
神的暴力　84, 86-88, 92-93
人文学，人文社会科学　ii, 2, 30
進歩主義　5
正義　13-17, 24, 73, 80-81, 83f, 112, 117,
　　169f, 183, 214, 220, 222
正義の会話　15-16, 226-27, 230, 233-34
正義の経験　83, 93, 97
正義論　4, 8-10, 117, 201
生権力　68, 189
政策の借りいれ　10-11, 28, 35
政治教育　ii-iii, 15, 236
政治的感情　274
政治的リテラシー　235
正統性　65, 113
西洋　1, 4, 10-12, 33, 39, 76, 137, →オクシ
　　デント
責任ある思考　17
相互承認　8
相互調律　232-23
相互理解　219

事項索引　　247

相互尊重　221
底なし　14, 16-17, 97-98, 141, 166, 180

た　行

対話　ii-iii, 102, 105
卓越主義　223-24
多元主義　25
他者，他者性　11, 15, 35, 106, 156, 202-03,
　　207, 217, 229-30, 233-35
他者理解　233-34
他者の尊重　15
脱構築　15, 146, 203, 206, 209, 213-16
単一言語主義　ii, 10, 13-16, 30, 34, 37,
　　101f, 126, 139, 147, 153, 165, 222
断定的-合理的言語　222
単独性　38, 170-71, 175, 177
中国，中国語　29-31, 36, 39, 44-45, 49, 55,
　　64, 66, 76, 125, 155-56, 219
超越性，超越的　15-16, 162, 169f, 227
沈黙　175-76
哲学のサブジェクト転換　ii
天皇制　59, 68
ドイツ語　147
等価性　203-05
討議民主主義　184
道徳，道徳性　4, 8, 45-46, 51-52, 117, 138,
　　185, 219-21
道徳的完成主義　223, 225, 227, 229, 236
道徳的出会い　231
東洋　10-13, 33, 38, 39, 75

な　行

ナショナリティ　57, 61
ナラティヴ　26, 36, 106
二重の接ぎ木構造　13, 35
日常言語　227
日本，日本語　28-32, 36, 42, 44, 48, 56,
　　58-60, 64, 66, 71, 74-76, 125, 219
人間形成　8
人間主体　3, 16, 25, 126-28, 131
人間変容　ii
認識論的サブジェクト　31-32

能力主義（実績主義）　24, 59

は　行

汎愛派　96
判断　232
非エコノミー　10, 14-16
非-解決性　→赦免／非-解決性
PISA　27, 149, 154, 165
非対称性（翻訳の）　12
批判的教育学　26, 36, 83
平等，平等主義　24, 42, 54, 59-60, 64, 68,
　　138, 202
ビルドゥング　73, →人間形成
負荷なき自己　226
不一致　222
不確実性　231
普遍性，普遍主義　24, 34-35, 137, 153,
　　156, 170, 177, 202, 233
プラグマティズム　138, 147
フランス語　147
文化的アイデンティティ　ii, 1, 3
文化適応　73
文化的差異　33
分析的な教育哲学　7
文化翻訳　213
ヘブライ語　139, 142, 145, 153-54, 157-59
法／権利　169, 171, 178, 181
法措定的暴力　85, 87, 89, 92
包摂　221
暴力批判論　83-84, 87-91
母（国）語　148
ポスト構造主義　2
ホロコースト　137, 147
ボローニャ・プロセス　149
翻訳，翻訳経験　i-iii, 1, 3, 10, 13-14,
　　16-17, 23, 30, 35, 41-42, 73, 119, 125-26,
　　128, 130, 146, 153-54, 158-60, 170, 177,
　　180, 208, 212
翻訳学　203-04, 206, 213
翻訳としての哲学　3, 17, 230
翻訳不可能性　10, 160, 217

ま 行

マルクス主義　26, 109
民主主義　4, 25, 36, 72, 106, 219-20, 222-23, 228, 236

や 行

友情　15, 37, 224-25, 228
善さ　224

ら 行

リスク社会　16, 187-89, 191

リベラル，リベラリズム　1-5, 8, 10, 16, 72, 83, 88, 98, 117, 120, 122, 201, 222, 224-30, 236
リベラル・エデュケーション　4-8, 16, 17, 73, 128-30, 235
リベラル-コミュニタリアン論争　118-23, 126-27, 222, 224
リベラルな教育哲学　7, 10, 12, 17, 129, 130
歴史の終焉　170
劣化ウラン兵器　194, 195, 196
論理実証主義　144

〈翻訳〉のさなかにある社会正義

2018 年 7 月 30 日　初　版

［検印廃止］

編　者　齋藤直子，ポール・スタンディッシュ，
　　　　今井康雄

発行所　一般財団法人　東京大学出版会

代 表 者　吉見俊哉

153-0041　東京都目黒区駒場 4-5-29
http://www.utp.or.jp/
電話 03-6407-1069　Fax 03-6407-1991
振替 00160-6-59964

印刷所　株式会社平文社
製本所　牧製本印刷株式会社

© 2018 N. Saito, P. Standish, & Y. Imai, editors
ISBN 978-4-13-051329-6　Printed in Japan

JCOPY〈(社)出版者著作権管理機構　委託出版物〉
本書の無断複写は著作権法上での例外を除き禁じられています．複写され
る場合は，そのつど事前に，(社)出版者著作権管理機構（電話 03-3513-6969,
FAX 03-3513-6979, e-mail: info@jcopy.or.jp）の許諾を得てください．

今井康雄著	メディアの教育学 「教育」の再定義のために	A5	5000 円
今井康雄著	メディア・美・教育 現代ドイツ教育思想史の試み	A5	5800 円
田中智志著	共存在の教育学 愛を黙示するハイデガー	A5	11000 円
矢野智司著	贈与と交換の教育学 漱石、賢治と純粋贈与のレッスン	A5	5400 円
田中毎実編	教育人間学 臨床と超越	A5	4200 円
上野正道著	学校の公共性と民主主義 デューイの美的経験論へ	A5	7200 円
上野正道著	民主主義への教育 学びのシニシズムを超えて	A5	3800 円

ここに表示された価格は本体価格です．御購入の
際には消費税が加算されますので御了承下さい．